रिटायरमेंट
सुखमय जीवन की दूसरी पारी

“वृद्धावस्था अच्छी और सुखद है,
आप धीरे-धीरे मंच से विलीन होने लगते हो,
पर फिर आपको दर्शक की तरह सबसे आगे बैठने का मौका मिल जाता है।”

—कंफ्यूशियस

रिटायरमेंट
सुखमय जीवन की दूसरी पारी

आशुतोष गर्ग

प्रकाशक

प्रभात प्रकाशन प्रा. लि.

4/19 आसफ अली रोड, नई दिल्ली-110002

फोन : 011-23289777 • हेल्पलाइन नं. : 7827007777

इ-मेल : prabhatbooks@gmail.com ❖ वेब ठिकाना : www.prabhatbooks.com

संस्करण

2025

अनुवाद

सुमन बाजपेयी

पेपरबैक मूल्य

पाँच सौ रुपए

मुद्रक

आर-टेक ऑफसेट प्रिंटर्स, दिल्ली

———————— ★ ————————

RETIREMENT: SUKHAMAY JEEVAN KI DOOSARI PAARI

by Shri Ashutosh Garg

(Hindi translation of 'REBOOT REINVENT REWIRE: MANAGING RETIREMENT IN THE TWENTY-FIRST CENTURY')

Published by **PRABHAT PRAKASHAN PVT. LTD.**

4/19 Asaf Ali Road, New Delhi-110002

ISBN 978-93-90900-76-3

₹ 500.00 (PB)

मेरे पिता

ब्रिगेडियर एम.एल. गर्ग, ए.वी.एस.एम., कीर्ति चक्र

मेरी माँ

श्रीमती सुधा गर्ग

मेरी पत्नी **वीरा**

और मेरे बेटे **वरुण** और **अश्विन**

को

रिटायर

अपनी नौकरी छोड़कर, काम करना बंद कर देना, आमतौर पर एक निश्चित उम्र पर पहुँचने के बाद।

परिवर्तन आना

कोई बदलाव होना, जो पूरी तरह से नया प्रतीत हो।

एक नई नौकरी करना या जीवन जीने का नया तरीका अपनाना।

नए सिरे से शुरुआत करना

किसी प्रणाली को नए सिरे से तैयार करके प्रारंभिक प्रक्रियाओं को पुनः आरंभ करना वैसे ही जैसे कंप्यूटर को दोबारा चालू किया जाता है।

कायाकल्प

नवीनीकरण और पुनरुद्धार

नई सोच के साथ जुड़ना

मेरी बात

बूढ़े हो रहे हैं, इस बात से न तो दु:खी हों, न ही पछताएँ।

यह ऐसा विशेषाधिकार है, जो कुछ लोगों को ही मिलता है।

"मैं केवल 58 साल का हूँ और मैं अगले दो वर्षों में रिटायर होने के लिए तैयार नहीं हूँ।"

यह वाक्य मैं अपने कई दोस्तों, जिन्होंने मेरी तरह ही 35 वर्षों से ज्यादा समय तक काम किया है, को कहते सुन चुका हूँ। जिन्होंने अपने बच्चों को बड़े होते व अपने कॅरियर की शुरुआत करते देखा है, कामकाजी जीवन के उतार-चढ़ावों को देखा है, अनेक सफलताओं को जीया है, साथ ही निराशा और विफलताओं का सामना भी किया है तथा समय के साथ अपने जीवनसाथी के साथ संबंधों को प्रगाढ़ होते भी देखा है—दो विभिन्न प्रकृति के, अपनी-अपनी तरह से सोचनेवाले इनसान—जिन्होंने पूरी जिंदगी अपने साथी को वह जैसा है, उसे उस रूप में स्वीकार किया।

हमारे पहले 25 साल बड़े होने में, इन वास्तविकताओं से परिचित होने में बीतते हैं कि एक वयस्क होने के मायने क्या हैं? साथ ही शिक्षित होने में गुजरते हैं, जब हम 'वास्तविक दुनिया' में प्रवेश करने के लिए सबकुछ बेहतर ढंग से करने के प्रयास में जुटे होते हैं। अगले 30-40 साल हम जीवनयापन करने, बिलों का भुगतान करने और एक परिवार का पालन-पोषण करने के लिए काम करते हैं तथा उम्मीद है कि आखिरी पड़ाव में, अपनी दूसरी पारी में, हम तनाव और चुनौतियों से रिटायर होकर जीवन जीएँगे, जिन्हें हम आज तक सहते व उनका सामना करने में किसी तरह सक्षम बने रहे।

किसी भी तरह से जीवन जीना कोई आसान बात नहीं। यह रास्ता अत्यंत दुर्गम है। फिर भी, जो इस दुनिया में आया है, उसे इसे जीना ही होता है। रिटायर होने के बाद लोगों को कैसे जीवन बिताना चाहिए, इसके लिए न तो कोई मार्गदर्शिका है, न ही नियमावली। आपको अपना रास्ता खुद ही ढूँढ़ना होगा और आपके पास ऐसा करने के अलावा कोई विकल्प भी नहीं है, क्योंकि आपको इतने लंबे समय तक जीने का मौका मिला है।

बीते हुए वर्षों के बारे में जब मैं सोचता हूँ तो यह देखकर चकित रह जाता हूँ कि जीवन में नश्वर लोग किस तरह एक लचीलापन और दृढ़ता प्रदर्शित करते हैं! अपनी जरूरतें पूरी करने के लिए और अपने भविष्य को सँवारने के प्रयास में हमें कई बार आखिर तक ऐसे काम करने पड़ते हैं, जिनका श्रेय हमें कभी नहीं मिलता और कई बार ऐसे वातावरण में हम काम करने को मजबूर होते हैं, जहाँ हमें निरंतर अपमान सहना पड़ता है।

तनाव हमारा नया दोस्त बन गया है, क्योंकि हम दिन-प्रति-दिन कभी न खत्म होनेवाले बिलों का भुगतान करने में लगे रहते हैं, साथ ही शिक्षा, कपड़े, कार और शादियों जैसे बड़े खर्चों को भी उठाते हैं। हम अपने स्वयं के हितों और शौक एवं जुनून को पूरा न कर पाने की मजबूरी में जीते रहते हैं, क्योंकि या तो हमारे पास पर्याप्त समय नहीं होता या पर्याप्त पैसा, ताकि खुलकर उसे हम खर्च कर सकें।

मैं कुछ साल पहले इस जादुई उम्र में पहुँच गया था और मैं अभी भी सोचता हूँ कि क्या मैं रिटायर होने के लिए तैयार हूँ? भारत की 2010 की जनगणना के अनुसार, मेरी तरह 65 वर्ष से अधिक आयु के 58 करोड़ (28 करोड़ पुरुष और 30 करोड़ महिलाएँ) लोग हैं और जैसे-जैसे आबादी वृद्ध होती जा रही है, यह संख्या बढ़ती जा रही है। अनुमान है कि 2025 तक 65 वर्ष से ज्यादा उम्रवालों की यह संख्या 100 करोड़ तक पहुँच जाएगी।

जब मैंने इस पर विचार किया, स्वयं की वास्तविकता पर खुद से सवाल-जवाब किए तो मेरे मन में इच्छा जागी कि रिटायरमेंट के प्रति मेरे साथियों का दृष्टिकोण क्या है, इसके बारे में जानूँ! इसलिए मैंने उनसे इस विषय पर बात करना शुरू किया।

मैंने 60 वर्ष से अधिक उम्र के कई पुरुषों और महिलाओं से बात की, जो या तो सेवानिवृत्त हो चुके थे या इसके बारे में सोचना शुरू कर चुके थे। सबसे ज्यादा चौंकाने वाली बात, जो मेरे सामने आई, वह थी रिटायरमेंट के बारे में सोचने से इनकार और उसे स्थगित करते जाने का स्तर। जबकि बहुत से लोग बचत और निवेश के बारे में शिद्दत से सोच रहे थे; कुछ उस मनोवैज्ञानिक झटके पर विचार कर रहे थे, जो आमतौर पर एक सक्रिय कॅरियर के अंत होने के बाद मिलता है।

मुझे सबसे पहले इस बात का अहसास हुआ कि अब स्वतंत्रता बड़े पैमाने पर मेरे नियंत्रण में होगी। मुझे बाध्य होकर कुछ करना नहीं पड़ेगा, बल्कि मैं वही करूँगा, जो मैं करना चाहता हूँ, इसलिए मैंने रिटायरमेंट को फिर से परिभाषित किया है, जिसका अर्थ है, 'जीवन की उस अवस्था में पहुँचना, जब किसी को वह करने की स्वतंत्रता है, जो वह करना चाहता है।' मुझे एक पुरानी कविता याद आ रही है—

"दस वर्ष की उम्र में बस मजा है
बीस की उम्र में शरारतें होती हैं;
तीस की उम्र में, हम ऊँची उड़ान भरने लगते हैं
चालीस की उम्र में, हम विचारने लगते हैं;
पचास की उम्र में, हम वास्तविकता का सामना करते हैं;
साठ की उम्र में, हम शांति चाहते हैं।"

लेखक-अज्ञात

आज के समय और उम्र में रिटायरमेंट के बारे में धारणा पूरी तरह से बदल गई है। अब उसको लेकर सोच वैसी नहीं है, जो हमने अपने माता-पिता और संभवत: अपने दादा-दादी के समय में देखी थी। हालाँकि संदेश समान हो सकता है, लेकिन पिछले तीन दशकों में विचारधारा निश्चित रूप से बदल गई है।

मेरे ऐसे दोस्त हैं, जो रिटायर होने से इनकार करते हैं। मैं उनकी ऊर्जा पर कोई टिप्पणी नहीं कर सकता; लेकिन फिर भी मुझे आश्चर्य होता है कि क्या सामाजिक मजबूरियाँ और डर उन पर हावी नहीं है! कुछ लोग स्पष्ट रूप से

कहते हैं कि वे नहीं जानते कि करने को कोई काम नहीं होगा तो वे क्या करेंगे?

जब हम उम्र बढ़ने के बारे में चर्चा कर रहे थे तो मेरे एक करीबी मित्र ने कहा, "कल का 60 आज का 40 है।"

"आयु केवल एक संख्या है।" दूसरे ने कहा।

इसलिए जब तक हम 60 और 65 के बीच के कर्मचारियों के रूप में अपनी नियमित नौकरियों में काम कर रहे हैं तो आमतौर पर हमसे नौकरी की शर्तों के अनुसार काम करने की उम्मीद की जाती है।

क्या ये टिप्पणियाँ खुद को समझाने के लिए की गई थीं कि हम बूढ़े नहीं हो रहे, या भारत की आज की पीढ़ी की यह नई सच्चाई है, जो रिटायरमेंट की उम्र में पहुँच रही है?

जब मैंने 1979 में 22 साल की उम्र में काम करना शुरू किया था तो मेरी कंपनी में रिटायरमेंट की उम्र 52 साल थी और मैं सोचता था कि तीन दशक का समय बहुत लंबा है। कुछ साल बाद रिटायरमेंट की आयु 55 वर्ष हो गई और मेरी तरह कंपनी के बहुत से युवा प्रबंधकों ने शिकायत की कि कैसे प्रबंधन 'वृद्धों' को और 3 वर्षों तक काम करते रहने की अनुमति देकर उनके 'कॅरियर' के साथ हस्तक्षेप कर सकता है! आज जब मैं 63 वर्ष का हो गया हूँ तो रिटायर होने के पाँच साल बाद मैं सोचता हूँ कि जब आप अपने कॅरियर के शीर्ष पर होते हैं तो 58 साल की उम्र में सेवानिवृत्त होना कैसा लगता होगा?

जब मैंने अपने कॅरियर की शुरुआत की थी, तब मैं और मेरे दोस्तों को लगता था कि रिटायरमेंट एक चलन है और हम अकसर कहते थे—"मुझे काफी सारा धन कमाना है, ताकि मैं जल्दी रिटायरमेंट ले सकूँ।" हम रिटायरमेंट को पैसों से जोड़ रहे थे। समय गुजरने के साथ मैंने पाया कि वित्तीय सुरक्षा वास्तव में रिटायरमेंट का एक महत्त्वपूर्ण पहलू है, पर सेवानिवृत्त होने या उसकी तैयारी करने के कार्य में पैसे से अधिक बहुत कुछ निहित है। आश्चर्य की बात यह है कि आज जब मैं युवा लोगों से बात करता हूँ तो उनका सपना भी यही होता है कि वे 40 वर्ष की उम्र तक लाखों रुपए कमा लें और फिर आराम से बैठकर काम करें, जो वे हमेशा से करना चाहते थे! मुझे लगता है, प्रत्येक पीढ़ी के सपने एक जैसे होते हैं।

जैसे-जैसे हम रिटायरमेंट की उम्र तक पहुँचते हैं, मैंने पाया कि मेरे बहुत सारे मित्रों को असुरक्षा की भावना ने घेर लिया है। अब उनकी अहमियत नहीं रहेगी, यह डर उन पर हावी होने लगा है। जब रिटायर होने का समय होता है तो हम भूल जाते हैं कि हमने खुद से तब क्या कहा था, जब हम कामयाबी की सीढ़ी चढ़ने और अपनी किस्मत गढ़ने में व्यस्त थे! पिछले तीन दशकों में ऐसा क्या बदल गया है कि हम अपने काम की गति को धीमा करने से डरते हैं या यह नहीं मानना चाहते हैं कि हमारा दिमाग और शरीर बूढ़ा होने लगा है?

हमारे भीतर यह असुरक्षा क्यों है कि एक वृद्ध व्यक्ति को वह सम्मान नहीं मिल सकता है, जो एक कम उम्र के व्यक्ति को मिलता है? समस्या हमारे भीतर है और हम रिटायरमेंट को कैसे देखते हैं, यह बात ज्यादा अहम है।

इस पुस्तक को पढ़ना शुरू करने से पहले स्वयं से निम्नलिखित प्रश्न पूछें—

1. रिटायरमेंट के बारे में कौन सी एक ऐसी धारणा है, जिसे आप आज बदलना चाहेंगे?
2. बाकी बचा एक-तिहाई जीवन आप जिस तरह बिताना चाहते हैं, उसमें क्या रिटायरमेंट के बारे में आपके नकारात्मक विचार रोड़ा अटका रहे हैं?

रिटायरमेंट के बाद आप अपने साथी और बच्चों से क्या अपेक्षा रखते हैं? संयुक्त राज्य अमेरिका में जिस तरह जन्म दर में तेजी से वृद्धि हुई थी, उसी तरह भारत में भी स्वतंत्रता पाने के बाद जनमे बच्चे हैं, जो 1947 के बाद पैदा हुए थे। स्वतंत्रता-प्राप्ति के बाद पैदा हुए ये बच्चे 2020 में साठ के शुरुआती दशक से लेकर शुरुआती सत्तर के दशक की उम्र के होंगे और इन स्वतंत्रता-प्राप्ति के बाद पैदा हुए बच्चों में से अधिकांश शायद अभी भी भविष्य में होनेवाली रिटायरमेंट के बारे में सोचते हुए काम कर रहे होंगे।

हममें से अधिकांश ने वह हासिल कर लिया होगा, जिसे पाने का लक्ष्य हमने अपनी व्यावसायिक यात्रा की शुरुआत करते हुए तय किया होगा। हमने यह मान लिया होगा कि हमने जो कुछ भी हासिल किया है, उसे पाना केवल उस कॅरियर के कारण ही संभव हो पाया, जो हमने चुना था। हमने कार्यस्थल पर यह

भी देखा होगा कि हमारे कम उम्र के सहयोगी हमें धकेलते हुए उन्हें आगे आने देने के लिए कह रहे हैं, ताकि युवा ब्रिगेड तेजी से आगे बढ़ सके। आखिर अपने समय में हमने भी ऐसा ही किया होगा!

इन वर्षों में मैंने माता-पिता की उम्र बढ़ने की पीड़ा को और संसार से उन्हें विदा होते देखा है। मैंने बहुत कम उम्र में भाई-बहनों के इस संसार को छोड़ने का दर्द देखा है और मैंने देखा है कि साथी अपनी जीवनयात्रा के बीच में ही साथ छोड़कर चले गए और उनके पीछे दूसरे साथी को अकेला रहना पड़ रहा है।

मैंने दोस्तों को तब संसार से जाते देखा है, जब वे बुलंदी पर थे और मैंने परिवार और दोस्तों के बच्चों को असमय इस दुनिया से जाते देखा है। मैंने बीमारी और अस्वस्थता को देखा है और सर्वशक्तिमान से उसके अन्याय पर सवाल उठाया है; पर किसी ने तब मुझसे कहा, "भगवान् उन लोगों को अपने पास बुलाता है, जिन्हें वह सबसे ज्यादा प्यार करता है।"

अतीत के बारे में सोचकर दुःखी होने का कोई फायदा नहीं है, क्योंकि हम उसके बारे में कुछ कर नहीं सकते हैं। मैंने हमेशा सकारात्मक सोच रखते हुए आगे बढ़ने में विश्वास किया है।

फिर भी अधिकांश लोग, अगर उन्होंने आधुनिक चिकित्सा की वजह से अपेक्षाकृत स्वस्थ जीवन बिताया है तो उनकी जीवन जीने की औसत आयु में काफी वृद्धि देखी जा सकती है। हमारे माता-पिता आमतौर पर अपने अस्सी के दशक में स्वस्थ थे और हम उम्मीद कर सकते हैं कि नब्बे की उम्र के बाद भी वे स्वस्थ ही रहेंगे। वंशानुगत क्रम को अगर देखें तो कोई कारण नहीं है कि हम कम-से-कम 95 साल की उम्र तक जीवित नहीं रह पाएँगे; हो सकता है इससे अधिक वर्ष, अगर हमने अपने शरीर के साथ बहुत अधिक ज्यादती नहीं की या हमें कोई गंभीर बीमारी नहीं है। हाल के अध्ययनों से पता चलता है कि उन लोगों की संख्या में उल्लेखनीय वृद्धि होगी, जो सौ साल या उससे अधिक तक जीवित रहेंगे।

यदि हम अपने नियोक्ताओं द्वारा तय की गई उम्र में अपने चुने हुए कॅरियर से रिटायर होते हैं तो हमारे पास रिटायरमेंट के बाद भी कम-से-कम 30 से 35 साल और होंगे जीने के लिए। इसका मतलब यह है कि हमारे पास जीने के लिए

हमारे जीवन का लगभग एक–तिहाई हिस्सा है और हम संभवत: अपने जीवन के इतने बड़े हिस्से को रिटायरमेंट के बारे में सोचकर या आत्म–दया में डूबे रहते हुए या हम जो थे और जो हम हो सकते थे, उस पर विचार करते हुए बरबाद नहीं करना चाहेंगे।

रिटायरमेंट का अर्थ यह नहीं है कि सबकुछ खत्म हो गया है।

यह तनाव के बिना एक नए और अधिक परिपूर्ण जीवन की शुरुआत है। जब हम युवा थे तो हम न जाने कितने तरह के दबावों में जूझते रहते थे। यह उनसे निकलकर जीने की शुरुआत है। बेशक हम इंतजार कर रहे हों कि कब रिटायर होंगे, लेकिन एक संतुष्टिदायक रिटायरमेंट हो सकता है। आपको इसके लिए योजना बनानी होगी और यह योजना आपको अपने जीवन में सबसे महत्त्वपूर्ण व्यक्ति, अपने जीवनसाथी को शामिल करके बनानी होगी। जब तक आप दोनों अपनी योजनाओं पर एकमत नहीं होते हैं, तब तक आप दोनों के जीवन में ही एक असंगति बनी रहेगी।

अपने परिवार के सबसे बड़े सदस्य के रूप में मुझे अहसास हुआ कि वृद्ध होते माता–पिता के साथ अगली पीढ़ी को सँभालने की डोर मुझे सौंपी जा रही है। मेरे परिवार में बच्चों की अगली पीढ़ी मुझे परिवार के मुखिया के रूप में देख रही थी, जो भूमिका अब तक मेरे पिता निभाते आए थे। जब मैं उनके घर जाता था तो मुझे सबसे पहले बैठाया जाता था। मुझे सबसे पहले खाना परोसा जाता था और जब मैं बोलता था तो वे ध्यान से सुनते थे। इस विरोधाभास को सँभालना मुश्किल था। एक तरफ काम और वह समाज, जो मेरे इर्द–गिर्द था। मेरी जरूरत कम होती जा रही थी और दूसरी तरफ मुझे अगली पीढ़ी द्वारा अधिक सम्मान मिल रहा था।

जब मैं इस पुस्तक को लिखने के लिए बैठा तो मेरा उद्‌देश्य था—रिटायरमेंट के बाद के अपने जीवन के विचारों और योजनाओं को साझा करना। जैसे–जैसे मैं लिखता गया, मुझे अहसास हुआ कि मेरी तरह आजादी के बाद पैदा हुए लाखों बच्चों को भी अगले कुछ वर्षों में होनीवाली अपनी रिटायरमेंट का सामना एक वास्तविकता के रूप में करना होगा।

हममें से अधिकांश 9 से 5 बजे की नौकरी नहीं करना चाहते हैं और हम

में से बहुत से लोग इस बात को लेकर भी अनिश्चित हैं कि हम अपने जीवन के शेष एक-तिहाई हिस्से को कैसे जीएँगे?

हममें से अधिकांश लोगों ने अगले साल की योजना बनानी शुरू नहीं की है और न ही इस बारे में कुछ सोचा है कि अगले तीन दशकों में हमारी जीवन-शैली में जो बड़ा बदलाव आएगा, उसका सामना कैसे करना है? पचास के दशक के आखिरी चरण में अधिकांश लोगों को सबसे बड़ी चुनौती के रूप में जिस सच्चाई का सामना करना पड़ता है, वह है कि रिटायरमेंट का वक्त उनके जीवन में आ गया है, जो उनके जीवन में हो रहे सबसे महत्त्वपूर्ण परिवर्तनों में से एक है। जब तक आप स्वयं इस स्थिति को स्वीकार नहीं करते हैं, तब तक आनेवाले जीवन के लिए कोई भी आपको तैयार नहीं कर सकता है।

3. सेवानिवृत्ति?
4. आप कैसे फिट रहते हैं और आप अपने लिए, अपने जीवनसाथी, अपने परिवार और जिस समाज में रहते हैं, उसके लिए कैसे महत्त्वपूर्ण बने रह सकते हैं?
5. क्या आपको लगता है कि आप रिटायर होने के बाद आर्थिक रूप से सक्षम हैं?

मैंने रिटायर हुए कई लोगों से मुलाकात की और उनके साथ उनकी चुनौतियों और उनके विचारों पर चर्चा की। मैंने उन लोगों से बात की, जो अपने तीसवें और चालीसवें दशक में थे, क्योंकि वे अपने माता-पिता की रिटायरमेंट की योजना बनाने को लेकर दुःखी थे। मैंने उन पत्नियों से बात की है, जो एक बहुत अधिक जिज्ञासु पति के साथ रिटायरमेंट के बाद जीवन बिताने की तैयारी कर रही हैं और मैंने उन पतियों से बात की है, जिनकी पत्नियों का कॅरियर बहुत ही सफल है, और जो सोच रहे हैं कि अब चूँकि उनके पास एक साथ बिताने के लिए वक्त ही वक्त होगा, तो उन दोनों का जीवन कैसा होगा?

इस पुस्तक का उद्देश्य है कि पाठक सोचें। मैं ऐसा कुछ नहीं कह रहा हूँ, जिसके बारे में आपने पहले नहीं सोचा होगा और न ही मैं कोई जवाब या समाधान देने का प्रयास कर रहा हूँ। मेरी अपनी रिटायरमेंट की योजना का कार्य लगातार चल रहा है, लेकिन मेरा मानना है कि मैंने उन महत्त्वपूर्ण कदमों की

पहचान करना शुरू कर दिया है, जो मुझे उस सेवानिवृत्त जीवन का अहसास करने देंगे, जिसकी मुझे आशा है। मैं अपने स्वयं के विचारों और उन सैकड़ों लोगों के विचारों को साझा करने का प्रयास कर रहा हूँ, जिनसे मैंने पिछले कुछ वर्षों में बात की है।

यह किसी भी समस्या को 'सुलझाने' के लिए पुस्तक नहीं है और न ही यह रिटायरमेंट योजना के लिए एक मार्गदर्शिका है। यह विचारों का एक समन्वय है, जिसे मैंने अपने जीवन और अपने दोस्तों से बटोरा है।

इसलिए इस पुस्तक का शीर्षक है, '21वीं सदी में रिटायरमेंट को जीना।'

अपने जीवन के अंतिम तीन दशकों के आधार पर अपने साथी के साथ आत्म-निरीक्षण और चर्चा कर खुद को नए सिरे से जानें।

अगले तीन दशकों के लिए, अपने मन, शरीर, आत्मा और साथी को तैयार करने के लिए अपने वर्तमान जीवन में बदलाव करें।

जैसे कि आपने अपने जीवन के बाकी हिस्सों को जीया है, वैसे ही अपने जीवन को अगले तीन दशकों को 'जीने' के लिए स्वयं को तैयार करें ।

रिटायरमेंट का खाका किसी आघात की तरह भी रखता हूँ।

यह हमारे जीवन का एक ऐसा पड़ाव है, जहाँ आकर सबकुछ रुक जाता है और हमें एक नई दिशा और नए जोश के साथ पुन: आरंभ करने की आवश्यकता होती है। अपने कॅरियर या निजी जीवन में हाल ही में मिला कोई आघात या निराशा के बारे में सोचें। सोचें, तब आपको कैसा महसूस हुआ था? आपको वापस स्वयं को सँभालने में कितना समय लगा था? क्या आपने कोई कार्ययोजना बनाई थी? क्या आपने इसके लिए खुद को या दूसरों को दोष दिया था? बहुत दु:खी हैं क्या यह दिखाने के लिए आपने मिठाई या आइसक्रीम की एक बड़ी प्लेट खाई थी?

आप किसी आघात का सामना कैसे करते हैं, इससे निर्धारित होता है कि आप क्या हैं! मान लें कि किसी पट्टी के दो छोर हैं—आशावादी और निराशावादी। आप पट्टी के किसी भी छोर पर हो सकते हैं।

आशावादी पट्टी के एक छोर पर हैं। वे एक चुनौती का सामना करते हैं। वे इसे एक अस्थायी स्थिति के रूप में देखते हैं, कुछ ऐसी चुनौती, जो गुजर जाएगी।

एक आशावादी अकसर सँभलने व वापस खड़े होने के लिए एक योजना बनाएगा और कोई कदम उठाएगा। एक आशावादी भविष्य की ओर देखता है।

निराशावादी पट्टी के विपरीत छोर पर होते हैं। एक समस्या आती है और समस्या उनके जीवन के हर पहलू को प्रभावित करती है और उन्हें समस्या का कोई समाधान नहीं सूझता है। इस समस्या के लिए आमतौर पर वह किसी-न-किसी को दोषी ठहराते हैं। क्या आपने कभी किसी निराशावादी की समस्या को हल करने में मदद करने की कोशिश की है? वे आपसे तर्क करेंगे कि हर संभव समाधान काम नहीं करेगा। कोई खुशहाल भविष्य नहीं है, सब व्यर्थ है।

एक निराशावादी कहेगा कि आशावादी यथार्थवादी दृष्टिकोण नहीं रखता है। हो सकता है, ऐसा ही हो, हालाँकि शायद यह थोड़ा अवास्तविक दृष्टिकोण ही है, जो आशावादी को चुनौती का सामना करने में मदद कर आगे बढ़ने को प्रेरित करता है।

जब आप अपने जीवन को नए सिरे से एक बदलाव के साथ फिर से शुरू करना चाहते हैं तो आप रिटायरमेंट के छोर पर सकारात्मक पट्टी पर पहुँचने के लिए किस तरह पहुँच सकते हैं, आइए जानें—

अपने व्यवहार के तरीके की जाँच करें। खुद के प्रति ईमानदार रहें।

- जब कोई चुनौती आए तो रुकें और देखें कि यह क्या है? चुनौती के भीतर अवसर की तलाश करें। कभी-कभी अवसर इसके माध्यम से प्राप्त केवल अनुभव होता है।
- समस्या को अपना जीवन न बनने दें। जितना अधिक आप समस्याओं के बारे में सोचेंगे, उन्हें सुलझाना उतना ही अधिक मुश्किल होता जाएगा और वे व्यापक होती जाएँगी।
- समस्या को तुरंत हल करने के लिए कदम उठाएँ। एक योजना बनाएँ और उस पर काम करना शुरू कर दें।
- बदलाव लाने के लिए अपने आप में और अपनी क्षमताओं पर विश्वास करें।

उम्र बढ़ने और रिटायरमेंट के बारे में समाज की धारणा को अपने ऊपर से उतार फेंकें।

आशावादी को अधिक सफलता, स्वास्थ्य और खुशी प्राप्त हो सकती है। निराशावादी को अप्रसन्नता और निराशा की एक स्व-पूर्ति का अहसास हो सकता है। आप पट्टी पर अपनी जगह चुनते हैं, जहाँ से आप अपने जीवन में एक बदलाव करने की शुरुआत करेंगे।

मैं बस यही कहना चाहूँगा कि मेरा विश्वास है कि हमारा नया जीवन रोमांचक हो सकता है। स्थायी तौर पर आराम नहीं है। अपने आप से पूछें कि आप वास्तव में अपने जीवन का 'तीसरा हिस्सा' जैसे जीना चाहते हैं, क्या रिटायरमेंट के बारे में आपकी नकारात्मक धारणाएँ उसके आड़े आ रही हैं?

डेविड रुबेनस्टीन कहते हैं, "मेरे जैसे तेजी से वृद्ध होनेवाले लोग रिटायर हो रहे हैं और रिटायर होने के लिए तैयार हो रहे हैं; चाहे जो हो, वे खर्च करेंगे और वे हमारे देश में सबसे धनी पीढ़ी हैं, जो अपने रिटायरमेंट के वर्षों में खुद को एक सुखद जीवन जीने के लिए तैयार करते हैं।"

रिटायरमेंट एक समय है,
जीवित हैं, इस खुशी को महसूस करने के लिए,
वह समय, जब दोस्ती पुष्पित होती है
और उत्साह बढ़ता है।
उन खास चीजों को करने का मौका है
जिन्हें आप हमेशा चाहते थे कि आप कर सकें।
रिटायरमेंट एक विशेष समय है,
यह जानने के लिए जीवन अनमोल है।
रिटायर होने पर आपको बधाई!

भारत या किसी अन्य राष्ट्र में स्वातंत्र्योत्तर पैदा हुए बच्चों पर ये पंक्तियाँ कितनी सटीक बैठती हैं!

अंत में, इससे पहले कि मैं रिटायरमेंट के बारे में अपनी टिप्पणी पर विराम लगाऊँ, मुझे एक कहानी याद आ रही है—

एक बुजुर्ग दंपती को रात के खाने पर कुछ दोस्तों से मिलना था, लेकिन बारिश और उसके साथ-साथ तूफान आने के कारण बूढ़े व्यक्ति के लिए कार

चलाकर जाना असंभव था। उन्होंने अपनी पत्नी से कहा, "चलो, हम बगलवाले पिज्जा रेस्तराँ में चलते हैं।" रेस्तराँ पहुँचकर उन्होंने कहा, "मैं अपने दोस्तों के घर पर डिलीवरी करवाने के लिए पिज्जा ऑर्डर करना चाहता हूँ।" भुगतान करने के बाद वह बोले, "और जब आप पिज्जा पहुँचाने जा रहे हैं तो क्या आप हम दोनों को भी वहाँ पहुँचा सकते हैं?" यह सच्ची कहानी बुजुर्गों की असाधारण और जोश से भरी सोच को दरशाती है।

यह पुस्तक उन सभी लोगों के लिए है, जो निजी या सार्वजनिक क्षेत्र में या अपने स्वयं के व्यवसाय या पेशे से जुड़े थे और जो रिटायर होनेवाले हैं।

यह रिटायर जीवन बितानेवाले लोगों के जीवनसाथी और बच्चों के लिए भी है। आपका परिवार भी रिटायरमेंट के बाद आपके जीवन की वास्तविकता से अभ्यस्त होने की चुनौतियों से गुजर रहा है। मेरे युवा पाठकों के लिए यह पुस्तक उन्हें उम्र बढ़ने की अनिवार्य प्रक्रिया और भविष्य में होनेवाली रिटायरमेंट के बारे में सोचने के लिए है।

मैंने प्रत्येक अध्याय में, मुख्य रूप से इस पुस्तक के विषय को थोड़ा हल्का बनाने और वृद्ध होने पर अपने स्वयं पर हँसने में सक्षम होने के उद्देश्य से कुछ रेखांकित पंक्तियों को उद्धृत किया है।

मुझे उम्मीद है कि आपको इस पुस्तक को पढ़ने में उतना ही मजा आएगा, जितना कि मुझे लिखने में आया है।

—आशुतोष गर्ग

Twitter: @gargashutosh
Instagram: ashutoshgarg56
LinkedIn: linkedin.com/in/coach-ashutoshgarg/

अनुक्रम

1

जीवन की अवस्थाएँ

"और अंत में यह मायने नहीं रखता कि आप कितने वर्ष जीवित रहे। मायने यह रखता है कि आपने कैसा जीवन जीया!"

—अब्राहम लिंकन

इससे पहले कि मैं रिटायरमेंट के विषय पर अपने विचार साझा करना शुरू करूँ, मैंने सोचा, अपने जीवन को परिप्रेक्ष्य में रखने के लिए मुझे जीवन के चार चरणों को हिंदू धर्म में परिभाषित करने के साथ-साथ शेक्सपियर के एक उद्धरण को भी साझा करना चाहिए, जिसमें एक आदमी के जीवन की सात अवस्थाओं के बारे में कहा गया है

जीवन की चार अवस्थाओं के बारे में मुझे हिंदू विचारों में तत्त्व दिखा है। जीवन के चार 'आश्रम' हैं। 'आश्रम' शब्द की उत्पत्ति 'श्रम' से हुई है, जिसका अर्थ है—प्रयास करना। व्युत्पन्न शब्द 'आश्रम' का अर्थ एक ऐसी स्थिति है, जिसमें व्यक्ति स्वयं प्रयास करता है।

- पहला, सीखने और प्रशिक्षण के प्रारंभिक वर्ष।
- दूसरा, एक गृहस्थ के रूप में लंबा समय, बच्चों को पालना, परिवार और समाज की देखभाल करना, जिम्मेदारी निभाना और व्यस्त होना।
- तीसरा, अपनी आत्मा की यात्रा पर पुनः ध्यान केंद्रित करने के लिए सेवानिवृत्त होना, और
- अंततः जंगल में किसी एकांत स्थान या अकेले चलते हुए, पूर्ण

त्याग की एक अवस्था, जैसे बुद्ध ने किया था; वह समय, जब हमें चिंतन और विचार करने की आवश्यकता है।

निश्चित रूप से कुछ काम करते रहने पड़ सकते हैं, जैसे कोई प्रमुख जिम्मेदारी पूरी करनी हो या किसी कार्य में अभी भी आवश्यक होने का सौभाग्य प्राप्त होना। यह सौभाग्य हो सकता है, लेकिन यह एक अभिशाप भी हो सकता है, जैसा कि यह दुनिया के गरीबों के मामले में हो सकता है, जो रिटायर होने के बारे में सोच तक नहीं सकते हैं; फिर भी; जब काम करने की कोई जरूरत न हो तो इस तरह का भाग्य, लगातार, हमेशा की तरह काम करते रहने की मजबूरी से काफी अलग है।

हम में से अधिकांश के लिए 'सेवानिवृत्ति' तीसरी हिंदू अवस्था की तरह है। 'गृहस्थी' की कई जिम्मेदारियों को पीछे छोड़ते हुए, हम अभी भी कुछ हद तक परिवार और दुनिया के काम में संलग्न हैं, शायद निरंतर काम करते हुए या दुनिया की जरूरतों को पूरा करने के लिए नई मिलनेवाली जिम्मेवारियों के कारण।

हम में से अधिकांश के लिए 'सेवानिवृत्ति' तीसरी हिंदू अवस्था की तरह है। 'गृहस्थी' की कई जिम्मेदारियों को पीछे छोड़ते हुए, हम अभी भी कुछ हद तक परिवार और दुनिया के काम में संलग्न हैं, शायद निरंतर काम करते हुए या दुनिया की जरूरतों को पूरा करने के लिए नई मिलनेवाली जिम्मेवारियों के कारण। निरंतर जुड़ाव की डिग्री बदलती है, रिटायरमेंट की डिग्री भी। स्थिति और अवसर, अनुभव और संसाधनों के साथ बदलाव का संतुलन।

अजीब बात यह है कि सदियों पुरानी ये अवस्थाएँ केवल पुरुषों से जुड़ी हैं।

बदलती सदियों के साथ बहुत कुछ परिवर्तित हो गया है और इस 21वीं सदी में, जबकि हम निश्चित रूप से निम्नलिखित भागों से कुछ सबक ले सकते हैं, मेरा मानना है कि ये हमारे ऊपर लागू नहीं होते हैं। मेरा यह भी मानना है कि

महिलाएँ और पुरुष जब रिटायरमेंट के बाद अपने जीवन की योजना बनाते हैं तो उन्हें समान चुनौतियों का सामना करना पड़ता है। पुरुषों और महिलाओं की रिटायरमेंट के बाद की आवश्यकताओं और आकांक्षाओं में कोई अंतर नहीं है, संभवतः रिटायरमेंट के बाद एक-दूसरे से अपेक्षाओं के अलावा।

माना जाता है कि हिंदू धर्म में मानव जीवन को चार अवस्थाओं में बाँटा है। इन्हें 'आश्रम' कहा जाता है और प्रत्येक व्यक्ति को इन सभी अवस्थाओं का पालन करना चाहिए।

- **पहला आश्रम :** 'ब्रह्मचर्य' या ब्रह्मचर्य छात्र अवस्था।
- **दूसरा आश्रम :** 'गृहस्थ' या विवाहित, परिवारवाले पुरुष की अवस्था।
- **तीसरा आश्रम :** 'वानप्रस्थ' या एकांतवास।
- **चौथा आश्रम :** 'संन्यास' या साधना-तप की अवस्था।

ब्रह्मचर्य : ब्रह्मचारी छात्र

इस दौर में शिक्षा ग्रहण की जाती है। यह अवस्था 25 वर्ष की आयु तक रहती है, जिसके दौरान युवक एक गुरु के साथ रहने और आध्यात्मिक तथा व्यावहारिक, दोनों ज्ञान प्राप्त करने के लिए घर छोड़ देता है। इस अवधि के दौरान उसे 'ब्रह्मचारी' कहा जाता है। यह उनके जीवन की वह अवस्था है, जब वे अपने भविष्य में जिस पेशे को अपनाना चाहते हैं, उसके साथ-साथ अपने पारिवारिक, सामाजिक और धार्मिक जीवन के लिए तैयार होते हैं। इस अवस्था में उनसे अपेक्षा की जाती है—

इस दौर में शिक्षा ग्रहण की जाती है। यह अवस्था 25 वर्ष की आयु तक रहती है, जिसके दौरान युवक एक गुरु के साथ रहने और आध्यात्मिक तथा व्यावहारिक, दोनों ज्ञान प्राप्त करने के लिए घर छोड़ देता है। इस अवधि के दौरान उसे 'ब्रह्मचारी' कहा जाता है।

- शारीरिक सुख और भौतिक प्रलोभनों से दूर रहते हुए ब्रह्मचारी रहना और एक साधारण जीवन जीना।

- गुरु (आध्यात्मिक शिक्षक) की सेवा करना और उसके लिए भिक्षा एकत्र करना।
- वेदों को सुनना, अध्ययन करना और उन्हें आत्मसात् करना।
- सभी उपयुक्त गुणों—विनम्रता, अनुशासन, सादगी, विचारों की शुद्धता, स्वच्छता, कोमलता आदि को विकसित करना।

ब्रह्मचर्य के हिस्से को छोड़कर बहुत सारे युवा पुरुष और महिलाएँ विश्वास और आत्म-आश्वासन के साथ इस अवस्था से गुजरते हैं।

गृहस्थ : विवाहित पुरुष

यह अवधि तब शुरू होती है, जब एक आदमी शादी करता है और जीविका कमाने और अपने परिवार का पोषण करने की जिम्मेदारी लेता है। इस अवस्था में हिंदू धर्म कुछ निर्धारित सामाजिक और लौकिक मानदंडों के तहत यौन सुख को एक आवश्यकता और भोग के रूप में धन की चाह रखने की अनुमति देता है।

यह अवधि तब शुरू होती है, जब एक आदमी शादी करता है और जीविका कमाने और अपने परिवार का पोषण करने की जिम्मेदारी लेता है। इस अवस्था में हिंदू धर्म कुछ निर्धारित सामाजिक और लौकिक मानदंडों के तहत यौन सुख को एक आवश्यकता और भोग के रूप में धन की चाह रखने की अनुमति देता है। गृहस्थ आश्रम 50 वर्ष की आयु तक रहता है। मनु के नियमों के अनुसार, जब किसी व्यक्ति की त्वचा पर झुर्रियाँ पड़ने लगती हैं और उसके बाल झड़ जाते हैं तो उसे जंगल में चले जाना चाहिए। इस अवस्था में उससे अपेक्षा की जाती है—

- नैतिक सिद्धांतों के अनुसार पैसा बनाने और यौन-सुख उठाने की।
- त्याग करने और धार्मिक अनुष्ठानों का पालन करने की।
- परिवार के सदस्यों (पत्नी, बच्चों और वृद्धजनों) की रक्षा और पोषण करने की।

- बच्चों को आध्यात्मिक मूल्यों की शिक्षा देने की।
- दान देने की, विशेष रूप से साधु-संतों, गरीबों और जानवरों को खिलाने की।

हालाँकि आधुनिक जीवन में, अधिकांश हिंदू इस दूसरे आश्रम को इतना पसंद करते हैं कि गृहस्थाश्रम जीवन भर चलता है।

वानप्रस्थ : एकांतवास

मनुष्य की यह अवस्था तब शुरू होती है, जब एक गृहस्थ के रूप में उसके कर्तव्य पूरे हो जाते हैं। वह दादा बन चुका है, उसके बच्चे बड़े हो गए हैं और उन्होंने अपना जीवन गढ़ लिया है। इस उम्र में उसे सभी शारीरिक, भौतिक और यौन-सुखों का त्याग कर देना चाहिए, अपने सामाजिक और पेशेवर जीवन से सेवानिवृत्त हो जाना चाहिए, अपना घर छोड़ देना चाहिए और प्रार्थना करते हुए एक जंगल में एक झोंपड़ी बनाकर अपना समय बिताना चाहिए।

मनुष्य की यह अवस्था तब शुरू होती है, जब एक गृहस्थ के रूप में उसके कर्तव्य पूरे हो जाते हैं। वह दादा बन चुका है, उसके बच्चे बड़े हो गए हैं और उन्होंने अपना जीवन गढ़ लिया है। इस उम्र में उसे सभी शारीरिक, भौतिक और यौन-सुखों का त्याग कर देना चाहिए, अपने सामाजिक और पेशेवर जीवन से सेवानिवृत्त हो जाना चाहिए, अपना घर छोड़ देना चाहिए और प्रार्थना करते हुए एक जंगल में एक झोंपड़ी बनाकर अपना समय बिताना चाहिए।

उसे अपनी पत्नी को साथ ले जाने की अनुमति है, लेकिन परिवार के साथ थोड़ा दूरी बनाए रखना जरूरी है। जीवन के इस चरण में उससे अपेक्षा की जाती है—

- आमतौर पर आध्यात्मिक मामलों में ज्यादा समय व्यतीत करना।
- तपस्या करना।
- तीर्थयात्रा पर जाना।

इस तरह का जीवन वास्तव में किसी भी व्यक्ति के लिए बहुत कठोर और क्रूर है। आधुनिक समय में रिटायरमेंट ऐसी किसी भी तरह की आवश्यकताओं पर जोर नहीं देता है या ऐसा कोई भी दिशा-निर्देश निर्धारित नहीं करता है। आश्चर्य नहीं है कि यह तीसरा आश्रम अब लगभग अप्रचलित ही हो चुका है।

संन्यास : वैराग्य

> ***माना जाता है कि इस अवस्था में व्यक्ति को अपने को पूरी तरह से भगवान् के प्रति समर्पित कर देना चाहिए। वह संन्यासी है, उसके पास न घर है, न उसको किसी चीज की आसक्ति है; उसने सभी इच्छाओं, आशंकाओं और आशाओं, कर्तव्यों और जिम्मेदारियों का त्याग कर दिया है। वह वास्तव में भगवान् में समाहित हो गया है।***

माना जाता है कि इस अवस्था में व्यक्ति को अपने को पूरी तरह से भगवान् के प्रति समर्पित कर देना चाहिए। वह संन्यासी है, उसके पास न घर है, न उसको किसी चीज की आसक्ति है; उसने सभी इच्छाओं, आशंकाओं और आशाओं, कर्तव्यों और जिम्मेदारियों का त्याग कर दिया है। वह वास्तव में भगवान् में समाहित हो गया है। उसके सभी सांसारिक बंधन टूट गए हैं और उसका ध्यान केवल एक ही बात पर केंद्रित है कि उसे जन्म और मृत्यु के चक्र से मुक्ति या मोक्ष प्राप्त करना है। जब उसकी मृत्यु होती है तो उसके बेटे और वारिस उसका अंतिम संस्कार करते हैं। इस अवस्था में उससे अपेक्षा की जाती है कि वह—

- मन और इंद्रियों को पूरी तरह से नियंत्रित करके अपनी सारा ध्यान ईश्वर में लगा दे।
- सबसे स्वयं को पृथक् कर ले व भय-मुक्त हो जाए और पूरी तरह से ईश्वर पर निर्भर हो जाए, क्योंकि वही एकमात्र रक्षक है।
- स्व-चेतना और ईश्वर-चेतना के महत्त्व को सिखाए और प्रचार करे। विशेषकर गृहस्थ जीवन बिता रहे लोगों को इसके बारे में

बताए, जिनका ध्यान अकसर अपने आध्यात्मिक कर्तव्यों से भटक जाता है।

हम इस तथ्य के बारे में ऐसे बदलाव कर सकते हैं कि मानव जीवन लंबा होता है और उसे इन अवस्थाओं का पालन करते हुए आगे बढ़ना चाहिए। हालाँकि हम बहुत आगे छलाँग लगाने या पीछे हटने की इच्छा कर सकते हैं, गति को धीमा कर सकते हैं या इसे गति दे सकते हैं। कुछ इस अंतिम अवस्था में सीधे पहुँच जाते हैं, हालाँकि जैसे-जैसे हम कमजोर होंगे और मृत्यु के समीप पहुँचेंगे, सभी को इसका अनुभव करना है, धीरे-धीरे या अचानक।

http://hinduism.about.com/od/basics/p/fourstages.htm

शेक्सपियर के अनुसार मनुष्य की सात अवस्थाएँ

शेक्सपियर ने एक आदमी के जीवन को सात अवस्थाओं या सात युगों में विभाजित किया है। प्रत्येक मनुष्य अपने जीवन में इन अवस्थाओं से गुजरता है। वह इन अवस्थाओं का सामना कैसे करता है और प्रत्येक अवस्था उसके जीवन में जो परिवर्तन लाती है, उसे अपनाता है, वही इस बात को निर्धारित करता है कि प्रत्येक अवस्था में कौन खुश है या कौन दुःखी है! ये सात अवस्थाएँ हैं—

> ***शेक्सपियर ने एक आदमी के जीवन को सात अवस्थाओं या सात युगों में विभाजित किया है। प्रत्येक मनुष्य अपने जीवन में इन अवस्थाओं से गुजरता है। वह इन अवस्थाओं का सामना कैसे करता है और प्रत्येक अवस्था उसके जीवन में जो परिवर्तन लाती है...***

1. शिशु
2. पाठशाला
3. प्रेमी
4. सिपाही
5. काम करनेवाला

6. रिटायर्ड आदमी
7. बूढ़ा आदमी।

उनके नाटक 'एज यू लाइक इट' में इन सात अवस्थाओं के बारे में उनकी अभिव्यक्ति को अनगिनत बार पढ़ा और चर्चा की गई है, लेकिन भी जब कोई हिंदू धर्म की चार अवस्थाओं और शेक्सपियर की सात अवस्थाओं को देखे तो समानता चौंकानेवाली है।

"सारी दुनिया एक मंच है, नर-नारी सब अभिनेता
सात अवस्थाएँ जीवन की, सात अंकों के नाटक में
अपना-अपना खेल दिखाकर हर इनसान चला जाता।
दूध गिराता शिशु पहले रिरियाता माँ की बाँहों में,
मन मारे, बस्ता लटकाए चींटी की फिर चाल से चलता
पढ़ने जाता सुबह-सवेरे उजले चेहरेवाला बच्चा,
और फिर आशिक आहें भरता आता तपती भट्ठी सा,
आँखों पर प्रेयसी की लिखी दर्द भरी गजलें गाता।
फिर आता है एक सिपाही, दढ़ियल, अड़ियल, कसमें खाता;
लड़ जाता सम्मान की खातिर बात-बात पर,
पैनी दृष्टि, गोल तोंद लिये, सूक्तियों का इक भंडार
नए-नए उदाहरण देता, न्यायाधीश फिर मंच सजाता।
छठी अवस्था लेकर आती ढलक-ढलक जाती जुराबें,
टाँगें सूखी, नाक पर चश्मा, ढीला-ढीला पाजामा,
मरदाना आवाज के बदले रह जाती, जब शिशु सी चीखें,
आँखें धुँधली, दाँत नदारद, स्वाद गए सब
इक पिंजर जब रह जाता है।
इस अद्भुत, इस अहम इतिहास का
आ जाता है अंतिम दृश्य—
फिर से बचपन लौट आता है।"

—ऐज यू लाइक इट से

यह कहना सही होगा कि बहुत कम पुरुष ही पूर्ण तपस्वी बनने की अवस्था तक पहुँच पाते हैं। हमें अपने जीवन की अवस्थाओं के माध्यम से और अपने जीवन की अवस्थाओं, अपने परिवार के सदस्यों की उम्र और अवस्था, अपनी वित्तीय प्रतिबद्धता, अपने स्वास्थ्य और हमारे द्वारा किए जानेवाले कार्यों की प्रकृति के आधार पर जीना चाहिए।

और यह रिटायरमेंट के संबंध में विशेष रूप से सच हो सकता है, जब ध्यान और चिंतन पहले से कहीं अधिक महत्त्वपूर्ण हो जाता है।

□

2

रिटायरमेंट का मेरे लिए क्या मतलब है?

"मुझे लगता है कि मैं आखिरकार बड़ी हो रही हूँ। समय के बारे में!"

—एलिजाबेथ टेलर

आप ही केवल रिटायर नहीं हो रहे हैं!

यदि मैं 'रिटायरमेंट' कहता हूँ तो आपके दिमाग में सबसे पहले क्या शब्द आते हैं?

यदि वे धर्म और प्रार्थना, अवकाश, विश्राम, आराम, पोते-पोती, पेंशन, प्रचुर समय, स्वास्थ्य, गोल्फ, एक अच्छी आरामदायक कुरसी के आगे रखा पैर रखने का स्टूल और वृद्धावस्था है तो आप बीते समय की रिटायरमेंट के बारे में सोच रहे हैं।

इस पुस्तक में रिटायरमेंट के बाद जीवन शुरू होता है!

यह 21वीं सदी है, जब आज का 60 वर्ष का व्यक्ति बीते कल के 40 वर्ष के व्यक्ति की तरह दिखता और महसूस करता है। आज रिटायर होने का मतलब है एक लंबा जीवन, नए अवसर, उत्साह, चुनौती और अपने को जानना। एक व्यस्त कॅरियर के बाद रिटायर होने का सबसे अच्छा सुख यह अहसास है कि अब आप एक कठोर दिनचर्या या समय-सारणी से बँधे नहीं हैं। पहले हमारे दिन बैठकों और लोगों से मिलने-मिलाने में निकल जाते थे, कोई निश्चित समय नहीं था किसी काम का, पर रिटायर होने के बाद समय हमारे हाथ में होता है। यदि

आप किसी दिन देर तक सोना चाहते हैं तो किसी तरह की ग्लानि महसूस नहीं होती! हमारे पास यह तय करने की अधिक स्वतंत्रता होती है कि हम क्या करना चाहते हैं और कब करना चाहते हैं; जब हमें सही लगता है, उसके अनुसार हम बदलाव कर पाते हैं। हम जैसा समय व्यतीत करना चाहते हैं, उसके अनुसार ही हम अपनी दिनचर्या तय कर पाते हैं।

उन कामों को करें, जिन्हें आप नौकरी या काम करते समय नहीं कर पाए थे

क्या आपको नौकरी करते समय कभी ऐसा लगा था कि आप इस तरह काम में डूबे हुए हैं कि जो काम आप करना चाहते थे, उसे कभी प्राथमिकता दे पाएँगे? खाली समय मौजूद ही नहीं था, क्योंकि काम पूरा करने के लिए लगातार आप अपना सारा समय उसे ही देते जा रहे थे। अपने बॉस या अपने द्वारा निर्धारित समय-सीमा को पूरा करने के लिए लगातार तनाव में रहते थे। रिटायर होने के बाद आपको अब ऐसा करने की जरूरत नहीं है। यदि आप कहीं घूमना या यात्रा पर जाना चाहते थे तो अब आप अपनी इस ख्वाहिश को पूरा कर सकते हैं। यदि आपके पास अपने बच्चों के लिए समय नहीं था या शायद अब पोते-पोतियों के लिए, तो अब आपके पास बहुत समय है। अपनी स्थिति का लाभ उठाने का मौका न चूकें।

क्या आपको नौकरी करते समय कभी ऐसा लगा था कि आप इस तरह काम में डूबे हुए हैं कि जो काम आप करना चाहते थे, उसे कभी प्राथमिकता दे पाएँगे? खाली समय मौजूद ही नहीं था, क्योंकि काम पूरा करने के लिए लगातार आप अपना सारा समय उसे ही देते जा रहे थे। अपने बॉस या अपने द्वारा निर्धारित समय-सीमा को पूरा करने के लिए लगातार तनाव में रहते थे।

कुछ न करें और इसके बारे में ग्लानि महसूस न करें

जो लोग हाल में ही रिटायर हुए हैं, उनके लिए खाली समय थोड़ा भयभीत करनेवाला हो सकता है और उसे सँभालना मुश्किल हो सकता है। यदि आप अपने समय का आनंद लेने के अभ्यस्त नहीं हैं तो आप ग्लानि महसूस कर सकते हैं, क्योंकि आपको लगेगा कि आप कुछ भी रचनात्मक या ठोस काम नहीं कर रहे हैं। रोज आनेवाले आपके इ-मेल अचानक कम हो जाएँगे और रिटायरमेंट के बाद शुरुआती दिनों में आप किसी ऐसे एक इ-मेल के लिए अपने स्मार्टफोन या अपने कंप्यूटर को बार-बार चेक करेंगे, जिसका आपको तुरंत जवाब देना हो। यदि आपके स्मार्टफोन पर छोटी लाल बत्ती किसी नए मैसेज के आगमन की घोषणा करने के लिए चमक नहीं रही है तो यह मत सोचिए कि सबकुछ खत्म हो गया है।

> *जो लोग हाल में ही रिटायर हुए हैं, उनके लिए खाली समय थोड़ा भयभीत करनेवाला हो सकता है और उसे सँभालना मुश्किल हो सकता है। यदि आप अपने समय का आनंद लेने के अभ्यस्त नहीं हैं तो आप ग्लानि महसूस कर सकते हैं, क्योंकि आपको लगेगा कि आप कुछ भी रचनात्मक या ठोस काम नहीं कर रहे हैं।*

यह आपके काम छोड़ने का केवल एक लक्षण है

अभ्यस्त होने में थोड़ा समय लग सकता है, लेकिन अपने आपको तनावमुक्त रखने की कोशिश करें। सेवानिवृत्त जीवन ऐसे जीवन का अनुभव करने का मौका हो सकता है, जो तनावरहित और बिना किसी समय-सीमा से बँधा हो। अपने नियोक्ताओं को इतने वर्षों तक काम करके देने के बाद आपको अपनी स्वतंत्रता का आनंद लेने का हक होना चाहिए।

युवावस्था में आप जो करना चाहते थे, उसे करने की कोशिश करें

मुझे लेखन से हमेशा प्यार रहा है और मैंने तय किया कि रिटायर होने के बाद मैं अपने इस जुनून पर अपना ध्यान केंद्रित करूँगा। मैंने कभी सोचा नहीं था

कि मैं पुस्तकें लिखूँगा, लेकिन अब, जब मैंने लिखना शुरू किया है और मेरी पुस्तकें प्रकाशित हो गई हैं तो मुझे पता है कि मेरे पास लिखने को बहुत कुछ है, क्योंकि मेरा मन इतनी कहानियों व विचारों से लबालब है कि मैं जानता हूँ कि मैं निरंतर लिख सकता हूँ।

शायद आप एक संगीतकार, एक जोखिम उठानेवाले, एक फोटोग्राफर या एक कलाकार बनना चाहते हों! शौक, रोमांच, नए अनुभव और नए दोस्त, अब सभी उपलब्ध हैं, क्योंकि अब आप अपने समय के मालिक हैं और जैसे चाहें उसका उपयोग कर सकते हैं।

निश्चित रूप से, प्रयास आपको ही करना होगा। जीवन में कुछ भी कभी आसानी से नहीं मिलता है!

□

मेरे दादाजी के समय में जीवन बहुत ही साधारण ढंग से जीया जाता था।

शिक्षा प्राप्त करें, नौकरी करें, शादी करें, परिवार शुरू करें, 35 साल तक काम करें और रिटायर हो जाएँ। यदि आप भाग्यशाली हैं तो आप 70 साल तक जीवित रहेंगे और आपको अपने पोते-पोतियाँ के साथ कुछ समय बिताने का अवसर मिल जाएगा। हमारे दादा-दादी ने अपने बच्चों के भविष्य को बेहतर बनाने में अपना सारा जीवन लगा दिया, जब तक उनके बच्चों की अपनी गृहस्थी हुई, वे फिजूलखर्ची न करने के साथ जीवन जीने की आदत डाल चुके थे। वे मरने से पहले अपनी मेहनत से कमाए और बचाकर रखे पैसे को खर्च करने की कल्पना तक नहीं कर सकते थे, और इसलिए वे अपनी सारी बचत, अपनी संपत्ति और अपना जेवर अगली पीढ़ी को दे देते थे और फिर से अगली पीढ़ी का बचत करने का सिलसिला शुरू हो जाता था!

यदि आप भाग्यशाली हैं तो आप 70 साल तक जीवित रहेंगे और आपको अपने पोते-पोतियाँ के साथ कुछ समय बिताने का अवसर मिल जाएगा। हमारे दादा-दादी ने अपने बच्चों के भविष्य को बेहतर बनाने में अपना सारा जीवन लगा दिया, जब तक उनके बच्चों की अपनी गृहस्थी हुई, वे फिजूलखर्ची न करने के साथ जीवन जीने की आदत डाल चुके थे।

बेहतर स्वास्थ्य सेवा, बेहतर पोषण और व्यक्तिगत स्वास्थ्य और स्वच्छता के बारे में जागरूकता होने के कारण हमें लंबा जीवन जीने का सौभाग्य प्राप्त है। जब हमारा बेटा पैदा हुआ था, तब मेरी दादी की उम्र 68 साल थी। भारतीय रीति-रिवाजों के अनुसार, सुवर्ण सीढ़ी समारोह में उन्हें सोने की एक छोटी सी सीढ़ी भेंट की गई, क्योंकि यह माना जाता है कि यदि किसी ने अपने पड़पोते को देख लिया है तो वह स्वर्ग की सीढ़ियाँ चढ़ सकेगा। वह 96 वर्ष की आयु तक जीवित रहीं और तब तक उनके सामने पड़पोते के बेटे का जन्म भी हो गया था।

जब मैं अपने आसपास देखता हूँ तो पाता हूँ कि हममें से बहुत से लोग दादा-दादी बननेवाले हैं और हमारे माता-पिता पड़दादा-दादी बनने जा रहे हैं। 50 साल के हुए बहुत वर्ष नहीं बीते हैं और हममें से बहुत से लोगों ने दु:खी होते हुए कहा था, "मैं इस पड़ाव पर पहुँचने के लिए अभी तैयार नहीं हूँ।"

जब मैं अपने आसपास देखता हूँ तो पाता हूँ कि हममें से बहुत से लोग दादा-दादी बननेवाले हैं और हमारे माता-पिता पड़दादा-दादी बनने जा रहे हैं। 50 साल के हुए बहुत वर्ष नहीं बीते हैं और हममें से बहुत से लोगों ने दु:खी होते हुए कहा था, "मैं इस पड़ाव पर पहुँचने के लिए अभी तैयार नहीं हूँ।" हममें से बहुत से लोग अभी भी अपनी उम्र बताने में संकोच करते हैं और हमारे जन्मदिन की वास्तविक तारीख से हम अभी भी अपनी उम्र एक साल कम ही बताते हैं, जैसे-जैसे मेरे दोस्त 60 की उम्र पर पहुँचने वाले होते हैं, वैसे-वैसे धीरे-धीरे बूढ़े होने का अहसास होने लगता है। हालाँकि मैं यह अवश्य कहूँगा कि ज्यादातर लोग इस बात को स्वीकारना नहीं चाहते हैं कि वे अपने जीवन के छह दशक गुजार चुके हैं।

क्या हम मानसिक रूप से अपने जीवन में रिटायरमेंट के इस बदलाव को स्वीकारने के लिए तैयार हैं?

'महत्त्व खत्म हो जाने का सिंड्रोम', यह वाक्यांश ऑस्ट्रेलिया के राजनेता गैरेथ इवांस ने गढ़ा था और यह ज्यादातर उन लोगों को परेशान करता है, जिन्होंने काम करते हुए लंबा समय और कई साल बिताए हैं और फिर

अचानक उन्हें महसूस होने लगता है कि अब उनका महत्त्व नहीं रहा है या वे ऐसी एक नौकरी में फँसे हैं, जिसे करते हुए वे बिल्कुल खुश नहीं हैं।

मैंने रिटायर हो चुके लोगों को महत्त्व में कमी आने के अहसास को जीते देखा है। 'मेरा अब कोई महत्त्व नहीं रहा' की इस भावना ने कई दोस्तों को समय से पहले ही बूढ़ा बना दिया है।

अचानक हमारे हाथों में बहुत सारा समय आ गया है और हमने सोचा तक नहीं कि इस खाली समय को कैसे बिताना है?

हमारे जाने के बाद क्या होगा, इस बारे में चिंता न करें, क्योंकि जब हम मिट्टी में मिल जाएँगे तो हमारे लिए किसी की प्रशंसा या आलोचना का कोई महत्त्व नहीं रहेगा। सांसारिक जीवन का आनंद लेने का समय और आपकी मेहनत की कमाई खत्म हो जाएगी!

> ***हमारे जाने के बाद क्या होगा, इस बारे में चिंता न करें, क्योंकि जब हम मिट्टी में मिल जाएँगे तो हमारे लिए किसी की प्रशंसा या आलोचना का कोई महत्त्व नहीं रहेगा। सांसारिक जीवन का आनंद लेने का समय और आपकी मेहनत की कमाई खत्म हो जाएगी!***

अपनी रिटायरमेंट के बाद केवल इतना ही समय है कि आप अपने पुराने कागजों की छँटनी कर लें, बैंक खातों को देख लें या अपने बीमारी या बीमा आदि के कागजों को व्यवस्थित कर लें या विदेशों में काम करनेवाले अपने बच्चों के लिए आयकर से जुड़े मामले सँभालने का काम कर सकते हैं। आपको अपने जीवन के अगले तीन दशकों को कैसे जीना है, इसकी भी योजना बनानी होगी। परिस्थितियाँ बेशक बदल जाएँगी, हम बूढ़े हो जाएँगे और हमारी बचत पर हमारी निर्भरता अधिक हो जाएगी, क्योंकि हमारी मासिक आय आना बंद हो चुकी होगी।

किसी से मिलने या मीटिंग के लिए समय नहीं लेना पड़ेगा और यहाँ तक कि घर पर भी पत्नी यही कहेगी कि 'अपने समय का 'कुछ सदुपयोग' करो।' बच्चे शायद एक ही शहर में अलग रह रहे होंगे या दूसरे शहर में या किसी दूसरे देश में अपने कॅरियर में व्यस्त होंगे। रिटायर होने के बाद अपने परिवार के साथ समय बिताना मात्र सपना बन जाएगा।

रिटायर होने के बाद अकसर लोगों के मुँह से इस तरह की टिप्पणियाँ सुनने को मिलती हैं—

"मेरे पास अब समय ही समय है।"

"मैं अब 'मैं था' बन चुका हूँ।"

"कोई मेरी परवाह नहीं करता, मेरी पत्नी भी नहीं।"

"किसी को भी अब मेरी जरूरत नहीं है।"

"अब मेरा परिवार मेरी कमाई से नहीं चलता है।"

"मुझे नहीं पता कि मैं अपना समय कैसे बिताऊँ?"

"रिटायर होने के बाद मैं अपना जीवन कैसे बिताऊँगा, कभी सोचा ही नहीं।"

रिटायरमेंट के बाद के पहले कुछ वर्ष शायद सबसे चुनौतीपूर्ण होते हैं, जब तक कि आप किसी के जीवन में 'अचानक हुए' सभी परिवर्तनों को समझने व अपनाने में सक्षम नहीं हो जाते। अचानक कुछ नहीं होता। यह सिर्फ इतना है कि हम 'जब तक हम वहाँ तक नहीं पहुँच जाते हैं' तब तक रिटायरमेंट से जुड़े फैसले लेना टालते जाते हैं।

रिटायरमेंट के बाद के पहले कुछ वर्ष शायद सबसे चुनौतीपूर्ण होते हैं, जब तक कि आप किसी के जीवन में 'अचानक हुए' सभी परिवर्तनों को समझने व अपनाने में सक्षम नहीं हो जाते। अचानक कुछ नहीं होता। यह सिर्फ इतना है कि हम 'जब तक हम वहाँ तक नहीं पहुँच जाते हैं' तब तक रिटायरमेंट से जुड़े फैसले लेना टालते जाते हैं।

फिर भी उस जीवन से अपनी पहचान खो जाने की कमी बनी रहती है, जिसे आपने तीन दशकों से अधिक समय बिताने के बाद पीछे छोड़ दिया है; और कितनी बार आपने सोचा था कि आपको कुछ अलग करने की जरूरत है या कुछ अलग करना है? जैसा कि कार्यक्षेत्रों में होता है, जहाँ आपने प्रत्येक चरणों की, जो आपके सामने आनेवाले थे, विस्तृत योजना बनाई होगी; तो आपको अपनी रिटायरमेंट की योजना भी उसी तरह सावधानीपूर्वक बनानी चाहिए।

हम इतिहास के एक अद्‌भुत समय पर खड़े हैं।

भारत की स्वतंत्रता मिलने का सुरूर खत्म हो गया है। हममें से अधिकांश अपने माता-पिता के मध्यम वर्ग के घरों में पले-बढ़े होंगे और उनका 'अच्छे अंक प्राप्त करने और 'कुछ' हासिल करने के लिए मन लगाकर पढ़ना जरूरी है,' बार-बार यह कहते सुना होगा। हममें से अधिकांश ने अपने माता-पिता को कहते सुना होगा, "ध्यान लगाकर पढ़ो, यह तुम्हारे लिए बहुत ही महत्त्वपूर्ण वर्ष है।"

फिर भी, जब हम रिटायर होते हैं, हम एक बार फिर से अपने आनेवाले सबसे महत्त्वपूर्ण वर्षों का सामना करते हैं।

रिटायरमेंट के करीब आनेवाले हों तो हमारा आर्थिक रूप से सुरक्षित होना भी आवश्यक है। जब तक हम रिटायरमेंट के पड़ाव पर पहुँचते हैं, हमारे बच्चों की शिक्षा पूरी हो चुकी होती है। हमारे बच्चे तब तक अपने कॅरियर बना चुके होते हैं या नौकरी आदि ढूँढ़ रहे होते हैं।

रिटायरमेंट के करीब आनेवाले हों तो हमारा आर्थिक रूप से सुरक्षित होना भी आवश्यक है। जब तक हम रिटायरमेंट के पड़ाव पर पहुँचते हैं, हमारे बच्चों की शिक्षा पूरी हो चुकी होती है। हमारे बच्चे तब तक अपने कॅरियर बना चुके होते हैं या नौकरी आदि ढूँढ़ रहे होते हैं।

हमारे ऊपर किसी की कोई देनदारी नहीं होती है और हम में से ज्यादातर का स्वास्थ्य बहुत अच्छा ही होता है। हमारे पास, पहली बार, बिना किसी ग्लानि के खुद पर खर्चने के लिए पर्याप्त धन होता है। हमें किसी आनेवाले या तत्काल वित्तीय प्रतिबद्धता की वजह से पैसा बचाकर रखने की जरूरत नहीं होती। इसलिए हम जो चाहते हैं, उसे खरीद पाते हैं। हम दुनिया के उन सभी स्थानों की यात्रा कर सकते हैं, जिनका हमने सपना देखा है। यदि हम चाहें तो भरपूर जिंदगी जी सकते हैं। हम वास्तव में अपनी इच्छाओं की सूची को धीरे-धीरे पूरी कर कब से अटकी इच्छाओं के पूरी हो जाने पर उनके आगे एक सरल दिशा-निर्देश की तरह समझना चाहें तो मेरा मानना है कि मरते समय, जो भी कुछ हमारे पास है, उसमें से कुछ भी कोई अपने साथ नहीं ले जा सकता है, चाहे वह कितना भी महँगा क्यों न

हो! हमें अपने रिटायरमेंट के वर्षों के दौरान अपने धन को लेकर सावधानी से योजना बनाते हुए बहुत सावधानी बरतने की जरूरत नहीं है। खर्च करना है तो खर्च करें, जो आनंद लेना है, उसका आनंद लें, जितना दान कर सकते हैं, करें और सबकुछ अपने बच्चों या नाती-पोतों के लिए छोड़कर जाने के बारे में न सोचें। आप नहीं चाहते कि वे परजीवी बनें, जो आपके मरने की प्रतीक्षा कर रहे हैं!

यह वह समय है, जब आप यह सोचें कि अब जीवन कैसे जीना है! जो बीत गया है, उसे मुड़कर देखने का कोई मतलब नहीं है। जब आप पीछे मुड़कर देखें तो खुशनुमा पलों के बारे में याद करें। जो खो दिया है, उस पर रोना या पछतावा करना निरर्थक है—आप उसके बारे में कुछ नहीं कर सकते।

यह माना जाता है कि अधिकांश लोगों के धन का 90 प्रतिशत से अधिक उत्तराधिकार के रूप में दे दिया जाता है। क्या इसीलिए आपने धन संचय करना शुरू किया था?

यह वह समय है, जब आप यह सोचें कि अब जीवन कैसे जीना है! जो बीत गया है, उसे मुड़कर देखने का कोई मतलब नहीं है। जब आप पीछे मुड़कर देखें तो खुशनुमा पलों के बारे में याद करें। जो खो दिया है, उस पर रोना या पछतावा करना निरर्थक है—आप उसके बारे में कुछ नहीं कर सकते।

तो अगर यही आपकी भी वास्तविकता है तो आप किस बात की प्रतीक्षा कर रहे हैं?

अपने जीवन को फिर से जीवंत करें, अपनी मानसिकता को पुन: नया रूप दें और अपने आगे आनेवाले नवजीवन के लिए अपने संपूर्ण अस्तित्व में नई जान फूँकें।

सर्वश्रेष्ठ तो अभी आना है!

□

तीन बुजुर्ग सज्जन आपस में बात कर रहे थे कि उनके बच्चों के बच्चे अब से पचास साल बाद उनके बारे में क्या कहेंगे—

"मैं चाहता हूँ कि मेरा पोता/पोती कहें, वह बहुत सफल व्यापारी थे," पहले बुजुर्ग ने कहा।

दूसरे ने कहा, "अब से पचास साल बाद, मैं चाहता हूँ कि वे कहें, वह एक निष्ठावान् पारिवारिक व्यक्ति थे।"

तीसरे आदमी की ओर देखते हुए, पहले आदमी ने पूछा, "तो आप क्या चाहते हैं कि पचास वर्ष बाद वे आपके बारे में क्या कहें ?"

"मैं ?" तीसरे आदमी ने जवाब दिया, "मैं चाहता हूँ कि वे कहें कि निश्चित रूप से उस उम्र में भी उनका व्यक्तित्व एकदम शानदार था !"

□

3

रिटायरमेंट से जुड़े मिथक

जब आप रिटायर होते हैं तो सोचें और ऐसे व्यवहार करें, जैसे कि आप अभी भी काम कर रहे हैं।'

जब आप काम कर रहे हों तो सोचें और ऐसे व्यवहार करें, जैसे कि आप रिटायर हो चुके हैं।'

रिटायरमेंट के बारे में कई भ्रामक धारणाएँ हैं, जो इस पुस्तक को लिखने के दौरान लोगों के साथ बात करते हुए मेरे सामने आईं। अपने जीवन में नए सिरे से बदलाव करने की अपनी यात्रा में आगे बढ़ने से पहले इन धारणाओं पर बात करना जरूरी है—

'मैंने कितना कुछ किया'

आपका कॅरियर शानदार रहा था, लेकिन आपने जो कुछ खोया, उस पर अफसोस करते हुए पीछे मुड़कर देखने का कोई मतलब नहीं है। वास्तविकता यह है कि आपने इतना सबकुछ किया, यानी कि आपके पास बहुत सारा अनुभव है। कुछ ऐसा जो एक युवा कर्मचारी के पास नहीं होगा। अनुभव के बारे में बहुत कुछ कहा जा सकता है, इसलिए स्वयं को कमतर आँकने का कोई कारण नहीं है।

यह आपके जीवन के आने वाले तीन दशकों को देखने का समय है। आप या तो जीवन से नाराज रहने का विकल्प चुन सकते हैं और हर किसी पर अपना गुस्सा निकाल सकते हैं या आप सकारात्मक सोच रखते हुए यह देख सकते हैं कि आप जीवन में और क्या हासिल करना चाहते हैं, ऐसा—जो काम की सीढ़ी पर चढ़ने से अलग होगा।

"मैं न सिर्फ कंपनी से रिटायर हो रहा हूँ, मैं अपने तनाव, अपने ऑफिस आने-जाने की परेशानी, अपनी अलार्म घड़ी और अपनी बँधी-बँधाई दिनचर्या से भी सेवानिवृत्त हो रहा हूँ।" किसी ने बहुत सकारात्मकता के साथ कहा था।

आपको इस बात पर विचार करने की जरूरत है कि आपने क्या पाया और क्या नहीं, आप अपने जीवन के शेष 'सूर्यास्त' वर्षों में क्या पाना चाहते हैं? अपने जीवनसाथी से बात करें, क्योंकि आपके साथी को ही आपके गुस्से, अवसाद या निराशा को भुगतना होगा। आपका जीवनसाथी वह व्यक्ति भी है, जो आपके जीवन के इस नए चरण में हमेशा आपका साथ देगा।

'क्या अभी भी मेरी अहमियत है?'

जिन कुछ लोगों से मैंने बात की, उनमें से कुछ ने कहा कि वे अब एक, 'बीता हुआ कल हो चुके हैं,' और जब कोई उनसे पूछता है कि—

"वे जीवनयापन के लिए क्या करते हैं?" तो वे खुद को बहुत छोटा महसूस करते हैं। उन्हें यह कहने में गर्व महसूस नहीं होता कि वे रिटायर हो गए हैं और इसीलिए वे हमेशा उस कंपनी का नाम बता देते हैं, जिसमें वे काम किया करते थे, या कह देते हैं कि उन्होंने खुद की कंसल्टेंसी कंपनी शुरू कर दी है।

"वे जीवनयापन के लिए क्या करते हैं?" तो वे खुद को बहुत छोटा महसूस करते हैं। उन्हें यह कहने में गर्व महसूस नहीं होता कि वे रिटायर हो गए हैं और इसीलिए वे हमेशा उस कंपनी का नाम बता देते हैं, जिसमें वे काम किया करते थे, या कह देते हैं कि उन्होंने खुद की कंसल्टेंसी कंपनी शुरू कर दी है।

मुझे इस तरह की टिप्पणियाँ सुनकर आश्चर्य होता है, क्योंकि मैं सोचता था कि लोग गर्व से कहेंगे कि काम करते हुए एक लंबा और सफलतापूर्वक समय गुजारने के बाद अब वे रिटायर हो गए हैं और रोजमर्रा की भाग-दौड़ व काम तथा समय-सीमा के लगातार दबाव के बिना एक नया जीवन जीने की दिशा की ओर अग्रसर हो रहे हैं।

एक व्यक्ति क्यों स्वयं को अपनी ही नजरों में छोटा महसूस करने लगता

है और यह मान लेता है कि बाकी लोग भी उसे इसी तरह से देख रहे हैं, जैसे कि वह स्वयं को देख रहा है? वास्तविकता यह है कि कोई भी, आपके दोस्त या रिश्तेदार, किसी के पास यह सोचने का समय नहीं है कि आप क्या कर रहे हैं या क्या नहीं कर रहे हैं! उनकी खुद की इतनी समस्याएँ हैं कि उनके पास आपके लिए समय नहीं है।

आपको आपसे बेहतर कोई नहीं जानता। यह समझना जरूरी है कि आगे आने वाले जीवन के बारे में तय करने को लेकर क्या आप पूरी तरह से ईमानदार हैं? जब तक आप खुद इस बात को नहीं स्वीकारेंगे, तब तक आप कभी भी ऐसी कोई तैयारी नहीं कर पाएँगे, जिसके अनुसार आप आगे के शेष तीन दशकों को बिता सकें।

आपको आपसे बेहतर कोई नहीं जानता। यह समझना जरूरी है कि आगे आने वाले जीवन के बारे में तय करने को लेकर क्या आप पूरी तरह से ईमानदार हैं? जब तक आप खुद इस बात को नहीं स्वीकारेंगे, तब तक आप कभी भी ऐसी कोई तैयारी नहीं कर पाएँगे, जिसके अनुसार आप आगे के शेष तीन दशकों को बिता सकें।

रिटायर होना कोई कलंक नहीं है। यह एक वास्तविकता है और हर किसी को अपनी जीवन-यात्रा में एक दिन इसका सामना करना ही पड़ेगा।

'अब किसी को मेरी जरूरत नहीं है'

अवांछित होने की भावना रिटायर होनेवाले बहुत से लोगों को पीड़ित करती है।

वरिष्ठ नागरिकों की सहायता करनेवाले एक गैर-सरकारी संगठन के सदस्यों के साथ इस पर चर्चा करते हुए मैंने जाना कि बहुत से सेवानिवृत्त लोगों ने महसूस किया कि उनकी, उनके जीवनसाथी, बच्चों या दोस्तों को आवश्यकता नहीं है। मैंने यह भी देखा कि यदि उनके परिवार द्वारा सेवानिवृत्ति के बाद पहले कुछ वर्षों में उस व्यक्ति को नजरअंदाज किया गया था तो यह भावना उनके बहुत गहरे तक जड़ जमा चुकी थी और वे स्वयं को असुरक्षित महसूस करने लगे थे।

कुछ लोगों ने यह तक कहा, "मैंने जीवन भर अपने परिवार की देखभाल की। जब तक मैं कमा रहा था, तब तक मेरा सम्मान किया जाता रहा। अब मैं बेकार हो गया हूँ।" ऐसे व्यक्ति को मदद की जरूरत है और परिवार को रिटायर हुए व्यक्ति को सहयोग देना चाहिए। परिवार द्वारा अवांछित महसूस करने की भावना को सहन करना बहुत कठिन है और अगर हमें ऐसा लगता है तो हमें अपने परिवार के सामने अपनी भावनाओं को व्यक्त करना चाहिए।

कोई भी सच्चाई से दूर नहीं भाग सकता है और यदि आपका परिवार आपकी परवाह करता है तो वे आपके साथ फिर से जुड़ने के लिए अतिरिक्त प्रयास करेंगे और सुनिश्चित करेंगे कि आप एक बार फिर से उस परिवार से जुड़ें, जिसका आपने जीवन भर भरण-पोषण किया था।

जिम्मेदारी मुख्य रूप से हमारी है। हमें अपने बच्चों और पोते-पोतियों के साथ-साथ अपने फले-फूले परिवार के साथ जुड़ने के लिए ज्यादा मेहनत करनी होगी।

कोई भी सच्चाई से दूर नहीं भाग सकता है और यदि आपका परिवार आपकी परवाह करता है तो वे आपके साथ फिर से जुड़ने के लिए अतिरिक्त प्रयास करेंगे और सुनिश्चित करेंगे कि आप एक बार फिर से उस परिवार से जुड़ें, जिसका आपने जीवन भर भरण-पोषण किया था।

'मुझे कैसे पता चलेगा कि सप्ताहांत आ गया?'

जब मैंने कुछ नए सेवानिवृत्त लोगों के साथ रिटायर होने के बाद की योजनाओं पर चर्चा की तो उनके सामने सबसे बड़ी चुनौती थी कि पूरा दिन कैसे बिताया जाए? केवल टेलीविजन ही है, जिसे वे देखकर समय बिता सकते हैं और थोड़ा समय पढ़ते हुए व्यतीत कर सकते हैं।

एक व्यक्ति ने यहाँ तक कहा कि "मुझे नहीं पता कि सप्ताह का यह कौन सा दिन है, वैसे भी इस बात से कोई फर्क नहीं पड़ता। हर दिन अब रविवार है और ऐसा कुछ नहीं है, जिसके बारे में सोचकर उत्साहित हुआ जा सके।"

जैसा कि मैं इस पुस्तक में बाद में चर्चा करूँगा, अपने लिए दैनिक

दिनचर्या बनाना बहुत जरूरी है। ऐसी दिनचर्या जो आपको कुछ करने के लिए उत्साहित करे, आप में एक ऊर्जा भरे और जो आपको सप्ताह के हर दिन कुछ-न-कुछ करने का लक्ष्य प्रदान करे।

दिनचर्या बनाने से ज्यादा महत्त्वपूर्ण यह है कि हमने अपने लिए जो दिनचर्या निर्धारित की है, उसके अनुसार अपना जीवन जिएँ। मैं ऐसे लोगों को जानता हूँ, जो बढ़िया-बढ़िया योजना बनाते हैं और तय करते हैं कि किस दिन कौन सा काम करेंगे। बाद में जब मैंने उनसे इस बारे में पूछा तो उन्होंने सकुचाते हुए बताया कि वे ऐसा कुछ भी नहीं करते हैं। बेशक उनके पास हमेशा तर्क करने का एक कारण होता है कि वे अपने नियोजित योजना का पालन क्यों नहीं कर पाए।

मेरे बच्चे अभी तक आत्मनिर्भर नहीं हुए हैं

मेरे कई दोस्तों को यह चिंता घेरे रहती है कि वे रिटायर होनेवाले हैं, लेकिन उनके बच्चे अभी तक अपने पैरों पर खड़े नहीं हुए हैं। मुझे लगता है कि इसका उनका तात्पर्य है कि उनके बच्चों ने अभी तक ठीक तरह से कमाना शुरू नहीं किया है या वे अभी भी किसी तरह के सहयोग के लिए अपने माता-पिता पर निर्भर हैं।

मेरे कई दोस्तों को यह चिंता घेरे रहती है कि वे रिटायर होनेवाले हैं, लेकिन उनके बच्चे अभी तक अपने पैरों पर खड़े नहीं हुए हैं। मुझे लगता है कि इसका उनका तात्पर्य है कि उनके बच्चों ने अभी तक ठीक तरह से कमाना शुरू नहीं किया है या वे अभी भी किसी तरह के सहयोग के लिए अपने माता-पिता पर निर्भर हैं।

कई लोग ऐसे हैं, जो साठ वर्ष के होनेवाले हैं, पर उनके बच्चों की अभी तक शादी नहीं हुई है, हालाँकि वे सेवानिवृत्त होने ही वाले हैं और इस कारण युगल तनाव में रहते हैं। मैंने उनसे पूछा कि उन्हें अपने बच्चों की शादी के खर्च की जिम्मेदारी क्यों लेनी चाहिए? यदि आपने शादियों के लिए एक बजट निर्धारित नहीं किया है और यदि आप अपनी स्वयं की वित्तीय सुरक्षा के बारे में चिंतित हैं

तो क्या शादियों पर होनेवाले खर्च के बारे में अतिरिक्त चिंता करने की जरूरत है? वैसे भी इक्कीसवीं सदी के बच्चे बड़ी उम्र में शादी करते हैं, हमारी तरह कम उम्र में नहीं।

हममें से अधिकांश लोग यह क्यों मानते हैं कि अपने बच्चों को शिक्षित करने के लिए पैसा खर्च करने के बाद भी उन्हें किसी लायक बनाने या नौकरी पर लगाने की जिम्मेदारी हमारी है, ताकि वे अपनी जिम्मेदारी उठाने में सक्षम हो जाएँ। वह भी तब, जब अब हम इतने सक्षम नहीं हैं कि उनकी आर्थिक रूप से सहायता कर सकें। ने की क्षमता नहीं है? अगर हमारे पास धन है भी तो अब उन पर खर्च कर हम अपने भविष्य को ही दाँव पर लगाते हैं।

> ***अपने बच्चों के बारे में ज्यादा चिंता न करें, क्योंकि बच्चों की अपनी नियति है और उन्हें अपना रास्ता खुद तलाशना चाहिए। अपने बच्चों के गुलाम मत बनें। उनकी देखभाल करें, उन्हें प्यार करें और उन्हें जो भी आप दे सकते हैं, दें, लेकिन अपने पैसे को अपने ऊपर खर्च करने का भी आनंद लें।***

अपने बच्चों के बारे में ज्यादा चिंता न करें, क्योंकि बच्चों की अपनी नियति है और उन्हें अपना रास्ता खुद तलाशना चाहिए। अपने बच्चों के गुलाम मत बनें। उनकी देखभाल करें, उन्हें प्यार करें और उन्हें जो भी आप दे सकते हैं, दें, लेकिन अपने पैसे को अपने ऊपर खर्च करने का भी आनंद लें। अपने बच्चों को सहयोग देने को एकमात्र उद्‍देश्य बना लेने के साथ शुरू से आखिर तक, यानी मरने तक काम करने के सिवाय भी जिंदगी के और मायने हैं।

साथ ही अपने बच्चों से बहुत ज्यादा उम्मीद न रखें।

देखभाल करनेवाले बच्चे हालाँकि यह दिखाते हैं कि वे देखभाल करते हैं, लेकिन अपनी नौकरी और जिम्मेदारियों के कारण बहुत व्यस्त होने की वजह से उनका खयाल रखने में असमर्थ हैं। साथ ही बच्चों से बहुत अधिक सहयोग की उम्मीद रखना भी अनुचित होगा। रिटायरमेंट के बाद आपको और आपके साथी को खुद ही सबकुछ करना होता है।

परवाह न करनेवाले बच्चे आपके जीवित रहते हुए भी आपकी संपत्ति के लिए लड़ सकते हैं और मन-ही-मन आपके मर जाने की कामना कर सकते हैं, ताकि आपकी संपत्ति और धन उन्हें मिल जाए। आपके बच्चे यह मानकर चलते हैं कि वे ही आपके धन के सही उत्तराधिकारी हैं। क्या आप इसके विपरीत उनके पैसे पर कोई दावा कर सकते हैं? क्या आप यह मानकर चल सकते हैं कि यदि आपके ऊपर कभी वित्तीय संकट आए तो आपके बच्चे आपके साथ खड़े होंगे और खुशी-खुशी आपकी आर्थिक रूप से मदद करेंगे?

ऐसे तनाव हम खुद पर थोपते हैं। यदि हमारे बच्चे हमारी सेवानिवृत्ति के बाद भी हमसे किसी तरह के सहयोग की अपेक्षा रखते हैं तो उन्हें गंभीरता से आत्म-निरीक्षण करने की आवश्यकता है। जब उनके वृद्ध माता-पिता को आर्थिक सहायता की आवश्यकता होगी तो क्या वे उनकी मदद करेंगे?

ऐसे तनाव हम खुद पर थोपते हैं। यदि हमारे बच्चे हमारी सेवानिवृत्ति के बाद भी हमसे किसी तरह के सहयोग की अपेक्षा रखते हैं तो उन्हें गंभीरता से आत्म-निरीक्षण करने की आवश्यकता है। जब उनके वृद्ध माता-पिता को आर्थिक सहायता की आवश्यकता होगी तो क्या वे उनकी मदद करेंगे?

एक नया चलन पूरे विश्व और साथ-साथ भारत में भी उभर रहा है। सहस्राब्दी के बच्चों ने अपने माता-पिता के घरों में वापस जाना शुरू कर दिया है। ऐसा करके वे किराए में बचत कर रहे हैं और वे इस बात को बखूबी जानते हैं कि उन्हें वहाँ गरम भोजन मिलेगा और उनके कपड़े धो दिए जाएँगे। माता-पिता के पास अपने बच्चों को यह बताने की हिम्मत नहीं है कि उनके इस कदम से माता-पिता को असुविधा होगी। बच्चे इस बात को नहीं समझते हैं कि उनके माता-पिता की सेवानिवृत्ति के बाद की अपनी योजनाएँ हो सकती हैं। अपने माता-पिता के जीवन में वापस जाना वास्तव में उनकी निजी जिंदगी में घुसपैठ करने के समान ही है।

इससे माता-पिता का बजट कितना बिगड़ेगा, यह एक अलग मामला है।

'काम करने की जिस समय-सारणी का मैं अभ्यस्त था, क्या मैं उसे अभी भी कायम रख सकता हूँ?'

इसमें कोई संदेह नहीं है कि जैसे-जैसे आप बूढ़े होते जाएँगे, आपके शरीर की कार्यक्षमता धीमी होती जाएगी और जिस फुरती से आप अपने बीसवें, तीसवें और चालीसवें वर्ष में काम करते थे, उतनी गति से नहीं कर पाएँगे, जैसे-जैसे उम्र बढ़ती जाती है, शरीर आपको अपनी गति को धीमा रखने का संकेत देने लगता है। आपके शरीर में कोई भी ऐसा स्विच नहीं है, जो उस दिन अचानक बंद हो जाए, जिस दिन आप रिटायर हुए हैं। हमें उन संकेतों को पहचानने की आवश्यकता है, जो हमारा शरीर हमें हर दिन देता है। अगर हम इन संकेतों को नजरअंदाज करते हैं तो इसके दोषी हम ही हैं।

आपके रिटायरमेंट के बाद शुरुआती महीनों में अपनी स्थिरता और मन की शांति को बनाए रखने के लिए पहली वाली समय-सारणी बनाए रखना, आपके लिए महत्त्वपूर्ण है। यदि आप 9:30 से 5:30 तक काम किया करते थे तो सेवानिवृत्ति के बाद उन घंटों में अपने नई समय-सारणी तैयार करें।

आपके रिटायरमेंट के बाद शुरुआती महीनों में अपनी स्थिरता और मन की शांति को बनाए रखने के लिए पहली वाली समय-सारणी बनाए रखना, आपके लिए महत्त्वपूर्ण है। यदि आप 9:30 से 5:30 तक काम किया करते थे तो सेवानिवृत्ति के बाद उन घंटों में अपने नई समय-सारणी तैयार करें। अपनी रुचि के अनुसार, कोई शोध, नेटवर्क और वैकल्पिक चीजों की खोज के लिए प्रतिदिन कम-से-कम चार घंटे निर्धारित करें।

यदि आप इसमें अधिक समय लगाना चाहते हैं तो यह बहुत अच्छा है। बस, अपने आप को थकाएँ नहीं।

अपनी दिनचर्या में व्यायाम को भी शामिल करें और दिन में कई बार रसोई में जाने से बचें। पौष्टिक भोजन खाने और नियमित व्यायाम करने से आप चुनौतियों का सामना करने के लिए मानसिक और शारीरिक रूप से तैयार रहेंगे। खुद को सक्रिय रखें।

बहुत अधिक टी.वी. देखने और दोपहर में देर तक सोने की एक नई जीवन-शैली को अपनाने का प्रयास न करें। ओ.टी.टी. प्लेटफार्मों के चलते, टी.वी. पर देखने के लिए इतना बहुत कुछ है कि रोमांचक वेब सीरिज को देखने के प्रलोभन से बचना नामुमकिन लगता है।

वेब सीरीज और टेलीविजन के अन्य कार्यक्रम अवश्य देखें, लेकिन हर दिन इसके लिए एक समय-सीमा निर्धारित कर लें, ताकि आपके पास ऐसी कई अन्य चीजें करने का समय हो, जिनके बारे में आप हमेशा सोचते तो थे, लेकिन कर नहीं पाए थे।

'60 वर्ष की आयु में क्या मैं बहुत बूढ़ा हो गया हूँ?'

मुझे यह सुनकर आश्चर्य होता है, जब बहुत से लोग कहते हैं कि वे अब बूढ़े हो गए थे, क्योंकि उन्होंने 60 की जादुई उम्र पार कर ली है। अधिकांश कंपनियों ने अपनी सेवानिवृत्ति की आयु 60 और 65 वर्ष की आयु के बीच बढ़ा दी है। अधिकांश सरकारी कर्मचारियों को 60 साल की उम्र के बाद भी और काम करने का मौका मिल जाता है और न्यायाधीश 65 वर्ष तक की उम्र तक काम कर सकते हैं!

> ***मुझे यह सुनकर आश्चर्य होता है, जब बहुत से लोग कहते हैं कि वे अब बूढ़े हो गए थे, क्योंकि उन्होंने 60 की जादुई उम्र पार कर ली है। अधिकांश कंपनियों ने अपनी सेवानिवृत्ति की आयु 60 और 65 वर्ष की आयु के बीच बढ़ा दी है।***

नया प्रतिमान यह है कि 60 वर्ष अब मध्यम आयु वर्ग के अंतर्गत आती है। वृद्ध पुरुषों और महिलाओं ने उन बँधी-बधाई लकीरों का मुकाबला करना शुरू कर दिया है, जो 'बुढ़ापे' के इर्द-गिर्द खिंची थीं और वह उम्र गुजर जाने के बाद भी, जिसे रिटायर होने की उम्र माना जाता था, वे व्यस्ततापूर्ण जीवन गुजार रहे हैं।

- 50 से 75 वर्ष की आयु के लोग अपने आनेवाले वर्षों को 'एक नया अध्याय शुरू करने के समय' के रूप में देखते हैं।
- वे सक्रिय रहना चाहते हैं, नई चीजों को सीखने और लक्ष्यों को पाने का इरादा रखते हैं।

- स्वतंत्रता के बाद के अमीर बच्चे रिटायरमेंट के वर्षों को नई चुनौतियों को खोजने और उन चीजों को करने के समय के रूप में देख रहे हैं, जिन्हें वे अपने कामकाजी जीवन के दौरान नहीं कर पाए थे।
- जो लोग दूसरों से मिलना-जुलना पसंद करते हैं, सामाजिक रूप से व्यस्त रहते हैं, वे अधिक संतुष्ट होते हैं और लंबे समय तक जीवित रहते हैं।
- जो बुजुर्ग यह मानते हैं कि उनके पास घटनाओं को प्रभावित करने और उनके परिणामों पर नियंत्रण रखने की क्षमता है, वे उम्र बढ़ने के बारे में अधिक सकारात्मक हैं।
- इन वृद्ध नागरिकों के लिए इनकी कार्य-क्षमता में सुधार करने के लिए आत्मनिर्भरता में वृद्धि होना महत्त्वपूर्ण है।

आप सेवानिवृत्ति के बाद यह योजना बनाते हैं कि अब जीवन कैसे जीना है, भले ही आपकी उम्र कितनी भी हो, ऐसे में कई सवालों के जवाब देने की आवश्यकता होती है और कई उत्तर आपके जीवन के अंतिम तीन दशकों में निहित होंगे।

तो आराम से बैठें और आनंद लें।

आप बिल्कुल भी बूढ़े नहीं हैं।

□

जैसा कि आप सेवानिवृत्ति के बाद यह योजना बनाते हैं कि अब जीवन कैसे जीना है, भले ही आपकी उम्र कितनी भी हो, ऐसे में कई सवालों के जवाब देने की आवश्यकता होती है और कई उत्तर आपके जीवन के अंतिम तीन दशकों में निहित होंगे। आपको अपने साथी के साथ बैठकर आगे के जीवन के बारे में गंभीरता से सोचने की जरूरत है।

- यदि आप नौकरी कर रहे हैं और किराए के घर में रह रहे हैं तो तय करें कि आप कहाँ रहना चाहते हैं! अगर आपने यह तय नहीं किया है तो सबसे पहले आपको इस बारे में ही विचार करना चाहिए।
- इसके बाद आप क्या चाहते हैं, इस पर निर्णय लें। एक बार

जब आप तय कर लेंगे कि आप कहाँ रहेंगे, यह संभवतः सबसे महत्त्वपूर्ण निर्णय है, जिसे आपको अपने साथी के परामर्श से लेने की आवश्यकता है। सेवानिवृत्ति के बाद आपके पास बहुत समय होगा। मैं ऐसे बहुत सारे लोगों को जानता हूँ, जिन्हें नहीं पता कि वे समय कैसे बिताएँ? क्योंकि इसके बारे में उन्होंने सही ढंग से कुछ सोचा ही नहीं था।

- यह तय करें कि रिटायरमेंट के बाद आप किस तरह की जीवन-शैली जीना चाहते हैं और जिस तरह की जीवन-शैली आप जीना चाहते हैं, जीवनसाथी की सहमति से यह निश्चित करें कि उसके लिए एक महीने में आपको कितनी धनराशि की जरूरत होगी। रिटायरमेंट के बाद, हमारे नियोक्ताओं से मिलनेवाली बहुत सारी सुविधाएँ मिलना बंद हो जाती हैं। जैसे-जैसे हम वृद्धावस्था की ओर बढ़ते जाते हैं, हमारे खर्चे काफी कम होते जाते हैं। हमारी जिम्मेदारियाँ या दायित्व लगभग पूरे हो चुके होते हैं, हमारी जरूरतें कम हो जाती हैं और बहुत अधिक चीजें संगृहीत करने की हमारी इच्छाएँ भी कम हो जाती हैं, इसलिए हमें यह तय करने की जरूरत है कि हम आनेवाले वर्षों में किस तरह की जीवन-शैली जीना चाहते हैं!
- अपने जीवनसाथी के साथ इस बात पर विचार-विमर्श करें कि क्या आप अपना पैसा खुद पर खर्च करना चाहते हैं या अपने बच्चों के लिए छोड़कर जाना चाहते हैं! यह तय करना इसलिए जरूरी है, क्योंकि यही निर्धारित करेगा कि जिस तरह की जीवन-शैली आप जीना चाहते हैं, उसे वहन करने में सक्षम तो हैं, लेकिन ऐसा करना नहीं चाहते हैं। मैं इस बारे में चर्चा करूँगा अपने बच्चों के लिए भारतीय माता-पिताओं में धन बचाने की प्रवृत्ति होती है और इस वजह से वे जैसे जीना चाहते हैं, वैसे नहीं जीते हैं और अपनी इच्छाओं का दमन करते रहते हैं।
- अपने भुगतान करनेवाला आयकर और अपनी संपत्ति का क्या करना

है, इसे तय करें और अपनी वसीयत बनाएँ। इसके बारे में आनेवाले अध्यायों में विस्तार से चर्चा की गई है।

- इस दुनिया से जाना है, यह तय है। यह एक दार्शनिक टिप्पणी है। हम जानते हैं कि सभी को पृथ्वी पर अपना समय पूरा करके एक दिन जाना होगा। जितनी आयु मिली है, उसे अपना सौभाग्य मानकर जीना चाहिए। 60 साल की उम्र में हम 45 साल के व्यक्ति की तरह स्वस्थ हो सकते हैं, लेकिन अगर हम यह दिखाते हैं कि हम अभी भी 21 साल के हैं तो हम निश्चित रूप से अपने स्वास्थ्य को लेकर खिलवाड़ कर रहे हैं।

□

संक्षेप में, उन सभी धारणाओं को तोड़ दें, जो रिटायरमेंट को लेकर आपके मन में हैं और सोचें कि आप क्या हासिल करना चाहते हैं?

आपका लक्ष्य क्या है? इसके बारे में सोचें। जिस चीज के करने में आपको खुशी मिलती है, उसके बारे में कल्पना करें।

आपका लक्ष्य क्या है? इसके बारे में सोचें। जिस चीज के करने में आपको खुशी मिलती है, उसके बारे में कल्पना करें। लक्ष्यों और सपनों के बीच केवल आपके प्रयास हैं, इसलिए योजना बनाएँ, कदम उठाएँ और अपने सपने को एक लक्ष्य में और अपने लक्ष्य को एक उपलब्धि में बदल दें।

लक्ष्यों और सपनों के बीच केवल आपके प्रयास हैं, इसलिए योजना बनाएँ, कदम उठाएँ और अपने सपने को एक लक्ष्य में और अपने लक्ष्य को एक उपलब्धि में बदल दें।

अपने लक्ष्य तक पहुँचने के लिए छोटे-छोटे कदम निर्धारित करें। एक-एक कर कदम उठाने से उन्हें पाना संभव होता है। हर दिन अपने लक्ष्य की ओर एक कदम उठाएँ, जब भी आप ऐसा करें तो जोर से अपने लक्ष्य को दोहराएँ।

अपने आप को याद दिलाएँ, "मैं यह कर सकता हूँ।"

रोज अपने लक्ष्य के बारे में सोचें। अपने आप से पूछें, "मैंने अपने लक्ष्य

के करीब जाने के लिए आज क्या किया?"

अब आप अपने नए कॅरियर और नए जीवन की शुरुआत कर सकते हैं। अपने आप को उन सभी कठिन समय और चुनौतियों की याद दिलाएँ, जिनका आपने सामना किया था और स्वयं को टूटने नहीं दिया था। अपने आत्मविश्वास और परिवार के सहयोग से आप इस चुनौती का सामना भी कर सकते हैं।

विद्वान् बनें। खुद को केंद्रित करें। खुद का विश्लेषण करें।

> *"रिटायरमेंट आंतरिक यात्रा करने और अपनी खामियों, असफलताओं, पूर्वग्रहों और उन सभी बातों का सामना करने का समय है, जो अप्रसन्नता के विचारों को उत्पन्न करती हैं। रिटायरमेंट सोने का समय नहीं है, बल्कि अपने आसपास की दुनिया की सुंदरता को जगाने का और खुशी का समय है, जब आप अपने दिमाग से भ्रम और अशांति पैदा करने वाले सभी नकारात्मक भावों को बाहर निकाल देते हैं और शांति को व्याप्त होने देते हैं।"*
>
> **—हॉवर्ड सेल्जमैन**

□

4

दूसरी पारी : अब मैं क्या करूँ?

अपनी जिंदगी जिएँ,
अपनी उम्र भूल जाएँ।

"मैं अब क्या करूँगा ?" यह वह सवाल है, जो ज्यादातर लोग खुद से तब पूछते हैं, जब अपने रिटायरमेंट के बाद के जीवन के बारे में सोचना शुरू करते हैं। इस प्रश्न के साथ बहुत अधिक अनिश्चितता जुड़ी हुई है, क्योंकि आप अपने जीवन की एक नई और अनिश्चित अवस्था के बारे में सोच रहे हैं और अधिकांश लोग इस विचार को तब तक एक तरफ धकेल रहते हैं, जब तक कि उनके रिटायरमेंट का समय नजदीक नहीं आ जाता।

हमारे कामकाजी जीवन में हमें यह जानकर बहुत संतुष्टि मिलती है कि हम दूसरों के लिए कुछ कर पा रहे हैं और रिटायरमेंट अकसर उस अवसर और संतुष्टि को हमसे छीन लेती है। सेवा का पुरस्कार सेवा में ही आता है, इससे रिटायरमेंट नहीं जबकि कुछ रिटायरमेंट की उम्र में पहुँचे लोग नौकरी छोड़ने से खुश होते हैं, जिससे वे शायद असंतुष्ट थे। अगर आप ऐसे व्यक्ति हैं, जो लगातार काम ही करना चाहते हैं तो इसके लिए जरूरी है दूसरी नौकरी ढूँढ़ना, न कि पूरी तरह से नौकरी करना ही छोड़ देना।

सबसे पहले मानसिक रूप से यह स्वीकार करना जरूरी है कि आप रिटायर हो रहे हैं, चाहे ऐसा अपने नियोक्ता की सेवानिवृत्ति नीतियों के कारण है या इसलिए कि आपने खुद रिटायर होने का निर्णय लिया है फिर चाहे उस समय आपकी उम्र कितनी भी क्यों न हो! यह इस पर निर्भर करता है कि आप दूसरों के समक्ष स्वयं

को कैसे आँकते हैं, जो आप क्या हैं, इसको तय करता है। अगला कदम यह है कि रिटायरमेंट का मतलब यह नहीं है कि अब आपके लिए हर चीज का अंत हो गया है या हर रास्ता बंद हो गया है। अपनी दूसरी पारी में आप किसी ऑफिस में काम करें, यह जरूरी नहीं है। आपको 'अपना समय काटने' या 'खुद को व्यस्त रखने' के लिए कुछ करने की जरूरत नहीं है, जैसा कि कई लोगों ने मुझसे कहा।

आपको उस काम को करना है, जो आपको अपनी ही नजरों में अपना आत्मसम्मान कम किए बिना खुशी दे। वास्तव में रिटायर हो चुके अधिकांश लोग '60 के दशक को अपना सबसे रचनात्मक वर्ष मानते हैं। उनके पास कौशल, प्रतिभा, स्थिरता और परिपक्वता है और अब, उनके बच्चों ने अपना कॅरियर बना लिया है और वे सभी आर्थिक प्रतिबद्धताओं को पूरा कर चुके हैं और अधिकांश के पास पर्याप्त समय है। एक अन्य पहलू यह है कि जैसे-जैसे जीवित रहने की उम्र बढ़ती जा रही है और मुद्रास्फीति में उथल-पुथल हो रही है, वह हमारी बचत में सेंध लगाती जा रही है। ज्यादातर सेवानिवृत्त लोगों का मानना है कि उनकी बचत अगले 25-30 वर्षों तक कायम नहीं रह सकती है।

पिछले एक दशक में भारत में रिटायर हुए लोगों को फिर से रोजगार के अवसर मिलने लगे हैं। रोजगार की शर्तें बेशक पहले जैसी नहीं हो सकतीं, जैसी तब थीं, जब वे अपने कॅरियर के चरम पर थे और यदि आपकी अपेक्षाएँ अनुचित नहीं हैं तो आपको ऐसी नौकरी मिल सकती है, जो संतोषजनक और आर्थिक रूप से भी फायदेमंद हो।

पिछले एक दशक में भारत में रिटायर हुए लोगों को फिर से रोजगार के अवसर मिलने लगे हैं। रोजगार की शर्तें बेशक पहले जैसी नहीं हो सकतीं, जैसी तब थीं, जब वे अपने कॅरियर के चरम पर थे और यदि आपकी अपेक्षाएँ अनुचित नहीं हैं तो आपको ऐसी नौकरी मिल सकती है, जो संतोषजनक और आर्थिक रूप से भी फायदेमंद हो। दूसरी ओर यदि आपकी अपेक्षा नहीं बदलती है और आप रिटायरमेंट से पहले की भूमिका के समान भूमिका की अपेक्षा रखते हैं तो आप अपनी दूसरी पारी में बहुत दुःखी रहेंगे। आजकल अधिक-से-अधिक

सेवानिवृत्त लोग काम करना चाहते हैं और कार्य करनेवाले लोगों में प्रतिभा की कमी होने के कारण विभिन्न क्षेत्रों की कंपनियों सेवानिवृत्त लोगों को फिर से काम पर रखना शुरू कर दिया है, बेशक थोड़े समय के लिए ही क्यों न हो। हालाँकि, कुछ कंपनियों ने इस संबंध में नीतियाँ बनानी शुरू कर दी हैं, लेकिन अन्य कंपनियाँ अभी भी रिटायर हुए लोगों को नौकरी पर रखने की बात को लेकर डाँवाँडोल की स्थिति में हैं।

साथ-ही-साथ आपको अपनी स्वयं की क्षमताओं का मूल्यांकन करने की भी आवश्यकता है।

आपने अपने कॅरियर के दौरान किन क्षेत्रों में काम किया है ? मैं कई ऐसे लोगों से मिला हूँ, जिन्होंने कई बार अपना कॅरियर बदला और अब कई क्षेत्रों में उन्हें विशेषज्ञता हासिल है। क्या कोई विशेष कौशल है, जिसे आपने विकसित किया है, जिसका उपयोग आप रिटायरमेंट के बाद भी कर सकते हैं ? डॉक्टर, वकील, कर सलाहकार, लेखाकार, एचआर पेशेवर आदि के पास ऐसा कौशल होता है, जिसका उपयोग वे नियमित नौकरी से रिटायर होने के बाद भी कर सकते हैं। कई संगठन हैं, जो कम वेतन पर उनके अनुभव और कौशल को खुशी से झपटना चाहेंगे।

आपने अपने कॅरियर के दौरान किन क्षेत्रों में काम किया है ? मैं कई ऐसे लोगों से मिला हूँ, जिन्होंने कई बार अपना कॅरियर बदला और अब कई क्षेत्रों में उन्हें विशेषज्ञता हासिल है। क्या कोई विशेष कौशल है, जिसे आपने विकसित किया है, जिसका उपयोग आप रिटायरमेंट के बाद भी कर सकते हैं ?

हमारे देश में दूरसंचार और बिजली जैसे क्षेत्रों के लगातार निजीकरण होने के कारण इन क्षेत्रों में काम करनेवाले कई सेवानिवृत्त सरकारी अधिकारी बेहतर वेतन पर अपने स्वयं के ज्ञान के क्षेत्रों में आकर्षक नौकरियों को पाने में सक्षम रहे हैं।

यदि आप ऐसी नौकरी नहीं करना चाहते हैं, जिसमें पूरा दिन आपको काम करना पड़े या आप बस एक बदलाव चाहते हैं और अगर आपका कोई शौक है, जिसे आप आज भी करते हैं, जैसे फोटोग्राफी या कोई भाषा या संगीत, तो

आप अपने शौक को अल्पकालिक कॅरियर में बदलने के बारे में भी सोच सकते हैं। इस तरह की चीजों को करते हुए, जिनसे आपको आनंद मिलता है, खुद को व्यस्त रखने से बेहतर तरीका और क्या हो सकता है? और इस प्रक्रिया में आप पैसे भी कमा लेते हैं। एक बात अवश्य कहना चाहूँगा कि अपने शौक को अल्पकालिक कॅरियर में बदलना, आपके शौक के लिए आपका खुद का जुनून कम कर सकता है; इस पर अवश्य ध्यान दें। आप अपने शौक और अपने अल्पकालिक कॅरियर को खोना नहीं चाहेंगे।

> ***जब आप सारे विकल्पों के बारे में सोचते हैं, उस समय आपको अपने जीवनसाथी के बारे में भी सोचना चाहिए। यदि वह अभी कार्यरत है तो इस बात की प्रबल संभावना है कि उनके रिटायर होने में अभी कुछ साल बाकी होंगे। आपको उसे अपनी योजनाओं में सम्मिलित करना चाहिए, ताकि आपके घर में इस बात पर कोई अनबन न हो कि आप कॅरियर बदल रहे हैं और वह अपना काम करना चाहती हैं।***

जब आप सारे विकल्पों के बारे में सोचते हैं, उस समय आपको अपने जीवनसाथी के बारे में भी सोचना चाहिए। यदि वह अभी कार्यरत है तो इस बात की प्रबल संभावना है कि उनके रिटायर होने में अभी कुछ साल बाकी होंगे। आपको उसे अपनी योजनाओं में सम्मिलित करना चाहिए, ताकि आपके घर में इस बात पर कोई अनबन न हो कि आप कॅरियर बदल रहे हैं और वह अपना काम करना चाहती हैं।

जब मैंने रिटायर हो चुके लोगों से बात की तो लोगों के सेवानिवृत्ति के बाद कितने तरह के शौक व रुचियाँ हैं, यह देखकर मुझे बहुत हैरानी हुई। मैं तीन क्षेत्रों में उन गतिविधियों के आधार पर, जिनकी उन्होंने योजना बनाई थी, लोगों को मुख्य रूप से वर्गीकृत करूँगा—

1. मैं काम करते रहना चाहता हूँ। मैं काम पर वापस जाना चाहता हूँ।
2. मैंने पर्याप्त धन कमा लिया है, लेकिन मैं खुद को व्यस्त रखना चाहता हूँ।

3. मैंने बहुत काम कर लिया और अब मैं भाग-दौड़ किए बिना आराम से समय बिताना चाहता हूँ।

वास्तविक जीवन में सेवानिवृत्ति के बाद लोग क्या कर रहे हैं, मैं उदाहरण सहित इन तीन वर्गों पर और विस्तार से प्रकाश डालने की कोशिश करूँगा। यह सूची किसी भी तरह से संपूर्ण नहीं है और मुझे यकीन है कि कई अन्य ऐसे क्षेत्र भी होंगे, जिन्हें आप अपने रिटायरमेंट के बाद के सुनहरे वर्षों में चुन सकते हैं।

इससे पहले कि आप फिर से काम करना शुरू करने का फैसला करें, आपको कुछ अलग ढंग से अपना बायोडेटा फिर से लिखना होगा। हो सकता है, आपके पास बायोडेटा न हो और हो सकता है आपने पिछले एक दशक में इसे तैयार न किया हो, क्योंकि आप जो काम कर रहे थे या जहाँ काम कर रहे थे, वहाँ सुकून से थे और नौकरी को लेकर सुरक्षित भी महसूस करते थे।

इससे पहले कि आप फिर से काम करना शुरू करने का फैसला करें, आपको कुछ अलग ढंग से अपना बायोडेटा फिर से लिखना होगा। हो सकता है, आपके पास बायोडेटा न हो और हो सकता है आपने पिछले एक दशक में इसे तैयार न किया हो, क्योंकि आप जो काम कर रहे थे या जहाँ काम कर रहे थे, वहाँ सुकून से थे और नौकरी को लेकर सुरक्षित भी महसूस करते थे।

'रिटायरमेंट के बाद' फिर से बायोडेटा तैयार करना

अपना बायोडेटा या रिज्यूम तैयार करना जरूरी है। आप चाहते हैं कि आपका रिज्यूम पढ़ा जाए और आप साक्षात्कार के लिए बुलाया जाना चाहते हैं, क्योंकि आप जानते हैं कि आप आमने-सामने बैठकर किसी पर बहुत बेहतर प्रभाव डाल सकते हैं।

आप अपने रिज्यूम में बहुत बढ़ा-चढ़ाकर न लिखें। उसमें एक सहज प्रवाह होना चाहिए। रिज्यूम एक तरह से आपको बाजार में अपनी उपस्थिति बेहतर ढंग से दर्ज कराने का एक दस्तावेज है, इसलिए अपने हर कार्य अनुभव के बारे में

उसमें लिखना आवश्यक नहीं है। उदाहरण के लिए, यह कहने की आवश्यकता नहीं है कि आप एक रिटायर व्यक्ति हैं और नौकरी की तलाश में हैं। कई लोग अपने रिज्यूम में अपनी उम्र का खुलासा नहीं करते हैं। बहुत से लोग मुझसे पूछते हैं, 'मुझे अपनी उम्र को क्यों छिपाना चाहिए? उम्र के आधार पर भेदभाव करना अवैध है।' हाँ, यह गैरकानूनी हो सकता है, लेकिन अगर आपकी उम्र की वजह से आपको साक्षात्कार के लिए नहीं बुलाया जाता है तो ऐसा कोई तरीका नहीं है कि आप इस सच से कभी अवगत हो सकें। कई बार आपकी उम्र की वजह से आपको साक्षात्कार के लिए भी नहीं बुलाया जा सकता है।

अपना रिज्यूम (बायो-डाटा) तैयार करते समय कुछ खास बातों का खयाल रखें—

- अपने पिछले दस-बारह वर्षों के कार्य के बारे में ही केवल उसमें लिखें। नियोक्ता वही जानना चाहते हैं। आज के कार्य परिवेश में आपने क्या किया है? आपकी हाल की उपलब्धियाँ क्या हैं? नवीनतम और श्रेष्ठ उपलब्धियों का विवरण दें। मुझे ऐसे रिज्यूम मिले हैं, जो छह पृष्ठों तक लंबे हैं और अपने पूरे कॅरियर में व्यक्ति ने क्या-क्या किया, कौन सी नौकरी की, उसकी हर उपलब्धि, हर पुरस्कार के बारे में उनमें वर्णित है। यह पढ़ना तो और भी चिढ़ानेवाला था कि रिटायर हुए एक व्यक्ति ने स्कूल में वाद-विवाद प्रतियोगिता की अपनी टीम का प्रतिनिधित्व किया था!
- अगर डिग्री या प्रमाण-पत्र की तारीख 15 वर्ष से ज्यादा पुरानी है तो उनकी तारीख न दिखाएँ। अपने कॉलेज की डिग्री की प्रतियाँ न भेजें।
- विभिन्न क्षेत्रों में आपने कितने वर्ष काम किया, उससे संबंधित अपने व्यापक अनुभव का उल्लेख करने से बचें। हो सकता है अगर रिज्यूम का अवलोकन करनेवाले की तुलना में आपका अनुभव ज्यादा हो तो आप उसे जरूरत से ज्यादा योग्य लग सकते हैं, जिससे हो सकता है, आपको नौकरी मिलने में बाधा आए।
- उन उत्पादों और सेवाओं के शुरू करने से जुड़ी बातें न लिखें, जो

कभी आपके द्वारा की गई थीं और अब उनका कोई मूल्य नहीं रह गया है; क्योंकि वे पुरानी व समाप्त हो चुकी हैं। एक अप्रचलित उत्पाद को अपने दिनों में भारी सफलता मिली होगी, लेकिन आपके साक्षात्कारकर्ता के लिए उसका कोई महत्त्व नहीं है।

- 'अनुभवी', 'बहुमुखी' या 'परिवर्तन करनेवाला' जैसे शब्द उसमें से हटा दें। किसी को इस बात में दिलचस्पी नहीं है कि आप खुद का परिचय किस तरह देते हैं! अपने साक्षात्कारकर्ता को तय करने दें कि वे आपके बारे में क्या सोचते हैं!

तकनीक में आप कितने प्रवीण हैं, उसका विवरण दें। नियोक्ता को यह न लगे कि आप कंप्यूटर पर काम करने और मानक सॉफ्टवेयर अनुप्रयोगों को संचालित करने में सक्षम नहीं हैं। वे दिन चले गए हैं, जब वरिष्ठ प्रबंधक कभी पत्र नहीं टाइप किया करते थे और इसके लिए पूरी तरह से अपने सचिव पर आश्रित थे।

- तकनीक में आप कितने प्रवीण हैं, उसका विवरण दें। नियोक्ता को यह न लगे कि आप कंप्यूटर पर काम करने और मानक सॉफ्टवेयर अनुप्रयोगों को संचालित करने में सक्षम नहीं हैं। वे दिन चले गए हैं, जब वरिष्ठ प्रबंधक कभी पत्र नहीं टाइप किया करते थे और इसके लिए पूरी तरह से अपने सचिव पर आश्रित थे। आपने अपने स्वयं के संगठन में देखा होगा कि आज अधिकारी एक-दूसरे से चौबीस घंटे और सातों दिन जुड़े रहते हैं और वे इलेक्ट्रॉनिक रूप से दस्तावेजों को इ-मेल आदि द्वारा ही भेजते हैं और अन्य सभी सारे काम करते हैं। सभी स्तरों पर एक पेशेवर व्यक्ति के पास इन कौशलों का होना आवश्यक है और इसी तरह आपके पास भी।
- तकनीकी ज्ञान के बारे में लिखते हुए अपनी दक्षता का जिक्र करते समय पुराने, अनुपयोगी हार्डवेयर और सॉफ्टवेयर की जानकारी होने का उल्लेख न करें। कुछ साल पहले मुझे एक सेवानिवृत्त

व्यक्ति का रिज्यूम प्राप्त हुआ था, जिसमें उसने कंप्यूटर की भाषाओं की जानकारी में 'कोबोल' और 'फोरट्रान' का उल्लेख किया था। सत्तर के दशक के उत्तरार्ध में ये कंप्यूटर की भाषाएँ थीं, लेकिन आज ये अप्रासंगिक हो चुकी हैं। वह या तो अपने रिज्यूम को अपडेट करना भूल गया था या नए समय के अनुसार स्वयं को ढालने में असमर्थ था।

- ऐसा रिज्यूम भेजें, जो पेशेवर रिज्यूम लेखन के वर्तमान चलन के अनुसार तैयार किया गया हो।

हमने बताया कि रिटायर हो चुके लोगों की तीन श्रेणियाँ हैं, जिनकी चर्चा हम इस पुस्तक में करेंगे। उन्हें मैं फिर यहाँ दोहरा रहा हूँ—

1. मैं काम करते रहना चाहता हूँ। मैं काम पर वापस जाना चाहता हूँ।
2. मैंने काफी धन कमाया है, लेकिन मैं स्वयं को व्यस्त रखना चाहता हूँ।
3. मैंने बहुत काम कर लिया है और अब मैं भाग-दौड़ किए बिना आराम से समय बिताना चाहता हूँ।

मैं काम करते रहना चाहता हूँ, मैं काम पर वापस जाना चाहता हूँ

यदि आप रिटायरमेंट के बाद फिर से काम करने की इच्छा करनेवालों की श्रेणी में आते हैं तो आपके पास कई विकल्प हैं, जिनके बारे में आप सोच सकते हैं—

परामर्श : कुछ करीबी दोस्तों से बात करते समय, जिन्होंने उसी क्षेत्र में परामर्श देने का काम शुरू किया, जिसमें वे काम कर चुके थे, मुझे कुछ दिलचस्प नई बातें पता चलीं।

सेवानिवृत्ति के बाद परामर्श (कंसल्टेंसी) देने का काम शुरू करना, विशेष रूप से सेवानिवृत्ति के आरंभिक दिनों में, शायद एक अच्छा विचार है। यह निश्चित रूप से मेरे एक दोस्त के लिए फायदेमंद साबित हुआ। उन्होंने सेवानिवृत्त होने के सिर्फ दो महीने बाद परामर्श देने का काम शुरू कर दिया था और उनका कहना है कि वह 'कभी भी इससे पहले इतने व्यस्त नहीं रहे।' उनके

लिए यह एक तरह से उन दोस्तों और क्षेत्रों से संपर्क बनाए रखने का एक तरीका था, जिनसे वह तीस वर्षों तक करीब से जुड़े रहे थे।

अब वह जितना चाहे उतना कर सकते हैं, जब वह करना चाहें, तब और पहले की तरह उतना ही कमाते हुए; लेकिन समय पहले की अपेक्षा एक-तिहाई ही देना पड़ रहा है, जब कोई क्लाइंट चाहता है कि आप समय-सीमा में काम पूरा कर दें तो परामर्श देने के काम में कई बार आपको अपने निर्धारित समय के बाद भी काम करना पड़ता है। वैसे अधिकतर समय अपनी समय-सारणी तय करना आपके ही हाथों में होता है।

पार्टटाइम कंसल्टिंग या थोड़े समय के लिए यह काम करते हुए आप अब भी उन सभी चीजों को कर सकते हैं, जो आप रिटायरमेंट के बाद करना चाहते थे, जैसे परिवार के साथ समय बिताना, घूमना, अपने शौक पूरे करना और फिर भी उस क्षेत्र में सक्रिय योगदान देते रहना, जिसे आप पसंद करते थे। इन लोगों का मानना है कि परामर्श एक ऐसा माध्यम है, जिसके द्वारा वह क्षेत्र से वैसे जुड़े रह सकते हैं, जो उनके लिए सबसे अच्छा है और अपने समयानुसार भी है।

पार्टटाइम कंसल्टिंग या थोड़े समय के लिए यह काम करते हुए आप अब भी उन सभी चीजों को कर सकते हैं, जो आप रिटायरमेंट के बाद करना चाहते थे, जैसे परिवार के साथ समय बिताना, घूमना, अपने शौक पूरे करना और फिर भी उस क्षेत्र में सक्रिय योगदान देते रहना, जिसे आप पसंद करते थे।

सेवानिवृत्ति के बाद परामर्श देने का काम काफी हद तक इस बात पर निर्भर करता है कि आपके कौशल की माँग है या नहीं! मेरे मित्र का मामला भिन्न हो सकता है। वह एक ऐसी कंपनी को छोड़ रहा था, जो यकीनन उस क्षेत्र की सबसे बेहतरीन कंपनी थी और कंपनी के पास इतना अधिक काम था कि उसे सँभालना भी मुश्किल था। रिटायर होने के तुरंत बाद वह जानता था कि न केवल वह अकेले उस कंपनी के लिए पूर्णकालिक रूप से काम कर सकता है, बल्कि उससे अन्य परियोजनाओं को भी स्वतंत्र रूप से सँभालने की पेशकश की गई थी।

हालाँकि रिटायरमेंट के बाद काम करने का निर्णय प्रत्येक व्यक्ति को अपनी जरूरतों और अपनी योग्यता की माँग के आधार पर करना चाहिए। यदि आप अपने पेशे से प्यार करते हैं तो रिटायरमेंट के बाद किए जानेवाला काम एक सुखद और संतोषजनक व फायदेमंद अनुभव देनेवाला हो सकता है।

यदि आप रिटायरमेंट के बाद परामर्श देने का काम करने का निर्णय लेते हैं तो तीन बातें याद रखें—

1. पारिवारिक और व्यक्तिगत लक्ष्य निर्धारित करें;
2. टैक्स और रिकॉर्ड रखने की जानकारी प्राप्त करें;
3. जब यह काम एक ऊब बन जाए तो इसे बंद कर दें।

जब तक आप मेरे दोस्त की तरह असाधारण रूप से भाग्यशाली नहीं हैं, तब तक परामर्श करना मुश्किल काम है, विशेष रूप से वह हिस्सा, जहाँ आपको बाहर जाना है और किसी अनुबंध या परियोजना के लिए अनुरोध करने के लिए खुद की योग्यताओं व दक्षता से सामनेवाले को प्रभावित करना है।

जब तक आप मेरे दोस्त की तरह असाधारण रूप से भाग्यशाली नहीं हैं, तब तक परामर्श करना मुश्किल काम है, विशेष रूप से वह हिस्सा, जहाँ आपको बाहर जाना है और किसी अनुबंध या परियोजना के लिए अनुरोध करने के लिए खुद की योग्यताओं व दक्षता से सामनेवाले को प्रभावित करना है। इस बात की पूरी संभावना है कि आपको अपना पहला काम बॉस के साथ आपके संपर्कों की वजह से ही मिलेगा, जो हो सकता है आपका पूर्व सहयोगी या पूर्व अधीनस्थ रह चुका हो। अनुबंध मिल जाने के बाद आपको अब उस विभाग में उन लोगों के साथ काम करना होगा, जिनके कभी आप बॉस थे। जब तक आप किसी काम को सफलतापूर्वक पूरा करने में सक्षम नहीं होते हैं, तब तक आप हमेशा निगरानी में रहेंगे और यदि संगठन के कुछ युवा और कनिष्ठ कर्मचारी आपसे कड़ाई से व्यवहार करते हैं या पूछताछ करते हैं तो आपको अपने अहंकार को दबाकर रखना आना चाहिए।

कुछ दोस्तों को मैं जानता हूँ, जिन्होंने साथ मिलकर एक बिना किसी आधारभूत ढाँचे के भागीदारी कर कॉरपोरेट सेक्टर को परामर्श सेवाएँ प्रदान करने का काम शुरू किया। हालाँकि उनके पास कोई काम नहीं है, लेकिन उनके पास निश्चित रूप से कंपनी का एक शानदार प्रतीक-चिह्न, बड़े-बड़े पदनाम और एक अच्छी तरह से डिजाइन किए गए विजिटिंग कार्ड के साथ-साथ डींगें मारने का गुण है।

उद्यमी : मैं कई ऐसे लोगों से मिला हूँ, जिन्होंने रिटायर होने के बाद 'किसी की चाकरी करने के बजाय खुद ही मालिक बनने' का फैसला किया।

> ***एक बार जब आप एक उद्यमी बनने का फैसला कर लेते हैं तो आपको अपने रिटायरमेंट से पहले पिछले कुछ वर्षों में अपनी दिन की नौकरी के साथ-साथ दूसरे काम की भी अंशकालिक शुरुआत करने पर विचार करना चाहिए, जबकि आपकी नियमित नौकरी लगभग हमेशा एक पूर्णकालिक प्रतिबद्धता होती है।***

एक बार जब आप एक उद्यमी बनने का फैसला कर लेते हैं तो आपको अपने रिटायरमेंट से पहले पिछले कुछ वर्षों में अपनी दिन की नौकरी के साथ-साथ दूसरे काम की भी अंशकालिक शुरुआत करने पर विचार करना चाहिए, जबकि आपकी नियमित नौकरी लगभग हमेशा एक पूर्णकालिक प्रतिबद्धता होती है। अधिकांश नियोक्ता आपको किसी और काम में भी ध्यान लगाने से मना नहीं करेंगे, अगर आप उनकी सलाह से यह काम करते हैं। अपने अस्पताल का निर्माण करनेवाले डॉक्टर की तरह आप भी किसी उद्यम की शुरुआत करने के बारे में सोच सकते हैं। मैं यह नहीं सुझाव दे रहा हूँ कि आप अपने नियोक्ता का नुकसान कर किसी दूसरे काम पर ध्यान दें। इस पुस्तक में निश्चित रूप से ऐसी कोई सलाह नहीं दी गई है कि आप सेवानिवृत्ति के बाद के अपने जीवन के लिए अपने नियोक्ता के क्लाइंट व संपर्कों को चुराना शुरू कर दें।

अपने लिए और एक नियोक्ता के लिए काम करने के बीच मुख्य अंतर क्या हैं ?

अगर आप अपना काम करते हैं तो सकारात्मक और नकारात्मक दोनों तरह से, ऐसा कुछ हो सकता है—

- बहुत ज्यादा कमाई होने की संभावना;
- अपने काम के घंटे खुद तय करना;
- अपनी कंपनी और अपने कॅरियर की दिशा के बारे में निर्णय लेना;
- अधिक जिम्मेदारी;
- अनुकूल कर लाभ की संभावना;
- आय अनियमित हो सकती है या लोगों से पैसा उगाहना मुश्किल हो सकता है;
- व्यवसाय में लगनेवाली लागत आपके अनुमान से अधिक हो सकती है;
- यदि आप घर पर काम कर रहे हैं तो अपने काम के घंटों को निर्धारित करना तथा रुकावटों और व्यवधानों को सँभालना एक चुनौती हो सकता है।

आप किस क्षेत्र में जाना चाहते हैं, यह तय करने के बाद, उसमें जाने से पहले, उद्यमी बनने के कुछ शुरुआती चरणों के बारे में नीचे उल्लिखित किया गया है। ये चरण मेरे व्यक्तिगत अनुभव पर आधारित हैं—

• व्यवसाय कैसे करेंगे, इसकी योजना बनाएँ

आप कोई व्यापार या व्यवसाय कैसे करेंगे? आप ग्राहकों को कैसे लुभाएँगे? आप अपनी सेवाओं या उत्पाद के लिए कितना शुल्क लेंगे? आपके विक्रेता कौन हैं? खुद को स्थापित करने में कितना समय लगेगा? न लाभ हो और न हानि, इसमें कितना समय लग जाएगा?

• एक व्यावहारिक बजट बनाएँ

क्या आपके पास अपने व्यवसाय को शुरू करने के लिए और जब न लाभ हो, न हानि, उस समय भी उसे चलाए रखने के लिए आवश्यक धन है? क्या

आपके पास पहले 12 महीनों में हुए घाटे को पूरा करने के लिए पर्याप्त पैसा है, या तब तक के लिए, जब तक आप न लाभ हो, न हानि, उस स्थिति में नहीं पहुँच जाते हैं? क्या आप ऋण या निवेश के रूप में बाहर से धन उठाने के लिए तैयार हैं? बिना आय के आप कब तक अपना खर्च चला सकते हैं?

- **क्या आरंभ में आप अपने घर में ही ऑफिस बनाएँगे या किराए पर जगह लेंगे?**

घर पर काम करके आप पैसा बचा सकते हैं। क्या आपके घर की जगह आपके काम के लिए उपयुक्त है? आप कौन सा काम कर रहे हैं, इस पर भी काफी निर्भर करता है कि आप घर से काम कर सकते हैं कि नहीं! यदि आपके क्लाइंट की संख्या बहुत अधिक है तो इससे आपकी पेशेवर छवि पर असर पड़ सकता है।

घर पर काम करके आप पैसा बचा सकते हैं। क्या आपके घर की जगह आपके काम के लिए उपयुक्त है? आप कौन सा काम कर रहे हैं, इस पर भी काफी निर्भर करता है कि आप घर से काम कर सकते हैं कि नहीं! यदि आपके क्लाइंट की संख्या बहुत अधिक है तो इससे आपकी पेशेवर छवि पर असर पड़ सकता है।

जब कोई व्यवसाय या काम करने के लिए आप तैयार हों तो आपको यह करना होगा—

1. किसी वकील से संपर्क करें और जिस तरह का ढाँचा आप खड़ा करना चाहते हैं, वह तैयार करें। एकमात्र मालिक खुद होंगे, साझेदारी या एक सीमित देयता कंपनी!
2. अपनी कंपनी के लिए एक नाम चुनें।
3. आवश्यक लाइसेंस और अनुमोदन प्राप्त करें।
4. यदि आपको बैंक सुविधाओं की आवश्यकता है तो अपने बैंक जाकर अपनी योजना पर अधिकारियों से चर्चा करें।

कुछ लोगों, जिनसे मैंने बात की, उन्होंने किसी प्रमुख ब्रांड की फ्रैंचाइजी लेकर अपने व्यवसाय की यात्रा की शुरुआत की। फ्रैंचाइजी या विशेष विक्रय

अधिकार व्यवसाय की अनिश्चितताओं को दूर करता है और यदि आप अपने फ्रैंचाइजी का चयन सावधानी से करते हैं तो आप अपने निवेश पर त्वरित लाभ प्राप्त कर सकते हैं। यह समझना महत्त्वपूर्ण है कि फ्रैंचाइजी ब्रांड चाहे कितना भी मजबूत और प्रभावी क्यों न हो, सफलता पाने के लिए कड़ी मेहनत आपको ही करनी होगी।

मेरी मुलाकात एक ऐसी महिला से हुई, जिन्हें अपने पाक कौशल पर बहुत गर्व था। उन्होंने रिटायरमेंट के बाद एक बहुत ही सफल कैटरिंग बिजनेस की शुरुआत की और उनके पति व्यापार संबंधी सारा संचालन सँभालते हैं। दोनों एक साथ काम करके खुश हैं और दोनों अपने लिए पैसा कमा रहे हैं।

- **किसी अन्य क्षेत्र में रोजगार**—कुछ ऐसे मित्र हैं, जिन्हें काम करने का जुनून है और जो रिटायर होने को तैयार ही नहीं हैं। ऐसे व्यक्तियों के लिए हर सुबह अपना ब्रीफकेस उठाकर काम के लिए बाहर निकलना एक लत की तरह है, जिसे वे छोड़ नहीं सकते हैं। उनमें से कुछ ने उसी या वैसे ही क्षेत्रों में अंशकालिक नौकरियाँ ली हैं और उन लोगों के लिए काम करने में उन्हें कोई गुरेज नहीं है, जो उनके कनिष्ठ थे। इस तरह वे स्वयं को व्यस्त रख पाते हैं और थोड़ा पैसा भी कमा लेते हैं।

मेरी मुलाकात एक ऐसी महिला से हुई, जिन्हें अपने पाक कौशल पर बहुत गर्व था। उन्होंने रिटायरमेंट के बाद एक बहुत ही सफल कैटरिंग बिजनेस की शुरुआत की और उनके पति व्यापार संबंधी सारा संचालन सँभालते हैं। दोनों एक साथ काम करके खुश हैं और दोनों अपने लिए पैसा कमा रहे हैं।

सबसे आश्चर्य की बात मुझे यह लगी कि उनमें से कोई भी इस अंशकालिक काम को करके खुश नहीं था। ये लोग अपने काम, अपने नियोक्ता और अपने सहयोगियों के बारे में शिकायत एवं कमियाँ निकालते रहते हैं। मानो वे जहाँ काम करते थे, उस जगह को उन्होंने कभी छोड़ा ही नहीं था!

जब आप नौकरी करने अपने पुराने नियोक्ता के पास वापस जाते हैं तो कम वेतन पर, अपने अधीनस्थ को अपने बॉस के रूप में स्वीकारना और उसी

जगह पर पहले की तरह महत्त्व न मिलते हुए काम करना, किसी बड़ी चुनौती से कम नहीं है, हालाँकि अगर इससे आपको खुशी मिलती है तो ऐसा अवश्य करें।

मैंने काफी धन कमाया है, लेकिन मैं स्वयं को व्यस्त रखना चाहता हूँ

सेवानिवृत्त लोगों की इस दूसरी श्रेणी के लिए, मैंने कई लोगों, कुछ दोस्तों और कुछ परिचितों से बात की। उनसे बात करने के दौरान मैंने पूछा कि वे रिटायर होने के बाद क्या कर रहे हैं या रिटायरमेंट के बाद क्या करेंगे? अधिकांश लोगों ने कहा कि रिटायर होने के बाद भी आर्थिक रूप से उन्हें कोई कठिनाई नहीं है, केवल खुद को सारे दिन व्यस्त रखने की समस्या है। वे यह नहीं समझ पा रहे थे कि सारा दिन वे कैसे काटेंगे!

सेवानिवृत्त लोगों की इस दूसरी श्रेणी के लिए, मैंने कई लोगों, कुछ दोस्तों और कुछ परिचितों से बात की। उनसे बात करने के दौरान मैंने पूछा कि वे रिटायर होने के बाद क्या कर रहे हैं या रिटायरमेंट के बाद क्या करेंगे? अधिकांश लोगों ने कहा कि रिटायर होने के बाद भी आर्थिक रूप से उन्हें कोई कठिनाई नहीं है, केवल खुद को सारे दिन व्यस्त रखने की समस्या है।

मुझे यह जानकर हैरानी हुई और अच्छा भी लगा कि समाज को वे किसी-न-किसी रूप से अपना योगदान दे रहे हैं। नीचे सूचीबद्ध कुछ ऐसे क्षेत्र हैं, जिनके बारे में सोचा जा सकता है और गुझे गक्नीन है कि कई और क्षेत्र भी होंगे—

- **एन.जी.ओ.** : कई लोग अपने पसंद के क्षेत्र में किसी एन.जी.ओ. से जुड़कर काम करते हैं। मैं कई ऐसे लोगों से मिला, जो ऐसे एन.जी.ओ. के साथ काम कर रहे हैं, जो कि बालिका शिक्षा, टीकाकरण, गुमशुदा बच्चों, मोबाइल क्रेच, वयस्क साक्षरता, सामुदायिक स्वच्छता, कुत्ते की देखभाल आदि विषयों पर केंद्रित होकर काम कर रहे हैं। सबसे अनोखा एन.जी.ओ. जो मैंने देखा, वह था कि आवारा गायों के लिए जगह बनाई गई थी।

जिस तरह के काम वे कर रहे हैं, वे काफी विविध हैं, लेकिन आमतौर पर

वे एक क्षेत्र में विशिष्ट रूप से कार्य कर रहे हैं। कुछ लोग एन.जी.ओ. के लिए धन जुटाने में सहायता करते हैं तो कुछ प्रबंधन और हिसाब-पुस्तक को बेहतर ढंग से सँभालने के लिए अपना समय उसे दे रहे हैं।

उन लोगों के विपरीत, जो अपने पहले वाले काम से पुनः जुड़ गए थे, इनमें से जितने लोगों से मैंने बात की, कि वे एन.जी.ओ. में काम करते हुए खुश थे और उन्हें किसी भी तरह का कोई भ्रम भी नहीं था। वे अलग हटकर काम कर रहे थे और उन्हें लगता था कि उनका भी महत्त्व है। दूसरी ओर, उनके माध्यम से एन.जी.ओ. को भी कुछ बेहतरीन अनुभव हासिल हो रहे थे।

- **अध्यापन (टीचिंग) :** मैं कुछ ऐसे दोस्तों से मिला, जिन्होंने अपने घर के पास के एक बिजनेस स्कूल में पढ़ाना शुरू कर दिया था है और मैं कुछ दोस्तों की पत्नियों से भी मिला, जिन्होंने पड़ोस के प्ले स्कूल में पढ़ाना शुरू कर दिया था। उन्हें इस बात का संतोष था कि उन्हें फिर से बच्चों के बीच रहने का मौका मिला और वे जिस समाज में बड़े हुए हैं, उसमें अपना कुछ योगदान दे पा रहे हैं।

अपना व्यक्तिगत उदाहरण दूँ तो मैंने 'भारतीय प्रबंधन संस्थान', रोहतक में उद्यमिता पर कक्षाएँ लेना शुरू कर दिया है। न केवल ऐसा करना मुझे प्रत्येक कक्षा के बारे में सोचने और उसके लिए तैयार करता है, बल्कि जब मैं बहुत सारे प्रतिभाशाली युवा एम.बी.ए. के छात्रों के साथ बातचीत करता हूँ तो खुद को भी युवा महसूस करता हूँ।

अपना व्यक्तिगत उदाहरण दूँ तो मैंने 'भारतीय प्रबंधन संस्थान', रोहतक में उद्यमिता पर कक्षाएँ लेना शुरू कर दिया है। न केवल ऐसा करना मुझे प्रत्येक कक्षा के बारे में सोचने और उसके लिए तैयार करता है, बल्कि जब मैं बहुत सारे प्रतिभाशाली युवा एम.बी.ए. के छात्रों के साथ बातचीत करता हूँ तो खुद को भी युवा महसूस करता हूँ।

शिक्षण उस समाज को वापस अपना योगदान देने का एक बड़ा अवसर है, जिसने आपको लायक बनाया और आपको बहुत सारे अवसर प्रदान किए हैं। जब आप यह तय करते हैं कि आप पढ़ाना चाहते हैं तो कुछ लोगों से मिलें

और आपको यह जानकर हैरानी होगी कि कितने शिक्षण संस्थान आपका स्वागत खुले हाथों से करने को तत्पर हैं।

- **परामर्श देना (मेंटरिंग) :** परामर्शदाता के पेशे को अब भारत में औपचारिक रूप से स्वीकार किया जा रहा है। जो व्यक्ति रिटायर हो चुके हैं, उनके लिए यह अपने आप को सक्रिय रखते हुए योगदान देने का एक शानदार तरीका हो सकता है। परामर्श किसी भी क्षेत्र में दिया जा सकता है और मुझे विश्वास है कि आप जिस क्षेत्र को चुनेंगे, उसमें एक-न-एक सलाहकार अवश्य मिल जाएगा।

मैं सेवानिवृत्त कॉरपोरेट प्रबंधकों से मिला, जिन्होंने युवा उद्यमियों को परामर्श देने का फैसला किया। इन युवा उद्यमियों ने उनकी बताई सलाह को सराहा। उनके पास बेशक अपने सलाहकारों को पैसे देने की क्षमता नहीं थी, लेकिन वे निश्चित रूप से अपने सलाहकारों को अपने व्यवसाय में कुछ शेयर देने की क्षमता रखते थे।

मैं सेवानिवृत्त कॉरपोरेट प्रबंधकों से मिला, जिन्होंने युवा उद्यमियों को परामर्श देने का फैसला किया। इन युवा उद्यमियों ने उनकी बताई सलाह को सराहा। उनके पास बेशक अपने सलाहकारों को पैसे देने की क्षमता नहीं थी, लेकिन वे निश्चित रूप से अपने सलाहकारों को अपने व्यवसाय में कुछ शेयर देने की क्षमता रखते थे। न केवल सेवानिवृत्त लोग अपने अनुभव की संपदा के साथ अगली पीढ़ी को सहयोग देने का एक बड़ा काम कर रहे थे, बल्कि वे शेयर से भी पैसा कमा रहे थे।

क्या आप एक उच्चकोटि के खिलाड़ी हैं, जो युवाओं को अपने कौशल को विकसित करने के लिए तैयार करने में मदद करने को तैयार हैं? यदि हाँ, तो आपकी सदा माँग रहेगी।

मैं अपने ही परिसर में रहनेवाले एक वरिष्ठ नागरिक को जानता हूँ, जो एक बेहतरीन तैराक थे और राष्ट्रीय टीम का प्रतिनिधित्व कर चुके थे। अस्सी के दशक में पहुँचने पर भी उन्होंने तैरना जारी रखा। फिर उन्होंने छोटे बच्चों को तैरना सिखाने का फैसला किया। न केवल उनकी तैरना सिखाने की कक्षाएँ लोकप्रिय हो गईं, बल्कि उन्होंने छोटे बच्चों को प्रतिस्पर्धा करने और वर्ष में

एक बार पूरे समुदाय के लिए एक साथ मिलकर तैराकी करने के लिए भी प्रोत्साहित किया।

- **रेजिडेंट वेलफेयर एसोसिएशंस :** मैं कई ऐसे लोगों से मिला, जो अपने स्थानीय रेजिडेंट वेलफेयर एसोसिएशन के साथ जुड़ गए थे। यह किसी भी रूप में समाज को योगदान देने का एक अच्छा तरीका था और इस तरह वे स्वयं को व्यस्त रखने में भी सफल रहे। अपने समाज को योगदान देने के फैसले से खुशी के साथ-साथ आलोचना की पीड़ा भी जुड़ी होती है, क्योंकि कुछ लोगों को आपका काम पसंद नहीं आता या वे सराहना नहीं करते। हालाँकि ये एक ही सिक्के के दो पहलू हैं और हमें प्रयत्न करते हुए खुशियों और दर्द को समान रूप से बरदाश्त करना आना चाहिए।

मैंने बहुत काम कर लिया और अब मैं आराम से जीना चाहता हूँ

मैंने जितने लोगों से बात की, उनमें से कई का यही मानना था कि वे काफी काम कर चुके हैं और अब आराम व फुरसत से समय गुजारना उनका हक है। वे मानते थे कि पिछले तीन दशकों की अपनी कड़ी मेहनत का फल वे भोगना चाहते हैं, लेकिन अगले तीन दशकों में वे क्या करेंगे इसको लेकर वे अवश्य चिंतित थे।

मैंने जितने लोगों से बात की, उनमें से कई का यही मानना था कि वे काफी काम कर चुके हैं और अब आराम व फुरसत से समय गुजारना उनका हक है। वे मानते थे कि पिछले तीन दशकों की अपनी कड़ी मेहनत का फल वे भोगना चाहते हैं, लेकिन अगले तीन दशकों में वे क्या करेंगे इसको लेकर वे अवश्य चिंतित थे।

फिर भी अधिकांश लोगों ने किसी-न-किसी रुचि या शौक को विकसित करना शुरू कर दिया था। हमारे विचार-विमर्श के दौरान इतने सारे विकल्प सामने आए कि इसने मुझे आश्चर्य में डाल दिया कि क्यों हमें किसी अन्य विकल्प की तलाश करनी चाहिए, जब हमारे लिए पहले से ही इतने सारे विकल्प मौजूद हों।

- **पुस्तक लिखें :** यह आमतौर पर माना जाता है कि हर किसी के पास

उसके 'भीतर' कम-से-कम एक पुस्तक जरूर होती है। जब मैंने अपनी पहली पुस्तक लिखी, उसके बाद मेरे कई मित्रों और परिचितों ने मुझसे कहा कि वे भी लिखना चाहते हैं, लेकिन समय नहीं मिलता। यदि आप लिखने के लिए और कुछ नहीं सोच पा रहे हैं तो आपके पास संचित यादों और अनुभवों की एक पूरी जिंदगी है। उन्हें एक संस्मरण के रूप में लिखें, जिसे आप अपने बच्चों के बच्चों को दे सकते हैं।

अगर आपको लिखने में मजा आता है तो पुस्तक लिखना शुरू करने का यही समय है। अपने पीछे एक विरासत छोड़ने के लिए पुस्तक लिखने से बेहतर कोई तरीका नहीं है। कुछ लोगों को मैं जानता हूँ, जिन्होंने वीडियो प्रारूप में अपने जीवन के बारे में रिकॉर्ड करना शुरू कर दिया है। वे इसे अपने स्मार्टफोन पर रिकॉर्ड करते हैं और अपने लेखन की एक लाइब्रेरी तैयार कर रहे हैं, जिन्हें आनेवाली पीढ़ी के लिए छोड़ा जा सकता है। माध्यम चाहे जो हो, याद रखें कि इसके लिए बहुत तैयारी की आवश्यकता है।

> ***अगर आपको लिखने में मजा आता है तो पुस्तक लिखना शुरू करने का यही समय है। अपने पीछे एक विरासत छोड़ने के लिए पुस्तक लिखने से बेहतर कोई तरीका नहीं है। कुछ लोगों को मैं जानता हूँ, जिन्होंने वीडियो प्रारूप में अपने जीवन के बारे में रिकॉर्ड करना शुरू कर दिया है।***

यह भी याद रखें कि बतौर लेखक हो सकता है, आप बिल्कुल भी पैसा नहीं कमा पाएँ।

- **कोई भाषा सीखें :** कुछ दोस्तों ने किसी भाषा को सीखना शुरू कर दिया है। यह उनकी ऐसी महत्त्वाकांक्षा थी, जो बचपन से उनके भीतर पल रही थी, लेकिन कभी इसे पूरा करने का उन्हें समय ही नहीं मिला था।

एक वरिष्ठ सेवानिवृत्त ब्रिगेडियर को मैं जानता हूँ, जिन्होंने रिटायर होने के बाद स्पेनिश भाषा सिखाने को अपने कॅरियर के रूप में अपनाया। इस तरह वह खुद को व्यस्त तो रख ही पा रहे हैं, साथ ही उन्हें नए-नए लोगों से मिलने का मौका भी मिल रहा है। इससे पहले कभी उन्हें ऐसा अवसर नहीं मिल पाया

था। वह अब स्पेनिश भाषा को अंग्रेजी में दोहराते हैं और एक दुभाषिया के रूप में स्पेन जाते रहते हैं।

उन स्थानों की यात्रा करें, जहाँ आप जाना चाहते थे : मैंने कई ऐसे युगलों से मुलाकात की है, जिन्होंने तय किया है कि वे खूब घूमेंगे और उन जगहों को देखेंगे, जहाँ वे नौकरी-पेशा जीवन की जिम्मेदारियों की वजह से नहीं जा पाए थे। अब जब वे यात्रा करते हैं तो उस शहर या देश में अधिक समय बिताते हैं, जिसे वे देखना चाहते थे, जबकि पहले ऐसा करना संभव नहीं होता था। वे जिस जगह जाते हैं, उसके बारे में और जानकारी एकत्र करते हैं और जिन देशों को देखना है, वहाँ के बहुत सारे स्थानों पर जल्दी-जल्दी घूमने के बजाय, एक ही जगह का बहुत बारीकी से अवलोकन कर आनंद लेते हैं। उसे अच्छी तरह से जानने-समझने की कोशिश करते हैं।

जब मैं काम कर रहा था, उस दौरान जब हम छुट्टी मनाने किसी जगह जाते थे तो हमें हमेशा उन जगहों को देखने की जल्दबाजी रहती थी, क्योंकि काम के दबाव की वजह से हम दोनों एक शहर में बहुत अधिक समय न बिता पाने को मजबूर थे। हम हमेशा यही कहते कि जो जगहें हमें अच्छी लगीं, उन्हें देखने हम दुबारा आ जाएँगे।

जब मैं काम कर रहा था, उस दौरान जब हम छुट्टी मनाने किसी जगह जाते थे तो हमें हमेशा उन जगहों को देखने की जल्दबाजी रहती थी, क्योंकि काम के दबाव की वजह से हम दोनों एक शहर में बहुत अधिक समय न बिता पाने को मजबूर थे। हम हमेशा यही कहते कि जो जगहें हमें अच्छी लगीं, उन्हें देखने हम दुबारा आ जाएँगे। अब जब हम घूमने जाते हैं तो एक देश में कम-से-कम एक सप्ताह बिताते हैं और जितना हो सके, उतना उसे देखने का प्रयास करते हैं। अब हमारी सोच यह है कि हम जितना अधिक-से-अधिक हो, उस देख लें, क्योंकि हो सकता है, फिर उस जगह पर दुबारा न आ सकें।

संयुक्त राज्य अमेरिका में सेवानिवृत्त लोगों का एक पूरा समुदाय है, जिन्होंने अपने घर बेच दिए हैं और पूरी दुनिया की यात्रा करने के लिए निकल गए हैं।

वे जिस जगह को देखना चाहते हैं, दुनिया के उस हिस्से में जाकर कुछ महीनों के लिए रहते हैं। उन्हें जितने पैसे की जरूरत होती है, उनका वित्तीय सलाहकार उन्हें हर महीने भेज देता है और उन्हें कितने धन की आवश्यकता पड़ेगी, यह इस बात पर निर्भर करता है कि वे किस शहर में रह रहे हैं।

बेशक अमेरिका का नागरिक होने के कारण उनके लिए यात्रा कर पाना कहीं ज्यादा सरल है, जबकि वीजा प्रतिबंधों के कारण भारत से हमारे लिए देश-देश घूमना संभव नहीं है। हालाँकि, हम ऐसा भारत के विभिन्न हिस्सों में घूमकर कर सकते हैं, जहाँ पहले हम कभी नहीं गए। भारतीय पासपोर्ट के साथ यात्रा करना बहुत आसान हो गया है और इसलिए किसी अन्य देश में लंबा समय बिताना संभव हो रहा है। भारत के किसी अन्य हिस्से में, एक शहर में एक महीने तक रहने का खयाल भी किसी रोमांच से कम नहीं है।

बेशक अमेरिका का नागरिक होने के कारण उनके लिए यात्रा कर पाना कहीं ज्यादा सरल है, जबकि वीजा प्रतिबंधों के कारण भारत से हमारे लिए देश-देश घूमना संभव नहीं है। हालाँकि, हम ऐसा भारत के विभिन्न हिस्सों में घूमकर कर सकते हैं, जहाँ पहले हम कभी नहीं गए।

- **दूसरों की मदद करना :** एक नेक इनसान बनना और मुसीबत में दूसरों की मदद करना आमतौर पर देखने को नहीं मिलता है। किसी की मदद करने के लिए बहुत प्रयास करने पड़ते हैं और ज्यादातर लोग मदद करने की इस भावना को थोड़ा संदेहास्पद ढंग से देखते हैं।

फिर भी ऐसे लोग हैं, जो निस्स्वार्थ भाव से दूसरों का खयाल रखते हैं। मैं एक सेवानिवृत्त जनरल से मिला, जिन्होंने मृतक सेवानिवृत्त सेना के अफसरों की विधवाओं की मदद करने और अन्य रक्षा सेवा अधिकारियों की उनके दस्तावेजों को ठीक करने, पेंशन और चिकित्सा सुविधाओं के लिए कागजी काररवाई ठीक से हो सके, इसके लिए मदद करने का काम करना शुरू किया था। बदले में उन्हें कुछ भी नहीं मिल रहा था, लेकिन उनका कहना था कि अपने साथी अधिकारियों की मौत के बाद मदद करना उनका कर्तव्य है। वह मानते थे कि इतना तो उनके

जाने के बाद उनके परिवार के लिए किया ही जा सकता है।

● **कॉलेज वापसी :** ऐसी सीखने की बहुत सी चीजें होंगी, जो आप कॉलेज में रहकर सीख सकते थे, पर समय के अभाव के कारण आप सीख नहीं पाए। क्या आपने कभी सोचा था कि आप थीसिस लिखकर पी.एच-डी. कर सकते हैं और अपने नाम से पहले 'डॉक्टर' जोड़ सकते हैं? अब आप कर सकते हैं। यदि आप अपनी पसंद के किसी भी क्षेत्र में और शिक्षा प्राप्त करना चाहते हैं तो अब आपके पास अवसर है, क्योंकि आपके पास समय है और आपकी उसके प्रति रुचि भी है। मैं एक ऐसे व्यक्ति से मिला, जिसकी रुचि गणित में थी, लेकिन उसने मार्केटिंग में अपना कॅरियर बनाया था। जब वह सेवानिवृत्त हुए तो कॉलेज जाकर उन्होंने पढ़ाई की और डॉक्टरेट की उपाधि प्राप्त की!

अपने कामकाजी जीवन में आपने कई कौशल और योग्यताएँ विकसित की होंगी। यह खेल में उत्कृष्टता होने या एक अकाउंटेंट या वकील के रूप में हो सकती हैं या संगीत, कला, लेखन आदि में आपने महारत हासिल की हो। आप आसानी से अपने घर में वयस्कों और युवाओं के लिए कोचिंग कक्षाएँ शुरू कर सकते हैं।

ज्यादातर लोग, जो हर काम में इतनी दिलचस्पी लेते हैं, नई चीजें सीखना उनके लिए किसी रोमांच से कम नहीं होता है।

● **प्रशिक्षक बनें :** अपने कामकाजी जीवन में आपने कई कौशल और योग्यताएँ विकसित की होंगी। यह खेल में उत्कृष्टता होने या एक अकाउंटेंट या वकील के रूप में हो सकती हैं या संगीत, कला, लेखन आदि में आपने महारत हासिल की हो। आप आसानी से अपने घर में वयस्कों और युवाओं के लिए कोचिंग कक्षाएँ शुरू कर सकते हैं। इससे आपके अंदर कुछ करने की उपलब्धि की भावना तो जन्म लेगी ही, साथ ही इस तरह आप स्वयं को व्यस्त भी रख पाएँगे। हो सकता है, इस तरह आपकी कुछ आय भी हो जाए!

● **खाना बनाना सीखें :** मुझे बताया गया है कि अलग-अलग तरह के नए व्यंजन बनाने के कारण खाना बनाना एक चिकित्सीय प्रक्रिया की तरह काम

करता है। अतः खाना बनाना सीखें।

आजकल व्यंजन बनाने की नई-नई विधियाँ यूट्यूब पर उपलब्ध हैं और यदि आप अपने जीवनसाथी और परिवार को अपनी पाककला से आश्चर्यचकित करना चाहते हैं तो अब आपको यह सोचने की जरूरत नहीं कि इसकी शुरुआत कैसे की जाए? आमलेट जैसी सरल चीजें बनाने से शुरुआत करें और धीरे-धीरे जब आप यह समझने लगते हैं कि कितनी देर तक उबालना है, कितनी देर तक भाप में रखना है और साथ ही कितने मसाले डालने से आपकी आँखों में आँसू आ जाएँगे और उनकी कितनी मात्रा सही रहेगी, आप इसे शुरू कर सकते हैं तथा अपने परिवार और दोस्तों को आमंत्रित करके अपने व्यंजन उनके सामने परोस सकते हैं।

रोज क्या खाना बनेगा, यह तय करना एक बहुत बड़ा काम है और अगर आपका जीवनसाथी और आप इसे हर सुबह एक दिनचर्या में शामिल कर लेते हैं तो आप आपस में बात करके इस बात पर एकमत हो सकते हैं कि पूरे दिन में खाने में क्या-क्या बनेगा!

रोज क्या खाना बनेगा, यह तय करना एक बहुत बड़ा काम है और अगर आपका जीवनसाथी और आप इसे हर सुबह एक दिनचर्या में शामिल कर लेते हैं तो आप आपस में बात करके इस बात पर एकमत हो सकते हैं कि पूरे दिन में खाने में क्या-क्या बनेगा!

- **संगीत सीखें :** कई लोग जानते हैं कि मैंने संगीत वाद्ययंत्र सीखना शुरू कर दिया है। पियानो, गिटार और वायलिन आमतौर पर कुछ अधिक लोकप्रिय वाद्ययंत्र हैं, जिन्हें लोग सीखना पसंद करते हैं।

कॉलेज में मैंने भी बाँसुरी बजाना सीखा था, लेकिन फिर अभ्यास करना छोड़ दिया। मैंने अब एक बार फिर बाँसुरी बजाना शुरू कर दिया है और इस बार, चूँकि मेरे पास अधिक समय है, इसलिए मैं बहुत लगन से उसे बजाना सीख रहा हूँ और मैंने कुशल बाँसुरी वादक बनने की ठान ली है।

मेरे कई दोस्तों ने भारतीय शास्त्रीय संगीत सीखना शुरू कर दिया है और मैं उनके जुनून को देखकर चकित हूँ कि वे अपने शौक के प्रति कितने समर्पित हैं!

● **पढ़ें :** मैं कुछ दोस्तों को जानता हूँ, जो एक जुनून के साथ पुस्तकें, पत्रिकाओं और समाचार-पत्रों को पढ़ते हैं। उनके बिस्तर के पास कम-से-कम तीन पुस्तकें रखी रहती हैं और वे लगातार पढ़ते हैं और खुद के ज्ञान में वृद्धि करते रहते हैं। जब वे नौकरी करते थे तो उन्हें पढ़ने का समय नहीं मिल पाता था और मुझे यह देखकर सुखद आश्चर्य हुआ कि उनमें से कुछ वास्तव में हर हफ्ते कई पुस्तकें खत्म कर देते हैं। जब उनके पास समय होता है तो वे स्थानीय बुक स्टोर्स में जाकर पुस्तकें देखते हैं और जो पुस्तकें उन्हें पसंद आती है, उसे खरीद लेते हैं।

मैं कुछ दोस्तों को जानता हूँ, जो एक जुनून के साथ पुस्तकें, पत्रिकाओं और समाचार-पत्रों को पढ़ते हैं। उनके बिस्तर के पास कम-से-कम तीन पुस्तकें रखी रहती हैं और वे लगातार पढ़ते हैं और खुद के ज्ञान में वृद्धि करते रहते हैं। जब वे नौकरी करते थे तो उन्हें पढ़ने का समय नहीं मिल पाता था और मुझे यह देखकर सुखद आश्चर्य हुआ कि उनमें से कुछ वास्तव में हर हफ्ते कई पुस्तकें खत्म कर देते हैं।

फ्लिपकार्ट, अमेजॉन और होमशॉप-18 जैसी इ-कॉमर्स वेबसाइटों की बढ़ती माँग के साथ पुस्तकों को खोजने और ऑर्डर करने की उनकी क्षमता में काफी वृद्धि हुई है। पुस्तकें भी उन्हें दुकानों से कम कीमत में मिल जाती हैं।

● **सोशल मीडिया के साथ जुड़ें और अपनी एक छवि बनाएँ :** ऐसे कई लोग हैं, जिन्होंने अपने अनुभवों को साझा करने और विविध विषयों पर अपने विचार रखने के लिए विभिन्न सोशल मीडिया प्लेटफार्मों के साथ जुड़ना शुरू कर दिया है। आप जो कहना चाहते हैं, उसे कहने की आजादी सशक्त होने का अहसास देने के साथ-साथ उल्लसित भी करती है। वैश्विक सार्वजनिक प्लेटफार्मों पर खुद को अभिव्यक्त करने की यह क्षमता कई व्यक्तियों को व्यस्त और कुछ करते रहने के अहसास से भरती है।

मेरी मुलाकात ऐसे कई सेवानिवृत्त लोगों से भी हुई, जिन्होंने साफ कहा कि वे कंप्यूटर का उपयोग करने से डरते थे, इसलिए सोशल मीडिया से जुड़ने का कोई सवाल ही नहीं है। जब मैं उन्हें बताता हूँ कि मेरे 87 वर्षीय पिता फेसबुक,

व्हाट्सएप और ट्विटर का उपयोग करते हैं तो वे ऐसे सिर हिलाते हैं, मानो कह रहे हों कि 'ठीक है, वे भी प्रयास करके देखेंगे।'

फेसबुक, ट्विटर, लिंक्डइन, इंस्टाग्राम और ब्लॉगिंग करते हुए कोई भी आसानी से एक दिन में तीन से चार घंटे बिता सकता है! हर बार जब आप ट्वीट करते हैं और उसे फिर से ट्वीट किया जाता है तो आपको बाहर की दुनिया से जुड़े होने की खुशी का अहसास होता है। आप उन लोगों के समूह के साथ जुड़ते हैं, जिन्हें आप नहीं जानते हैं और कभी जानेंगे भी नहीं, लेकिन वे जिस सोच को साझा करते हैं, वह आपकी सोच से मिलती है।

> ***फेसबुक, ट्विटर, लिंक्डइन, इंस्टाग्राम और ब्लॉगिंग करते हुए कोई भी आसानी से एक दिन में तीन से चार घंटे बिता सकता है! हर बार जब आप ट्वीट करते हैं और उसे फिर से ट्वीट किया जाता है तो आपको बाहर की दुनिया से जुड़े होने की खुशी का अहसास होता है।***

- **पालतू जानवर रखें :** पालतू जानवर जिन युगलों को अच्छे लगते हैं और उनके साथ उन्हें आनंद आता है, उन्होंने एक कुत्ते को पाला है, जो लगभग घर के नए बच्चे की तरह बन गया है। उनकी सारी ऊर्जा कुत्ते की देख-रेख में लगती है और इससे उन्हें समान सोच रखनेवाले युगलों के साथ संवाद स्थापित करने का मौका भी मिलता है।

मैंने पालतू जानवरों के बारे में लोगों को बातें करते देखा है। उनकी भी अपनी एक मंडली बन जाती है। पालतू जानवरों के बारे में बात करने में इतना समय व्यतीत हो जाता है कि यही लगता है कि जैसे हम अपने बच्चों और उनकी उपलब्धियों के बारे में फिर से बातें कर रहे हैं!

- **टेलीविजन देखें :** 100 से अधिक टेलीविजन चैनल होने के कारण अनगिनत धारावाहिक और जानकारी देने वाले चैनल आप देख सकते हैं। हो सकता है, आपका साथी न्यूज देखना चाहता हो, जबकि आपकी पसंद कुछ और हो! ऐसे कई घर हैं, जिनमें दो टी.वी. हैं, ताकि घर में शांति बनी रहे।

- **अपने पुराने डाक टिकटों व सिक्कों के संग्रह को बाहर निकालें :** हममें से ज्यादातर लोगों ने पुराने सिक्कों व डाक टिकटों को संग्रहित करके

रखा होगा। कुछ को अपने पिता से यह संग्रह विरासत में मिला होगा और मुझे पूरा यकीन है कि आपके बच्चों को इन संग्रहों में कोई दिलचस्पी नहीं है।

इसलिए अब उन सिक्कों और टिकटों का क्या करना है, यह सोचने का समय आ गया है। आपके पास जो भी चीज है, उसके बारे में इंटरनेट पर पता किया जा सकता है। 'ईबे' पर भी इनकी कीमतों के बारे में आप पता कर सकते हैं। आपके संग्रह में दुर्लभ टिकट या दुर्लभ सिक्के हो सकते हैं और जो बहुत अधिक कीमत पर बिक सकते हैं।

- **गोल्फ और अन्य खेल खेलें :** खेल सेवानिवृत्ति का एक महत्त्वपूर्ण हिस्सा है। इससे आपको फिट रहने और अपनी मांसपेशियों को नियमित रूप से व्यायाम करने में भी मदद मिलती है। यदि आप एक खिलाड़ी हैं या खेलने का शौक रखते हैं तो आपके लिए रिटायरमेंट के बाद आपको पूरा जीवन खेल से जुड़ा रहना आसान होगा; पर यदि आप खिलाड़ी नहीं हैं तो यह दैनिक गतिविधि का दौर शुरू करने का एक अच्छा समय है। बहुत से लोग अपने स्थानीय क्लब या अपने परिसर में टेनिस खेलना शुरू कर देते हैं। यह उन्हें व्यायाम के साथ-साथ नए और पुराने दोस्तों के साथ संपर्क बनाए रखने का भी अवसर देता है।

खेल सेवानिवृत्ति का एक महत्त्वपूर्ण हिस्सा है। इससे आपको फिट रहने और अपनी मांसपेशियों को नियमित रूप से व्यायाम करने में भी मदद मिलती है। यदि आप एक खिलाड़ी हैं या खेलने का शौक रखते हैं तो आपके लिए रिटायरमेंट के बाद आपको पूरा जीवन खेल से जुड़ा रहना आसान होगा; पर यदि आप खिलाड़ी नहीं हैं तो यह दैनिक गतिविधि का दौर शुरू करने का एक अच्छा समय है।

मेरे कुछ दोस्त सप्ताह में पाँच दिन गोल्फ खेलते हैं और वह भी अलग-अलग खिलाड़ियों के साथ। एक दोस्त खेलने के लिए हर दिन गुड़गाँव से मेट्रो से दिल्ली गोल्फ कोर्स जाता है! मेरे एक रिश्तेदार, जो 81 वर्ष के हैं, वह रोज गोल्फ खेलते हैं। गोल्फ खेलने के लिए पहुँचनेवाले वह पहले व्यक्ति होते हैं, जो गोल्फ खेलने के बाद सुबह 8 बजे तक घर भी लौट आते हैं।

● **ब्रिज या ताश खेलें :** कुछ सेवानिवृत्त लोगों ने फैसला किया कि ब्रिज खेलकर वे अपना समय बिताएँगे। वे विभिन्न क्लबों में और अलग-अलग साथियों के साथ खेलते हैं, ताकि एक ही व्यक्ति के साथ खेलते हुए ऊब महसूस न हो। ब्रिज खेलनेवाले इनमें से कुछ खिलाड़ी अब राष्ट्रीय स्तर पर ब्रिज खेल रहे हैं।

रविवार को वे आराम करते हैं! ब्रिज और ताश खेलने के लिए आपके स्मार्ट फोन पर सैकड़ों ऐप उपलब्ध हैं। आप दुनिया में लगभग किसी के साथ भी इन्हें खेल सकते हैं और वह भी जिस भी स्तर पर आप खेलना चाहें।

ज्यादातर लोग, जो ब्रिज और ताश खेलते हैं, वे मुझे बताते हैं कि वे बहुत व्यस्त हैं और ताश खेलकर खुशी महसूस करते हैं। हर कोई शायद अपने-अपने तरीके से खुश है।

मैं जानता हूँ कि 30 साल के कॅरियर में बनाई गई आदतों को छूटने में थोड़ा समय लगेगा। एक व्यक्ति ने मुझसे कहा कि उन्होंने तय किया है कि वे 'कुछ नहीं करेंगे।'

वह नए दोस्तों से मिलते हैं और कॉफी की चुस्की लेते हुए घंटों इंटरनेट को खँगालते हैं।

● **कुछ भी न करें, पर ग्लानि न पालें :** मैं जानता हूँ कि 30 साल के कॅरियर में बनाई गई आदतों को छूटने में थोड़ा समय लगेगा। एक व्यक्ति ने मुझसे कहा कि उन्होंने तय किया है कि वे 'कुछ नहीं करेंगे।'

वह नए दोस्तों से मिलते हैं और कॉफी की चुस्की लेते हुए घंटों इंटरनेट को खँगालते हैं।

● या ऊपर वर्णित गतिविधियों का संयोजन कर समय बिताते हैं।

यह सूची किसी भी तरह से संपूर्ण नहीं है और ऐसी कई अन्य गतिविधियाँ होंगी, जो आप कर सकते हैं।

इन सभी चर्चाओं से मैंने यही समझा कि लोगों की विभिन्न रुचियाँ और शौक होते हैं और जब तक उन्हें लगता है, इसे करके पर्याप्त लाभ होगा, जो धन, सम्मान और पहचान, काम करने से मिलने वाली संतुष्टि और अच्छी तरह से समय बिताने की भावना का मिश्रण हो सकता है, वे दूसरों की मदद व सहयोग

करने के लिए किसी भी हद तक जा सकते हैं।

जब आप अपने जीवन के अगले चरण के लिए अपनी योजना बनाना शुरू करें तो नई चीजों को आजमाएँ और अपने हिसाब से जो करना चाहें, करें।

ऐसा कुछ भी नहीं है, जो आपको एक निश्चित समय-सीमा में करना है। आप अपनी सुविधा के अनुसार कर सकते हैं। कुछ दिन आप अन्य दिनों की तुलना में, जब सिर्फ आराम करना चाहें, अधिक ऊर्जावान महसूस करेंगे। नए शौक और रुचियाँ ढूँढ़ें, साथ ही नई चीजों के साथ प्रयोग करने से डरें नहीं। अभी भी, जब आप करने में समर्थ हैं तो अपनी आरामपरस्त दुनिया से बाहर निकलें और खुलकर जीएँ।

आपको बस जरूरत है अपने जुनून को खोजने की है और फिर उस जुनून के साथ आगे की मंजिल तय करनी है।

रिटायर होने के बाद दुःखी होने से बचने का एकमात्र तरीका है कि आपके पास सोचने के लिए इतना खाली समय ही न हो कि आप खुश हैं या नहीं।

—जॉर्ज बर्नार्ड शॉ

□

5

जीवनसाथी के साथ रिश्ता

शादी एक अच्छी शराब की तरह होती है, अगर इसकी अच्छी तरह से देखभाल की जाए तो जैसे-जैसे यह पुरानी हो जाती है, बेहतर होती जाती है।

जब आप रिटायर होते हैं तो आप पर हुक्म चलानेवाला बदल जाता है—जिसने आपको नौकरी पर रखा था, उसकी जगह वह व्यक्ति ले लेता है, जिससे आपने शादी की थी।

कई जोड़े रिटायरमेंट के बाद भी कभी खुशी से नहीं जीते।

आपकी शादी हुए लगभग तीन दशक हो चुके होंगे। आप एक-दूसरे को अच्छी तरह से समझते हैं और फिर भी आप दोनों अपने-अपने कॅरियर में इतने व्यस्त रहे कि आपके पास वास्तव में एक-दूसरे के लिए समय ही नहीं था। अपने विवाहित जीवन के दौरान आपने एक-दूसरे के निजत्व के अधिकार का सम्मान किया है और एक-दूसरे के जीवन में हस्तक्षेप नहीं किया तथा आपसी मुद्दों को जगजाहिर नहीं होने दिया। अब आप तीन दशकों के अपने साथी के साथ दिन में चौबीस घंटे बिताने की संभावना देख रहे हैं और सोच में पड़ गए हैं कि क्या आप वास्तव में अपने साथी को बेहतर ढंग से जानते-समझते हैं?

एक-दूसरे से दुःखी या असंतुष्ट कई युगलों के लिए समस्या तब शुरू होती है, जब रिटायरमेंट को लेकर उनकी अपेक्षाएँ समान नहीं होती हैं और ये समस्याएँ तब और बढ़ जाती हैं, जब वे इस बारे में एक-दूसरे से बात नहीं करते हैं। कुछ लोगों के लिए यह वह समय होता है, जिसकी वे न जाने कब से प्रतीक्षा कर रहे थे, ताकि कोई नया रोमांच कर सकें, अपने प्रियजनों के साथ नए या

गहरे संबंध बना सकें और जीवन जीने के लिए नए उद्‌देश्य की खोज कर सकें। कुछ लोगों के लिए इसका मतलब होता है, सोफे पर बैठकर आराम करना, कंप्यूटर पर इंटरनेट को खँगालना या गोल्फ कोर्स में मजे लेना।

एक–दूसरे से आप परेशान न हो जाएँ, इसके लिए युगल को भविष्य के लिए पारस्परिक सहमति से कोई योजना बनानी चाहिए। उन्हें इस बारे में सोचने और चर्चा करने की आवश्यकता है कि वे अपना समय कैसे बिताना चाहते हैं, जिसमें यह भी शामिल है कि वे एक साथ कितना समय बिताना चाहते हैं? रिटायर होने से बहुत पहले से आप दोनों को इस बारे में बातचीत करनी शुरू कर देनी चाहिए।

एक–दूसरे से आप परेशान न हो जाएँ, इसके लिए युगल को भविष्य के लिए पारस्परिक सहमति से कोई योजना बनानी चाहिए। उन्हें इस बारे में सोचने और चर्चा करने की आवश्यकता है कि वे अपना समय कैसे बिताना चाहते हैं, जिसमें यह भी शामिल है कि वे एक साथ कितना समय बिताना चाहते हैं?

सेवानिवृत्ति के बाद पहले के कुछ वर्षों में वैवाहिक जीवन में तनाव व मतभेद पसरना बहुत आम बात है। तनाव के और ज्यादा व्यापक होने की संभावना तब बढ़ जाती है, जब एक साथी दूसरे से पहले रिटायर हो जाता है। विवाह एक ऐसी संस्था है, जिस पर जीवन भर काम करने की आवश्यकता होती है और रिटायर होने के बाद भी इसे सँभालने का प्रयत्न करना छोड़ना नहीं चाहिए। कई सेवानिवृत्त जोड़े अपने शेष वर्षों को बहुत ही दु:खद स्थिति में एक साथ बिताते हैं, क्योंकि वे एक–दूसरे के साथ सामंजस्य ही नहीं बिठा पाते हैं। यहाँ तक कि वे विवाह, जो नौकरी या किसी कॅरियर से जुड़े रहने के दौरान अपेक्षाकृत अच्छी तरह से चले, रिटायर होने के बाद, जब पति और पत्नी एक–दूसरे के साथ चौबीस घंटे रहते हैं, उनमें खटास आने लगती है। ऐसा इसलिए होता है, क्योंकि रिटायरमेंट विवाहित जीवन के कई पहलुओं को बदल देता है और तब जरूरत होती है सामंजस्य करने की।

'रिटायर्ड हस्बैंड सिंड्रोम' (आर.एच.एस.) अमेरिका, यूरोप और जापान

में एक बहुचर्चित विषय है। इस विषय पर कई शोध-पत्र भी लिखे जा चुके हैं। आर.एच.एस. एक ऐसी तनाव की स्थिति है, जिसे साथी के काम से रिटायर होने या छोड़ देने के बाद दुनिया भर की महिलाएँ सहती हैं। इटली के शोधकर्ताओं के इस खुलासे के बाद कि ऐसे पतियों की पत्नियों को, जिन्हें रिटायर हुए बहुत दिन नहीं हुए होते हैं, तनाव, अवसाद और लगातार नींद न आने की शिकायत रहती है। आर.एच.एस. की खबरें अब दुनिया भर में गूँज रही हैं। अनुसंधान से पता चला है कि जैसे-जैसे वक्त बीतता जाता है, रिटायर हुए कई वर्ष गुजर जाते हैं, पत्नी की स्थिति और खराब होती जाती है। महिलाओं को यह कहने में कतई गुरेज नहीं होता, चाहे वह बोर्डरूम हो, कैफे हो या ऑनलाइन मंच, कि घर पर एक रिटायर आदमी होने से ज्यादा कोई बुरा सपना नहीं है। भारत में रिटायर पतियों के साथ पत्नियाँ अनिच्छा से जिंदगी गुजार लेती हैं। हालाँकि हाल के दिनों में भारत में भी इस बात को लेकर चुनौतियाँ खड़ी हो गई हैं।

कुछ जापानी महिलाएँ अपने सेवानिवृत्त पतियों को 'सोडिगोमी' या 'बड़े आकार का कचरा' कहती हैं। अमेरिका और यूरोप की महिलाएँ भी इसी शब्द का प्रयोग करती हैं, जब आदमी रिटायर हो जाता है तो दोनों के लिए जीवन बदल जाता है और रिटायरमेंट के शुरुआती वर्षों में बहुत अधिक सामंजस्य करना पड़ता है।

कुछ जापानी महिलाएँ अपने सेवानिवृत्त पतियों को 'सोडिगोमी' या 'बड़े आकार का कचरा' कहती हैं। अमेरिका और यूरोप की महिलाएँ भी इसी शब्द का प्रयोग करती हैं, जब आदमी रिटायर हो जाता है तो दोनों के लिए जीवन बदल जाता है और रिटायरमेंट के शुरुआती वर्षों में बहुत अधिक सामंजस्य करना पड़ता है।

यह बहुत असामान्य बात नहीं है कि नौकरी करते हुए जिन जोड़ों की शादी हुई है, वे रिटायर होने के बाद तलाक ले लेते हैं। ऐसी समस्याएँ, जो आमतौर पर काम की व्यस्तता के तहत दब गई होती हैं, वे अब अत्यधिक समय उपलब्ध होने पर उभरकर सामने आ जाती हैं और युगल को लगता है कि उनके पास इन

समस्याओं का सामना करने के अलावा कोई विकल्प नहीं है।

यदि आप यह आँकना चाहते हैं कि आप और आपका जीवनसाथी एक-दूसरे के लिए कितने अनुकूल हैं, तो सप्ताह में सात दिन-चौबीस घंटे एक साथ रहने की कोशिश करें, असलियत सामने आ जाएगी। यह तरीका युगल आमतौर पर सेवानिवृत्ति के तुरंत बाद अपनाते हैं। जो वर्ष पति-पत्नी ने अपनी एक स्वतंत्र जीवन-शैली बनाने में बिताए हैं, वे उस दौरान उन्हें परेशान करने के लिए सामने आ खड़े होते हैं, क्योंकि उन्हें इस सच्चाई का सामना करना पड़ता है कि उनके बीच ऐसा कुछ नहीं है, जो समान हो, यानी वे एक-दूसरे के अनुरूप कतई नहीं हैं। अपने विवाहित जीवन के दौरान वे एक भी ऐसी बात या दिलचस्पी निर्मित करने में विफल रहे, जो दोनों की पसंद की हो—दरअसल, उन्होंने संगतता निर्मित करने के लिए पूरे जीवन कुछ भी नहीं किया। आपसी सम्मान और संवेदनशीलता के आधार पर संबंध सुदृढ़ करने के बजाय वे एक-दूसरे की भावनाओं की अनदेखी करते रहे और वैवाहिक जीवन की खुशी को महसूस ही नहीं कर पाए।

एक दोस्त, जो हाल में ही रिटायर हुआ था, ने कहा, "शादी से पहले मेरी पत्नी मुझसे मदद करने के लिए कहती थी और मैं अनिच्छा से मदद कर देता था। अब वह मुझसे कहती है कि मुझे क्या करना चाहिए, क्योंकि मेरे पास करने के लिए और कुछ नहीं है और मैं उसके कोई काम करने को कहने पर नाराज हो जाता हूँ।"

एक दोस्त, जो हाल में ही रिटायर हुआ था, ने कहा, "शादी से पहले मेरी पत्नी मुझसे मदद करने के लिए कहती थी और मैं अनिच्छा से मदद कर देता था। अब वह मुझसे कहती है कि मुझे क्या करना चाहिए, क्योंकि मेरे पास करने के लिए और कुछ नहीं है और मैं उसके कोई काम करने को कहने पर नाराज हो जाता हूँ।"

एक महिला के दृष्टिकोण से कहा जाए तो "आपके पति के रिटायर होने के बाद आपके पास सारे दिन पति होगा और आधे से भी कम पैसा।" जैसा कि एक वृद्ध औरत ने बताया, "कभी-कभी मैं चिढ़कर उसे सोते-सोते उठा देती हूँ। कभी-कभी मैं उसे सोने देती हूँ।"

सेवानिवृत्त हो चुके दोस्तों को जिन सबसे बड़ी चुनौतियों का सामना कर पड़ रहा है, वह यह है कि अब अपने साथी के साथ समय बिताना होगा। अधिकांश लोगों के लिए, जिनकी शादी हुए तीन दशकों से भी अधिक समय हो गया है, उनके लिए साथी के साथ समय बिताना सुरक्षित था। जब तक बच्चों ने कॉलेज या काम पर जाना शुरू नहीं किया था, वे उनके बीच संवाद स्थापित करने और उनके बीच चल रही बहस को खतम करने का माध्यम होते थे। बाद में जब बच्चों ने अपनी-अपनी राह पकड़ ली और पति-पत्नी दोनों अपने कॅरियर में व्यस्त थे, एक-दूसरे के साथ बातचीत करना सुबह चाय पीते हुए (वह भी समाचार-पत्र पढ़ते हुए) और रात के खाने तक सीमित हो गई थी। ऐसा भी तभी संभव हो पाता था, जब वे दोनों घर पर होते थे और उनमें से कोई एक बाहर नहीं गया होता था। याद रखें कि शादी के लगभग तीन दशकों के बाद, आपमें से कोई भी दूसरे व्यक्ति की सोच को बदलने की कोशिश करने की भी स्थिति में नहीं होता!

घर पर पूरा दिन बिताना किसी चुनौती से कम नहीं है, जो देखने-सुनने में असंभव ही लगेगा। आप दोनों के लिए एक ही जगह पर दिन के चौबीस घंटे गुजारना और फिर भी एक-दूसरे को पर्याप्त जगह देने की कोशिश करना, किसी चुनौती से कम कैसे हो सकता है?

घर पर पूरा दिन बिताना किसी चुनौती से कम नहीं है, जो देखने-सुनने में असंभव ही लगेगा। आप दोनों के लिए एक ही जगह पर दिन के चौबीस घंटे गुजारना और फिर भी एक-दूसरे को पर्याप्त जगह देने की कोशिश करना, किसी चुनौती से कम कैसे हो सकता है?

"मुझे समझ नहीं आ रहा कि हम सेवानिवृत्ति के बाद कैसे रहेंगे?" यह एक सामान्य कथन है, जो मैंने पति और पत्नी दोनों को कहते सुना है।

दोनों के बीच इस तालमेल को बिठाना एक चुनौती है, जिसका सामना कर समाधान ढूँढ़ना ही होगा। यदि आपका साथी, जो खुद कामकाजी है और अभी तक सेवानिवृत्त नहीं हुआ है तो आपको यह समझना होगा कि आपके ऊपर अब घर की अधिक जिम्मेदारी आ पड़ी है। यदि आपका जीवनसाथी काम नहीं

करता तो आपको घर के कुछ ऐसे कामों में उसकी मदद करनी शुरू करनी होगी, जो आपने पहले कभी नहीं किए होंगे। युगल को तब पता चलता है कि वे जैसा सोचते थे कि वे एक-दूसरे के साथ तालमेल बिठा सकते हैं या अनुरूप हैं, वैसा बिल्कुल नहीं है, क्योंकि अब वे पूरा दिन भर एक-दूसरे के मामलों में दखलंदाजी या रोक-टोक करने लगते हैं।

मेरी पत्नी ने कहा, "तुम आज क्या कर रहे हो?"

मैंने कहा, "कुछ नहीं।"

उसने कहा, "आपने कल यही किया था।"

मैंने कहा, "मैंने अभी तक वह काम पूरा नहीं किया है।"

मनोवैज्ञानिक यह दावा करते हैं कि सामाजिक रूप से जुड़ा होना मानसिक स्वास्थ्य के लिए आवश्यक है। जो सेवानिवृत्त युगल खुश नहीं हैं, उनकी तुलना में प्रसन्न रहनेवाले युगलों का सक्रिय सामाजिक जीवन और बहुत सारे दोस्त होते हैं। महिलाएँ इस बात को अच्छी तरह से समझती हैं और वे आमतौर पर सामाजिक रूप से अधिक सक्रिय होती हैं और दोस्तों व परिवार के साथ उनके अधिक मजबूत भावनात्मक संबंध होते हैं। पुरुषों को महिलाओं की तुलना में रिटायर जीवन काटना अधिक कठिन लगता है, क्योंकि उन्होंने कभी अपने जीवन में रिश्तों में गहराई से जोड़ने की कोशिश ही नहीं की होती है। बहुत गंभीरता से रिश्ते निभाना, जैसे उनके स्वभाव में ही नहीं होता है। पुरुष अपने जीवनसाथी पर अत्यधिक निर्भर हो सकते हैं और संभवतः उनसे बहुत ज्यादा अपेक्षाएँ रख सकते हैं; क्योंकि उन्हें समझ आ जाता है कि उनके रिटायर होने के बाद केवल

मनोवैज्ञानिक यह दावा करते हैं कि सामाजिक रूप से जुड़ा होना मानसिक स्वास्थ्य के लिए आवश्यक है। जो सेवानिवृत्त युगल खुश नहीं हैं, उनकी तुलना में प्रसन्न रहनेवाले युगलों का सक्रिय सामाजिक जीवन और बहुत सारे दोस्त होते हैं। महिलाएँ इस बात को अच्छी तरह से समझती हैं और वे आमतौर पर सामाजिक रूप से अधिक सक्रिय होती हैं और दोस्तों व परिवार के साथ उनके अधिक मजबूत भावनात्मक संबंध होते हैं।

उनकी पत्नी ही उन्हें सामाजिक रूप से जुड़े रहने में उनकी मदद कर सकती है।

कामकाजी जीवन के दौरान आप दोनों ही अपने-अपने काम और बच्चों में व्यस्त रहे होंगे। जीवन में आया पहला बदलाव आपने तब महसूस किया होगा, जब आपके बच्चे स्कूल की पढ़ाई पूरी करने के बाद उच्चतर शिक्षा पाने के लिए घर से दूर गए होंगे। चाहे वे देश के ही किसी हिस्से में गए हों या पढ़ने के लिए विदेश के किसी कॉलेज में प्रवेश लिया हो, उन्होंने आपके घर से बाहर निकल अपनी उड़ान भरनी आरंभ कर दी थी और उनकी यह यात्रा उन्हें जीवन में आगे बढ़ने के पंख देती है। यह पहला सामंजस्य होता है, जिस पर अधिकांश युगलों को विजय पानी होती है, क्योंकि उन्हें इस बात को स्वीकारने के लिए स्वयं को तैयार करना होता है कि उनके घोंसले से पंछी उड़ेंगे ही, बच्चे अपना भविष्य बनाने घर से बाहर कदम रखेंगे ही। हालाँकि काम की व्यस्तता और सामाजिक प्रतिबद्धताओं के साथ, आप दोनों इस बदलाव को अच्छी तरह से सँभाल पाते हैं।

> ***कामकाजी जीवन के दौरान आप दोनों ही अपने-अपने काम और बच्चों में व्यस्त रहे होंगे। जीवन में आया पहला बदलाव आपने तब महसूस किया होगा, जब आपके बच्चे स्कूल की पढ़ाई पूरी करने के बाद उच्चतर शिक्षा पाने के लिए घर से दूर गए होंगे।***

दूसरा सबसे बड़ा सामंजस्य तब करना पड़ता है, जब आप रिटायर होते हैं। अब आप दोनों ही घर पर हैं और जब आप सामंजस्य बिठाने की कोशिश करने की जद्दोजहद से जूझ रहे हैं तो आप दोनों को ही अपने रिश्ते में एक जगह की जरूरत होती है, ताकि अलग ढंग से, अपने तरीके से आप कुछ सोच पाएँ। आप दोनों के बीच जो मुद्दे थे, मतभेद थे, उन्हें भूल जाइए और अपने बाकी जीवन के लिए अपने जीवनसाथी को एक साथी के रूप में देखें। एक और ऐसा साथी ढूँढ़ना, जो आपकी सनक और आपके दोषों को स्वीकार करके और आपके साथ एक ही छत के नीचे रहने के लिए तैयार हो, बहुत मुश्किल होगा, खासकर रिटायरमेंट के बाद।

मैं अपने और अपने दोस्तों के जीवन में झाँककर, आप लोगों के बीच

वैवाहिक संबंधों में सामंजस्य बनाए रखने के लिए कुछ सुझाव दे रहा हूँ—

• **घर पर अपना एक निजी कोना बनाएँ :** अपने घर का कोई हिस्सा, चाहे वह छोटा ही क्यों न हो, ऐसा होना चाहिए, जो केवल आपका हो। यह एक कुरसी हो सकती है, जिस पर बैठककर आप अखबार पढ़ सकते हैं या कोई मेज, जहाँ आप अपने दोस्तों के साथ ताश खेल सकते हैं, या फिर लिखने का डेस्क, जिसे आप 'अपना' कह सकें। अपने घर के भीतर, आपके पास अपनी एक जगह होनी चाहिए, जहाँ आप एकांत में बैठ सकें। जब आप अपने उस निजी स्थान में बैठते हैं तो आपके साथी को यह समझ जाना चाहिए कि आप अकेले कुछ समय बिताना चाहते हैं।

अगर आप आर्थिक रूप से सक्षम हैं तो बेहतर यही होगा कि आप दोनों के अलग-अलग कमरों में अपने-अपने कंप्यूटर और टी.वी. हों। इससे स्वतः ही आपको अकेले कुछ समय बिताने का मौका मिल जाएगा। अपनी युवावस्था में आपने अवश्य यह प्रसिद्ध पंक्ति सुनी होगी, 'दूरियाँ बढ़ाती हैं नजदीकियाँ।'

• **अपने लिए कुछ निजी समय रखें :** कभी-कभी अकेले रहना बहुत जरूरी है, ताकि आप एकांत में बैठकर आत्म-निरीक्षण कर सकें और आपके पति या पत्नी ने आपके लिए जो कुछ किया है, उसके बारे में सोचकर उसे सराह सकें। रिटायरमेंट के बाद आपके पास बहुत समय होगा और आपका निजी समय भी आपको यह तय करने में मदद करेगा कि आप क्या करना चाहते हैं?

अगर आप आर्थिक रूप से सक्षम हैं तो बेहतर यही होगा कि आप दोनों के अलग-अलग कमरों में अपने-अपने कंप्यूटर और टी.वी. हों। इससे स्वतः ही आपको अकेले कुछ समय बिताने का मौका मिल जाएगा। अपनी युवावस्था में आपने अवश्य यह प्रसिद्ध पंक्ति सुनी होगी, 'दूरियाँ बढ़ाती हैं नजदीकियाँ।' माना कि जब आप अपने तीस साल पुराने हो चुके विवाहित जीवन को देखते हैं तो यह कहावत सच नहीं लगती।

आपको साथ-साथ और दूर-दूर रहने के बीच एक संतुलन बनाने की जरूरत है। हर चीज को एक साथ करना और हर समय एक साथ रहना,

कुछ दंपतियों के लिए ठीक हो सकता है, लेकिन आमतौर पर एक-दूसरे को खुलकर साँस लेने की जगह देना रिश्ते को प्रगाढ़ करता है, विशेष रूप से रिटायरमेंट के बाद।

• **अपने साथी की जरूरतों का सम्मान करें :** यदि आपका साथी देर तक सोना पसंद करता है और आपको सुबह जल्दी उठने की आदत है तो सुबह जिस चीज की आपको जरूरत पड़ेगी, उसे दूसरे कमरे में पहले ही निकालकर रख दें और अपने साथी की नींद में खलल डाले बिना, दबे पाँव अपने बेडरूम से बाहर निकल जाएँ। आपको अपने साथी से इस बात के लिए प्यार भरी प्रशंसा अवश्य मिलेगी।

इसी तरह, अपने साथी की जरूरतों का पूरा सम्मान करें। अपने स्वयं के निजी स्थान के बिना, हमें यह महसूस हो सकता है कि हम साथी की जिंदगी में घुसपैठ कर रहे हैं या हमारी पहरेदारी की जा रही है। इस तरह दोनों ही एक-दूसरे से चिढ़ सकते हैं और झगड़े बढ़ने की संभावना चरम पर पहुँच सकती है।

इसी तरह, अपने साथी की जरूरतों का पूरा सम्मान करें। अपने स्वयं के निजी स्थान के बिना, हमें यह महसूस हो सकता है कि हम साथी की जिंदगी में घुसपैठ कर रहे हैं या हमारी पहरेदारी की जा रही है। इस तरह दोनों ही एक-दूसरे से चिढ़ सकते हैं और झगड़े बढ़ने की संभावना चरम पर पहुँच सकती है।

• **रोज सुबह ढंग से तैयार हों :** यह बात विशेष रूप से पुरुषों के लिए है। दोपहर तक यों ही रात के कपड़े पहने, यहाँ-वहाँ घूमते रहें, उसके बजाय उन्हें समय पर वैसे ही तैयार होना चाहिए, जैसे कि वे ऑफिस जाने के लिए तैयार हुआ करते थे। चूँकि आप रिटायर हो चुके हैं, इसलिए दिनचर्या को बिगाड़ने का अर्थ है, तनाव को और बढ़ाना।

इसके अलावा एक दिनचर्या बने रहने से आप पूरे दिन कुछ अधिक सार्थक करने के बारे में सोच पाएँगे और अच्छी तरह से तैयार होने से हर सुबह उत्साहित महसूस करते हुए आपको लगेगा जैसे आपके कदमों में फुरती आ गई है।

• **तय करें कि आप कौन-कौन से कार्य करेंगे :** यह उन पुरुषों के लिए अधिक महत्त्वपूर्ण है, जो आमतौर पर घर का बहुत अधिक काम नहीं करते हैं। अगर वे अपने लिए कुछ काम निर्धारित कर लें तो वे सुबह की चाय बनाने या वॉशिंग मशीन चलाने या कुत्ते को टहलाने या ऐसा कोई भी काम कर अपनी एक दिनचर्या बना सकते हैं या पति-पत्नी एक-दूसरे की सहमति से काम चुन सकते हैं।

मैंने बहुत सारे सेवानिवृत्त पुरुषों को बाहरी जिम्मेदारियों को लेते हुए देखा है, जैसे घर का सामान और सब्जियाँ खरीद लाना, वह काम, जो उन्होंने पहले कभी नहीं किया था। वास्तव में कुछ तो इन कामों को करने के लिए उत्सुक रहते हैं, क्योंकि इस तरह उन्हें बाहर निकलने और लोगों से मिलने का मौका मिलता है।

मैंने बहुत सारे सेवानिवृत्त पुरुषों को बाहरी जिम्मेदारियों को लेते हुए देखा है, जैसे घर का सामान और सब्जियाँ खरीद लाना, वह काम, जो उन्होंने पहले कभी नहीं किया था। वास्तव में कुछ तो इन कामों को करने के लिए उत्सुक रहते हैं, क्योंकि इस तरह उन्हें बाहर निकलने और लोगों से मिलने का मौका मिलता है।

• **अलग-अलग शौचालयों का उपयोग करना शुरू करें :** लंबी शादी के बाद कोई भी चीज घर में अड़चन बन सकती है और तनाव पैदा कर सकती है और शौचालय का उपयोग किसी भी घर में तनाव पैदा करने की वजह बन सकता है। नहाने के बाद तौलिया बाहर धूप में नहीं डालने, बाथरूम का सिंक न साफ करना जैसी मामूली बातें, किसी भी ऐसे युगल के बीच लड़ाई का एक मुद्दा बन सकती हैं, जो शादी के तीन दशक बाद भी एक-दूसरे को फिर से समझने की कोशिश कर रहे हैं।

यदि आपके घर में दो शौचालय हैं तो एक आप और दूसरा आपका साथी प्रयोग कर सकता है। आपने कई दशकों तक एक ही शौचालय साझा किया होगा, लेकिन आपके रिटायर होने के बाद जैसे ही आप शौचालय में अतिरिक्त 30 मिनट व्यतीत करते हैं, तब बहस और सवाल-जवाब का सिलसिला शुरू होने लगता है।

• **अलग-अलग रुचियाँ :** यदि आप दोनों की रुचियाँ या शौक एक समान होंगे तो जीवन बहुत उबाऊ हो सकता है और आप ऐसा कभी नहीं चाहेंगे। समझ ही नहीं आएगा कि घर पर क्या बात करें? यदि एक व्यक्ति गोल्फ खेलता है और दूसरा ब्रिज तो इस बात से चिढ़ें नहीं। मैं यह सुझाव नहीं दे रहा हूँ कि यदि आपके शौक समान हैं तो उन्हें छोड़ देना चाहिए। बेशक आप दोनों के शौक व रुचियाँ समान हों, लेकिन कुछ ऐसे शौक भी विकसित करें, जो केवल आपके हों।

चाय पीते-पीते या खाना खाते हुए अपने-अपने शौकों के बारे में बात धीरे-धीरे अधिक सार्थक बातचीत में बदल जाएगी, जो आप दोनों के रिश्ते को और प्रगाढ़ करेगी।

• **अपने अलग-अलग दोस्त बनाएँ :** आप दोनों के बीच हमेशा एक घनिष्ठता कायम रहेगी और हर जगह आप एक साथ ही जाना चाहेंगे, आप दोनों को अपने कुछ ऐसे दोस्त भी बनाने चाहिए, जो केवल आपके हों, दोनों के नहीं। इस तरह आपको अपने व्यक्तिगत विकास और अपनी एक पहचान बनाए रखने में मदद मिलेगी।

पुरुषों को ऐसा करते हुए बड़ी चुनौती का सामना करना पड़ सकता है, क्योंकि कामकाजी जीवन के दौरान उनके जितने भी दोस्त बने थे, उनसे रिश्ता केवल काम तक ही सीमित था। यह कोई आश्चर्य की बात नहीं है कि बहुत सारे पुरुष रिटायर होने के बाद ही दुबारा अपने स्कूल और कॉलेज के साथियों से संपर्क करते हैं।

पुरुषों को ऐसा करते हुए बड़ी चुनौती का सामना करना पड़ सकता है, क्योंकि कामकाजी जीवन के दौरान उनके जितने भी दोस्त बने थे, उनसे रिश्ता केवल काम तक ही सीमित था। यह कोई आश्चर्य की बात नहीं है कि बहुत सारे पुरुष रिटायर होने के बाद ही दुबारा अपने स्कूल और कॉलेज के साथियों से संपर्क करते हैं।

• **बहस :** आपके वैवाहिक जीवन में एक-दूसरे से बहस या असहमति होना स्वाभाविक ही है, क्योंकि आप एक-दूसरे के साथ रोज ही न अब बहुत वक्त के लिए सामंजस्य करने की कोशिश में लगे रहते हैं, क्योंकि अब आप न तो दफ्तर जा रहे हैं, न ही दफ्तर के काम से किसी दूसरे शहर में जा रहे हैं, ताकि

कुछ समय दूर से दोनों का गुस्सा अपने आप ठंडा पड़ जाए! एक साथ इतना समय बिताने से आप दूसरे व्यक्ति के मूड को समझ सकते हैं, साथ ही जानते हैं कि वह किस बात से आगबबूला हो सकता है।

इस तरह की बातों से दूर रहें, जिनसे आपका जीवनसाथी भड़क उठता है और अगर ऐसी किसी स्थिति का सामना करना भी पड़ जाए तो स्वयं उसके सामने से हट जाएँ। एक-दूसरे से झगड़ने और स्वयं को व साथी को दुःखी करने से बेहतर है कि अपनी असहमति जताना। कुछ नहीं पसंद है तो नहीं पसंद है।

"मेरा विवाह हुए 33 वर्ष हो चुके हैं और कह सकता हूँ कि मेरा वैवाहिक जीवन सुखद रहा। इसका रहस्य क्या है? दो तौलिए। मेरी पत्नी जब नहाती है तो उसे दो धुले तौलिए चाहिए। हर रात सोने जाने से पहले मैं दो धुले तौलिए बाथरूम में रख देता हूँ। इस तरह उसे पता है कि सोने से पहले मैं उसी के बारे में सोच रहा होता हूँ।"

किसी ने बताया कि रिटायरमेंट के बाद वैवाहिक जीवन में स्थिरता कायम रखने में वे कैसे कामयाब रहे—

"मेरा विवाह हुए 33 वर्ष हो चुके हैं और कह सकता हूँ कि मेरा वैवाहिक जीवन सुखद रहा। इसका रहस्य क्या है? दो तौलिए। मेरी पत्नी जब नहाती है तो उसे दो धुले तौलिए चाहिए। हर रात सोने जाने से पहले मैं दो धुले तौलिए बाथरूम में रख देता हूँ। इस तरह उसे पता है कि सोने से पहले मैं उसी के बारे में सोच रहा होता हूँ।"

लेकिन शायद सबसे अच्छी सलाह, जो मैं अपनी महिला पाठकों को दे सकता हूँ, पति के घर पर होने पर तनावमुक्त रहें और उनके साथ का आनंद उठाएँ। इस बात से खुश हों कि उन्हें हर सुबह उठकर अब काम करने के लिए बाहर नहीं जाना पड़ेगा। पूरी जिंदगी अपने परिवार के लिए काम करने और उसे हर तरह की सुख-सुविधा प्रदान करने के एवज में अब उत्फुल्लता व चैन से जिंदगी गुजारने का अवसर दें और रिटायरमेंट के जीवन का आनंद उठाने दें। सारी उम्र काम करने के बाद अब उनकी घर पर रहने की बारी है। अपने पति की झुँझलाहट और किसी प्रकार के व्यवधान से परेशान होने के बजाय उसे

नजरअंदाज कर दें। उनकी बातों में ऐसा कुछ खोजें कि आपका मनोरंजन ही हो। वे काम करें, जो आप एक साथ कर सकते हैं। उन्हें एक शौक विकसित करने के लिए प्रोत्साहित करें। याद रखें, अचानक जो इतना सारा खाली समय अब उनके पास है, वे उसके अभ्यस्त नहीं हैं, और हो सकता है, वह आपके सुझावों की सराहना करें!

शुरुआत में रिटायरमेंट के बाद हो सकता है कि जीवन अस्त-व्यस्त व उलझा हुआ प्रतीत हो, लेकिन एक-दो साल बाद यह एक दिनचर्या बन जाएगी।

आप दोनों का वैवाहिक जीवन सुदृढ़ है। आप दोनों दो स्वतंत्र लोग हैं और हो सकता है आप दोनों ही मजबूत इरादोंवाले लोग हों। अब पहले से कहीं अधिक समझौता करें और नई स्थिति को स्वीकार करें, क्योंकि आप अपना शेष जीवन दुःखी रहते हुए तो कतई नहीं बिताना चाहेंगे।

आप दोनों का वैवाहिक जीवन सुदृढ़ है। आप दोनों दो स्वतंत्र लोग हैं और हो सकता है आप दोनों ही मजबूत इरादोंवाले लोग हों। अब पहले से कहीं अधिक समझौता करें और नई स्थिति को स्वीकार करें, क्योंकि आप अपना शेष जीवन दुःखी रहते हुए तो कतई नहीं बिताना चाहेंगे।

कई सेवानिवृत्त युगल पहली बार ऐसी जीवन-शैली बनाना सीखते हैं, जिसका वे दोनों आनंद ले सकें और जो दोनों की भावनात्मक जरूरतों को पूरा कर सके। वे उन निजी आदतों को खत्म करना सीखते हैं, जिन्होंने दशकों तक उनके रिश्ते में कड़वाहट घोले रखी। जब वे ये सीख जाते हैं कि किसी भी तरह से एक-दूसरे को आहत नहीं करना है और एक-दूसरे की भावनात्मक जरूरतों को पूरा करना सीख लेते हैं तो जीवन के बाकी दिन एक-दूसरे के साथ बिताने में उन्हें डर नहीं लगता।

योजना बनाएँ, लेकिन जरूरत से ज्यादा नहीं। कुछ अप्रत्याशित करें या बस, यों ही मौज-मस्ती करते हुए समय बिताएँ।

और क्या पता आपको सचमुच अपने सेवानिवृत्त पति या पत्नी के आसपास रहना अच्छा लगने लगे और चाहें कि एक-दूसरे के साहचर्य में पूरी उम्र गुजार दें!

□

दो वृद्ध 'रिटायरमेंट होम' में रह रहे हैं। वह विधुर है और वह विधवा है। वे एक-दूसरे को कई सालों से जानते हैं। एक शाम रात के खाने के दौरान दोनों एक ही मेज पर आमने-सामने बैठे थे। खाना खाते-खाते वह उसे प्रशंसात्मक नजरों से देखते जा रहे थे और आखिरकार वृद्ध ने हिम्मत करके पूछ ही लिया, "क्या तुम मुझसे शादी करोगी?"

कुछ सोचने के बाद, लगभग छह सेकेंड बाद उसने जवाब दिया, "हाँ, करूँगी!"

खाना खत्म हो गया और कुछ देर तक और बातें करने के बाद वे अपने-अपने कमरों में चले गए। अगली सुबह वह वृद्ध परेशानी से इधर-उधर चक्कर काट रहा था। "क्या उसने 'हाँ' कहा था या उसने 'नहीं' कहा था?" उसे याद ही नहीं आ रहा था। बहुत कोशिश करने पर भी उसे कुछ याद नहीं आ रहा था। एक धुँधली सी याद भी नहीं। घबराते हुए उसने उसे टेलीफोन किया। सबसे पहले उसने बताया कि उसे अब पहले की तरह चीजें याद नहीं रहतीं।

फिर उसने शानदार शाम के बारे में सोचा, जैसे ही उसके अंदर थोड़ी हिम्मत आई, उसने पूछा, "जब मैंने पूछा कि क्या तुम मुझसे शादी करोगी तो तुमने 'हाँ' कहा था या 'नहीं'?"

उसे यह सुनकर खुशी हुई, "मैंने 'हाँ' कहा था, हाँ, मैं करूँगी' और मैंने ऐसा खुशी से और दिल से कहा था।"

"और मुझे खुशी है कि आपने फोन किया, क्योंकि मुझे याद नहीं आ रहा था कि मुझसे किसने पूछा था?"

□

6
रिटायर होने के बाद स्वस्थ यौन-जीवन

मुझे सवाल का पता नहीं है, लेकिन सेक्स निश्चित रूप से जवाब है।

—वुडी एलन

अंतरंगता या घनिष्ठता की कोई आयु नहीं होती। अध्ययन अब इस बात की पुष्टि करते हैं कि आप चाहे स्त्री हों या पुरुष, आप जब तक चाहें सेक्स का आनंद ले सकते हैं। स्वाभाविक रूप से 70 या 80 वर्ष की उम्र में सेक्स संबंध वैसे नहीं हो सकते, जैसे कि 20 या 30 वर्ष की उम्र में होते हैं, पर कुछ मायनों में बेहतर हो सकते हैं। अपने जवानी के दिनों की अपेक्षा अब उम्रदराज होने के बाद आप में ज्यादा समझदारी आ जाती है और यह पता होता है किस तरह से आप बेहतर ढंग से यौन-जीवन का आनंद ले सकते हैं।

वृद्ध लोगों में अकसर बहुत अधिक आत्मविश्वास होता है और स्वयं को लेकर भी वे अधिक जागरूक रहते हैं। वे युवाओं की तरह अवास्तविक आदर्शों और दूसरों के पूर्वग्रहों से ग्रस्त नहीं होते हैं और जब बच्चे बड़े हो जाते हैं और उनको पहले की तरह समय नहीं देना पड़ता, तब युगल को कई तरह के कामों में उलझे बिना एक-दूसरे के साथ समय बिताने व आनंद उठाने का मौका मिल जाता है।

तीन दशकों तक साथ रहने के बाद आप दोनों की मानसिकता 'अपने तरीके से जीने' की हो गई होगी और दोनों ही इस खुद थोपी गई सीमा में रहते हुए सहज भी महसूस करते होंगे। उम्र बढ़ने के बारे में लोगों में बहुत सी गलत

धारणाएँ हैं और एक गलत धारणा यह है कि उम्रदराज लोगों की सेक्स में कोई दिलचस्पी नहीं होती है। ये लोग भूल जाते हैं कि सेक्स केवल कम उम्र के लोगों के लिए नहीं है और यह सेक्स केवल बच्चे पैदा करने के लिए ही नहीं होता है, यह मजे लेने के लिए भी हो सकता है!

चिकित्सा के क्षेत्र में भी यह एक स्थापित तथ्य है कि पुरुष और महिला लगभग अपने पूरे जीवन स्वस्थ यौन संबंध बनाना कायम रख सकते हैं, फिर वह क्या है, जो रिटायरमेंट के बाद हमारी कामेच्छा में बदलाव ला देता है? क्या यह ऊब होती है? अथवा पिछले कुछ वर्षों में आप धीरे-धीरे इतने दूर हो गए कि शारीरिक संबंध न बना पाने की कमी महसूस ही नहीं हुई, न ही एक-दूसरे के पास जाने की आपने कोशिश ही की?

कई कारणों से हालाँकि कई वयस्क अपने बाद के वर्षों में सेक्स को लेकर चिंतित हो जाते हैं और यौन संबंध बनाने से कतराने लगते हैं। कुछ बुजुर्ग या तो बुढ़ापे की वजह से ढलते अपने शरीर या ठीक से यौन संबंध न बना पाने के कारण शर्मिंदगी महसूस करते हैं अथवा कुछ या तो किसी बीमारी से ग्रस्त होते हैं या उनके साथी की मृत्यु हो चुकी होती है। सटीक जानकारी और खुली सोच के बिना, एक अस्थायी स्थिति एक स्थायी स्थिति में बदल सकती है। आप सकारात्मक सोच बनाए रखकर इस स्थिति से बच सकते हैं। ऐसा आमतौर पर उन पुरुषों के साथ होता है, जो रिटायर होने के बाद पहले तो कामेच्छा में कमी महसूस करते हैं और फिर उन्हें लगने लगता है कि वे किसी योग्य नहीं हैं और अब उनकी जरूरत खत्म हो गई है। खराब स्वास्थ्य भी यौन संबंध बनाने की इच्छा को कम कर देता है।

चिकित्सा के क्षेत्र में भी यह एक स्थापित तथ्य है कि पुरुष और महिला लगभग अपने पूरे जीवन स्वस्थ यौन संबंध बनाना कायम रख सकते हैं, फिर वह क्या है, जो रिटायरमेंट के बाद हमारी कामेच्छा में बदलाव ला देता है? क्या यह ऊब होती है? अथवा पिछले कुछ वर्षों में आप धीरे-धीरे इतने दूर हो गए कि शारीरिक संबंध न बना पाने की कमी महसूस ही नहीं हुई, न ही एक-दूसरे के

पास जाने की आपने कोशिश ही की? यह स्वीकार करते हुए शर्मिंदगी महसूस होनेवाली कोई बात नहीं है कि कभी-कभी आपकी सेक्स की इच्छा आपके साथी से अलग होती है या आपको यौन संबंध बनाने की इच्छा ही नहीं होती। आप पहले जैसे थे, उस स्वरूप को प्यार और उसकी सराहना करें।

उम्र चाहे कितनी भी क्यों न हो, अंतरंगता और एक-दूसरे के करीब आने की इच्छा न होना सामान्य नहीं है। वास्तव में सेक्स में रुचि न रहना या शारीरिक रूप से संबंध बनाने में अक्षम महसूस करने पर डॉक्टर को दिखाना जरूरी है। यदि आपकी इच्छा या यौन संबंध बनाने की क्षमता के आड़े कोई बात आ रही है तो शर्म करने के बजाय बिना हिचकिचाए डॉक्टर से सलाह लें।

उम्र बढ़ने के साथ-साथ शारीरिक रूप से बदलाव आना स्वाभाविक है। आज आप अपनी युवावस्था से एकदम अलग दिखते हैं और महसूस करते हैं, लेकिन अगर आप इन परिवर्तनों को स्वाभाविक मानकर आत्मविश्वास कायम रख सकते हैं तो आप न सिर्फ अपने आप में बेहतर महसूस करेंगे, वरन् दूसरों को भी आकर्षक लगेंगे। आत्मविश्वास और ईमानदारी दूसरों की नजरों में सम्मान बढ़ाती है।

उम्र बढ़ने के साथ-साथ शारीरिक रूप से बदलाव आना स्वाभाविक है। आज आप अपनी युवावस्था से एकदम अलग दिखते हैं और महसूस करते हैं, लेकिन अगर आप इन परिवर्तनों को स्वाभाविक मानकर आत्मविश्वास कायम रख सकते हैं तो आप न सिर्फ अपने आप में बेहतर महसूस करेंगे, वरन् दूसरों को भी आकर्षक लगेंगे।

रिटायरमेंट के बाद अगर संतुष्टिदायक जीवन चाहते हैं तो रोमांस को जीवित रखना बहुत जरूरी है। यदि इसके लिए दोनों की सहमति से तृप्तिदायक यौन संबंध बनें तो अच्छा होगा। एक-दूसरे की आँखों में देखना, हाथ पकड़ना, किसी दिन जब थकान महसूस हो तो कंधे सहलाना या जब आपका साथी बात करना चाहता है तो पूरे मन से उसकी बात सुनना भी आपके अंतरंग पलों को सुखद और संतुष्टिदायक बना देगा। एक चीज, जिसके लिए हम शुक्रगुजार

हो सकते हैं, वह यह है कि एक ही तरह से यौन क्रिया करने का दबाव, जैसा कि जवानी में हुआ करता था। जब आप अपने शरीर के बजाय अपनी सभी संवेदनाओं और मन को संबंधों में घोलते हैं तो जीवन बहुत रसमय और प्रेम अगाध हो जाता है।

यदि आप दोनों फिर से यौन संबंध बनाने के इच्छुक हैं तो ऐसा करना मुमकिन है। यदि आपमें से कोई भी इसको लेकर आशंकित है तो किसी काउंसलर से मिलें, जो आप दोनों से बात कर इस मुद्दे को सुलझाने में मदद करे। आपका काउंसलर इसके लिए कुछ दवाएँ भी सुझा सकता है।

यदि आप दोनों फिर से यौन संबंध बनाने के इच्छुक हैं तो ऐसा करना मुमकिन है। यदि आपमें से कोई भी इसको लेकर आशंकित है तो किसी काउंसलर से मिलें, जो आप दोनों से बात कर इस मुद्दे को सुलझाने में मदद करे। आपका काउंसलर इसके लिए कुछ दवाएँ भी सुझा सकता है। आप कई रासायनिक और हर्बल उपचार भी कर सकते हैं; लेकिन याद रखें कि जब तक आपके अंदर संबंध बनाने की इच्छा नहीं होगी, तब तक कोई भी दवा काम नहीं करेगी।

व्यक्तिगत संबंध कैसे हैं, यह बात बहुत महत्त्व रखती है और आपसी प्रगाढ़ता बढ़ाने में सेक्स संबंध अहम भूमिका निभाते हैं। यौन संबंधों से—

- मानसिक और शारीरिक स्वास्थ्य में सुधार होता है। सेक्स वसा को खत्म कर सकता है, इसके कारण दिमाग से एंडोर्फिन हार्मोन का स्राव होता है और चिंता तथा तनाव में कमी आती है।
- उम्र बढ़ती है। स्वास्थ्य में सुधार करने के कारण सक्रिय सेक्स संबंध उम्र बढ़ाते हैं।
- रिश्ते सुदृढ़ होते हैं। सेक्स एक ऐसा माध्यम है, जिसके द्वारा आप अपने सबसे गहरे रिश्ते की निकटता को व्यक्त कर सकते हैं।
- इससे राहत मिलती है। सेक्स आपको दुनिया की कभी-कभी कठोर वास्तविकताओं से बचने का मौका देता है।

अपने सेक्स जीवन को फिर से जीवंत करने के लिए मेरे कुछ विचार—

- युवावस्था में बेशक आपको अपना यौन-जीवन 'कामसूत्र' की तरह लगता होगा, लेकिन एक उम्र के बाद, अलग-अलग ढंग व स्थितियों या मुद्राओं में संबंध बनाना संभव नहीं होता। यदि आपको कूल्हे, पीठ या घुटने की समस्याएँ हैं तो पहले जिस तरह यौन क्रिया करते थे, उन्हें न करना ही बेहतर है। उन यौन स्थितियों को आजमाएँ, जिनमें आप दोनों ही सहज महसूस करें और आनंद आए; क्योंकि बदलाव को स्वीकारने में ही भलाई है।

युवावस्था में बेशक आपको अपना यौन-जीवन 'कामसूत्र' की तरह लगता होगा, लेकिन एक उम्र के बाद, अलग-अलग ढंग व स्थितियों या मुद्राओं में संबंध बनाना संभव नहीं होता। यदि आपको कूल्हे, पीठ या घुटने की समस्याएँ हैं तो पहले जिस तरह यौन क्रिया करते थे, उन्हें न करना ही बेहतर है।

- यदि आप में से किसी को कामेच्छा में कमी महसूस हो या दर्द होता हो तो आप एक साथ हस्तमैथुन कर सकते हैं, भले ही आपमें से कोई एक सिर्फ अपने आप को प्रसन्न करते हुए या साथी के कानों में कामुकता भरे शब्दों को फुसफुसाते हुए ऐसा कर रहा हो! यह एक-दूसरे के करीब आने का एक शानदार तरीका है।
- जीवन भर शरीर ने क्या-क्या किया है, उस आनंद का अनुभव करें और अपने शरीर की सराहना करें कि यह अभी भी क्या नहीं कर सकता है और याद रखें कि सेक्स और अंतरंगता किसी भी उम्र में खत्म नहीं होती है।
- सेक्स संबंध बनाने से पहले सुबह के नाश्ते व रात्रि भोजन की खास तैयारी करें। एक-दूसरे को प्यार भरी नजरों से देखें, एक-दूसरे का हाथ पकड़ें या कोई ऐसी कविता सुनाएँ, जिससे प्यार झलके।

एक साथ किसी चीज का अनुभव करना, बेशक उसमें यौन क्रिया शामिल हो या नहीं, अंतरंग रूप से जुड़ने का एक प्रभावी तरीका है।

- अपने साथी के हाथों को अपने हाथों में लें और अकसर उसे छुएँ और जताएँ कि आपको भी उसका स्पर्श करना अच्छा लगता है। अपने साथी को बताएँ कि आपको उसके बारे में सबसे अच्छा क्या लगता है और उन नए यौन अनुभवों के बारे में अपने दिल की बात उससे बाँटे, जो आप महसूस कर रहे हों।
- ऐसा कुछ करें, जिससे दोनों को अच्छा लगे और सारा तनाव गायब हो जाए, चाहे वह मसाज करना हो या साथ में स्नान करना। इस तरह की राहत और सुकून से आत्मविश्वास बढ़ने के साथ-साथ आराम भी मिलता है और यौन संबंध बनाना सहज हो जाता है।
- माना जाता है कि शराब पीने से तनाव कम हो जाता है या मूड ठीक हो जाता है। थोड़ा सा यह पेय आपकी चिंता और तनाव कम करके, बेशक आपके अंदर यौन संबंध बनाने की इच्छा जाग्रत् कर दे, पर याद रखें कि शराब एक नशा है। एक पैग संबंध बनाने में बेशक आपकी मदद कर दे, लेकिन बहुत अधिक शराब उस समस्या को कई गुना बढ़ा सकती है, जिसे आप सुलझाने की कोशिश कर रहे हैं!
- यह सर्वविदित तथ्य है कि धूम्रपान करने से यौन अंगों में रक्त का प्रवाह प्रभावित हो सकता है, क्योंकि यह रक्त-वाहिकाओं को सिकोड़ देता है। इसे पीने से आपकी ताकत में भी कमी आती है। आपकी साँस से आनेवाली सिगरेट के धुएँ की दुर्गंध दूसरों को आपसे दूर कर सकती है। जो लोग धूम्रपान करते हैं, उनके लिए सही समय है कि वे सिगरेट पीना छोड़ दें।
- कोई भी चीज, जिससे आत्मसम्मान बढ़ेगा, वह कामेच्छा में भी बढ़ोतरी करेगी। संयमित नियमित व्यायाम करने से यौन अंगों में रक्त-प्रवाह बेहतर होता है। इसके अलावा व्यायाम करने से आप खुद बहुत अच्छा व चुस्ती महसूस करते हैं।

- अधिक वजन होने से न केवल आपका आत्मसम्मान और आपकी यौन इच्छा प्रभावित हो सकती है, वरन् रक्त-वाहिकाएँ भी सख्त हो सकती हैं, जिससे जननांगों तक पहुँचनेवाले आवश्यक रक्त-प्रवाह में कमी आ सकती है।
- खराब स्वास्थ्य के कारण अगर आपका शरीर कमजोर हो जाता है तो इससे सेक्स संबंधों पर बुरा असर पड़ता है। ऐसी बीमारियाँ, जिनकी वजह से हृदय संबंधी, उच्च रक्तचाप, मधुमेह, हार्मोनल समस्याएँ, अवसाद या चिंता से ग्रस्त रहते हों, यौन इच्छा को प्रभावित कर सकती हैं।
- कुछ दवाएँ आपके यौन-जीवन पर असर डाल सकती हैं, जिससे कामेच्छा में कमी आने के साथ-साथ आपके उत्तेजित होने की क्षमता भी प्रभावित हो सकती है। किसी भी दवा को खाना बंद करने या नई दवाइयों को आजमाने से पहले अपने चिकित्सक से परामर्श करें।

कुछ दवाएँ आपके यौन-जीवन पर असर डाल सकती हैं, जिससे कामेच्छा में कमी आने के साथ-साथ आपके उत्तेजित होने की क्षमता भी प्रभावित हो सकती है। किसी भी दवा को खाना बंद करने या नई दवाइयों को आजमाने से पहले अपने चिकित्सक से परामर्श करें।

- मसाज की तकनीकें यौन उत्तेजना को बढ़ाने के लिए किसी चमत्कार से कम नहीं होती हैं, खासकर यदि आप तनावग्रस्त, चिंतित या परेशान हैं। कमरे में हलकी रोशनी रखें और सुकून देनेवाला संगीत चलाएँ और फिर पीठ की मसाज करने से शुरुआत करें।
- आत्मसम्मान की कमी से अधिक कोई और चीज सेक्स में आपकी रुचि को कम नहीं करती है, जब लगे कि आपको कुछ अच्छा नहीं लग रहा है और आत्मसम्मान की कमी महसूस होने लगे तो जो मन करता है, वह करें, फिर चाहे आराम करें या ऐसा कुछ करें, जिससे आप भीतर से बेहतर महसूस कर सकें।

- यदि साथी की मृत्यु हो जाती है तो इस दु:ख से बाहर निकलने के बाद फिर से आपके जीवन में रोमांस की जगह बन सकती है। एक व्यक्ति के साथ लंबा जीवन गुजारने के बाद फिर से डेटिंग करने में संभवत: थोड़ा डर जरूर लग सकता है, लेकिन इसमें रोमांच भी कम नहीं है।

आप जिस परेशानी से जूझ रहे हैं, फिर चाहे वह शारीरिक हो या भावनात्मक, उसके बारे में अपने साथी, किसी दोस्त या काउंसलर से बात करें। आप जिस बात से चिंतित हैं, उसके बारे में उन्हें बताएँ, उन पर भरोसा कर उनसे लगातार इस विषय पर बात करते रहें। सेक्स व्यायाम की तरह ही सेहत बनानेवाली एक और आवश्यक क्रिया है और व्यायाम की तरह ही यह आपको 'मूड में न होने' पर भी खुशी और संतुष्टि देता है। इसलिए यौन-जीवन को सक्रिय बनाएँ। एक बार जब आप इसके अभ्यस्त हो जाएँगे तो आप बेहतर महसूस करना शुरू कर देंगे और आपकी कामेच्छा भी स्वाभाविक रूप से बढ़ जाएगी।

आप जिस परेशानी से जूझ रहे हैं, फिर चाहे वह शारीरिक हो या भावनात्मक, उसके बारे में अपने साथी, किसी दोस्त या काउंसलर से बात करें। आप जिस बात से चिंतित हैं, उसके बारे में उन्हें बताएँ, उन पर भरोसा कर उनसे लगातार इस विषय पर बात करते रहें।

वुडी एलन ने जिस तरह से निम्नलिखित उद्धरण में रिटायरमेंट के बाद सेक्स के बारे में वर्णित किया है, उससे बेहतर और कोई नहीं कर सकता—

"अपने आनेवाले कल में मैं अपने गुजरे जीवन को जीना चाहता हूँ। आप एक मृत की तरह जीवन की शुरुआत करते हैं और फिर उससे कतराते हैं। फिर आप किसी वृद्धाश्रम में अपने को पाते हैं और अपने आपको हर दिन बेहतर महसूस करने लगते हैं। सेहतमंद होने के कारण आपको बाहर भेज दिया जाता है, अपनी पेंशन लेते हैं और फिर जब आप काम शुरू करते हैं तो आपको अपने पहले दिन एक सोने की घड़ी मिलती है। आपके लिए पार्टी दी जाती है। आप 40 साल तक काम करते हैं और उस समय आप इतने युवा तो होते हैं कि अपनी

सेवानिवृत्ति का आनंद ले सकें। आप पार्टी करते हैं, शराब पीते हैं और आमतौर पर बुरे-भले के विचारों से दूर होते हैं, फिर आपके हाई स्कूल में पढ़ने का समय आ जाता है। आप तब प्राथमिक विद्यालय में जाते हैं, आप एक बच्चा बन जाते हैं, आप खेलते हैं। आपके ऊपर कोई जिम्मेदारी नहीं है, आप तब तक बच्चे बन जाते हैं, जब तक आपका जन्म नहीं होता और फिर आप अपने आखिरी नौ महीनों को आरामदायक स्पा जैसी स्थितियों में तैरते हुए बिताते हैं, जहाँ ऊष्मा और हर प्रकार की सुविधाएँ और रहने के लिए खुली जगह एक इशारा करते ही मिल जाती है; और फिर आप एक चरम सुख की प्राप्ति के रूप में सारी प्रक्रिया को खत्म करते हैं!"

एक पुराना चुटकुला है, "चार सेवानिवृत्त गोल्फ खिलाड़ी चर्चा कर रहे थे कि कैसे वे अपने साथी को इस बात के लिए मना पाए कि वह उन्हें हर रविवार सुबह-सुबह गोल्फ खेलने आने दे!"

पहले गोल्फ खिलाड़ी ने कहा कि पत्नी उसकी यह बात माने, इसके लिए पूरे हफ्ते घर के बहुत सारे काम करता है।

दूसरे गोल्फ खिलाड़ी ने कहा कि पूरे सप्ताह जो भी खरीदारी करनी होती है, करता है, ताकि पत्नी गोल्फ खेलने जाने की सहमति दे दे।

तीसरे गोल्फ खिलाड़ी ने कहा कि इसके लिए वह हर शनिवार की रात को अपनी पत्नी को बाहर खाना खिलाने ले जाता है।

चौथे गोल्फ खिलाड़ी ने अपने दोस्तों को देखा और कहा, "मैंने एक सरल तरीका निकाला है। सुबह 5 बजे मैं अपनी पत्नी को उठाता हूँ और कहता हूँ, 'सेक्स या गोल्फ, प्रिय?' और उम्मीद के मुताबिक उसकी प्रतिक्रिया होती है, अपना स्वेटर ले जाना मत भूलना, प्रिय!"

एक पुराना चुटकुला है, "चार सेवानिवृत्त गोल्फ खिलाड़ी चर्चा कर रहे थे कि कैसे वे अपने साथी को इस बात के लिए मना पाए कि वह उन्हें हर रविवार सुबह-सुबह गोल्फ खेलने आने दे!" पहले गोल्फ खिलाड़ी ने कहा कि पत्नी उसकी यह बात माने, इसके लिए पूरे हफ्ते घर के बहुत सारे काम करता है।

यह आपसी संवाद, तालमेल और रचनात्मकता एवं आप दोनों के बीच का संबंध है, जो सबसे ज्यादा मायने रखता है। सकारात्मक रहें और यौन संबंध व अंतरंगता कैसे बनाए जाएँ, उन तरीकों के बारे में सोचें।

"सेक्स पुल की तरह होता है : यदि आपके पास एक अच्छा साथी नहीं है तो आपके पास एक अच्छा हाथ होना चाहिए।"

—चार्ल्स पियर्स

□

7

रिटायर होने के बाद मुझे कितने धन की आवश्यकता पड़ेगी? कितना पर्याप्त रहेगा?

*‘सबसे खुश लोगों के पास अधिकांश चीजें नहीं होती हैं।
उनके पास जो होता है, वे उसी में खुशी ढूँढ़ लेते हैं!’*

आप बस रिटायर हो जाते हैं।

आप जानते हैं कि आपको रिटायर होना है, लेकिन आप इसे मानना नहीं चाहते। जब वह दिन आता है तो आप निराशा से भर जाते हैं और कहने लगते हैं कि आप अभी इसके लिए तैयार नहीं हैं। सारा जीवन कड़ी मेहनत करने के बाद, रिटायर होने के बाद तो आप एक आरामदायक जीवन गुजारने के हकदार हैं, लेकिन अधिकांश लोगों के लिए इस वास्तविकता को स्वीकारना बहुत कठिन होता है। एकल परिवार प्रणाली, लगातार बढ़ते खर्चे, अपर्याप्त नियमित आय, बच्चों से कोई आर्थिक सहयोग न मिलना और अचानक होनेवाली बीमारियों की वजह से आर्थिक रूप से बोझ पड़ना वृद्धों के लिए आम बात है।

हममें से ज्यादातर लोग वर्तमान में रहना पसंद करते हैं, इतना कि अकसर हम भविष्य की अनदेखी कर देते हैं। हम वर्तमान जरूरतों पर ध्यान केंद्रित रखते हुए खर्च करते रहते हैं और हममें से अधिकांश के लिए रिटायर होने के बाद की तैयारी ऐसी होती है, जो ‘आर्थिक योजना कैसे बनाई जाए’, बतानेवाली

पत्रिकाओं या दूसरों के सुझाव द्वारा निर्धारित होती है। खुद उसके बारे में हम कुछ नहीं सोचते।

यदि हम लंबे समय तक जीवित रहते हैं तो अंतत: हम एक ऐसे बिंदु पर पहुँच जाते हैं, जहाँ हम या तो अपना कॅरियर छोड़ किसी दूसरे कॅरियर को अपना लेते हैं या अपने काम की गति धीमी कर देते हैं अथवा पूरी तरह से जीवनयापन के लिए काम करना ही बंद कर देते हैं। सरकारी कर्मचारियों के लिए बहुत सारी सेवानिवृत्ति योजनाएँ हैं। हालाँकि, बहुत कम कंपनियों में कोई भी सेवानिवृत्ति योजना नहीं होती है, न ही अन्य किसी पेशे में और आमतौर पर युगल को ही इसके लिए योजना बनाते हुए बचत करनी होती है, ताकि रिटायर होने के बाद आर्थिक रूप से उन्हें कोई परेशानी न उठानी पड़े।

सेवानिवृत्त लोगों के लिए सबसे बड़ी चुनौती है कि अगर आप अच्छी तरह से इसकी योजना नहीं बनाते हैं तो आपको पैसे को बचाकर रखना ही होगा और आप निश्चित रूप से ऐसी स्थिति नहीं बनने देना चाहेंगे कि जब आप 75-76 वर्ष के हों और कमाने की सामर्थ्य घट जाए तो आपका पैसा खत्म हो जाए!

सेवानिवृत्त लोगों के लिए सबसे बड़ी चुनौती है कि अगर आप अच्छी तरह से इसकी योजना नहीं बनाते हैं तो आपको पैसे को बचाकर रखना ही होगा और आप निश्चित रूप से ऐसी स्थिति नहीं बनने देना चाहेंगे कि जब आप 75-76 वर्ष के हों और कमाने की सामर्थ्य घट जाए तो आपका पैसा खत्म हो जाए!

रिटायरमेंट के बाद आपकी जीवन-शैली कैसी होगी, यह तय करते हुए योजना बनाना अधिक कठिन बन जाता है; फिर इस प्रक्रिया से जुड़े कई परिवर्ती कारकों का सामना करते हुए और इस तरह के परिवर्ती बदलावों के साथ गति मिलाते हुए योजना बनाना दुष्कर लगता है। आप कब सेवानिवृत्त होना चाहते हैं, यह प्रमुख परिवर्ती कारक आपके निर्णय को प्रभावित कर सकता है। आप जितनी जल्दी रिटायर होते हैं, अपने भविष्य के लिए उतना ही ज्यादा धन संग्रह आपको करना होगा।

अपनी नई मिली आजादी और संसाधनों का बड़ा खजाना, जो आपको

अचानक अपनी सेवानिवृत्ति के बाद मिलता है, उसे उड़ाने से पहले सोचें। भविष्य निधि, ग्रैच्युटी और छुट्टियाँ न लेने के बदले मिलनेवाली राशि के रूप में आपको उस समय काफी धन मिलता है। खाली समय हाथ में आना भी किसी नशे से कम नहीं है। आप अपने शौक पर पैसा खर्च कर सकते हैं, कुछ लंबे समय के लिए कहीं घूमने जा सकते हैं और अचानक मिले इस खाली समय के साथ बहुत कुछ कर सकते हैं; लेकिन रिटायरमेंट के तुरंत बाद ही जरूरत से ज्यादा खर्च करना विशेष रूप से खतरनाक है। इस समय आपके पास जो धन है, उसका सही तरह से निवेश कर आप उसमें बढ़ोतरी कर सकते हैं। सेवानिवृत्ति के तुरंत बाद बहुत ज्यादा खर्च करना सिर्फ उस पैसे की बरबादी ही नहीं है, बल्कि आनेवाले बीस वर्षों में वह धन सही ढंग से निवेश करने पर, आपको कितना लाभ दे सकता है, उसे भी आप खो देंगे।

अपने परिवार पर बड़ी रकम खर्च करने के अलावा आपने पिछले कुछ दशकों में कहीं-न-कहीं कटौती करते हुए बचत भी की होगी। आपने समझदारी दिखाते हुए उस बचाए पैसे को खर्च नहीं किया है। आपने अपना पैसा सही तरह से अलग-अलग जगह में निवेश किया है और कभी-कभी आर्थिक मंदी का सामना भी किया है। अब, जब आप रिटायर हो गए हैं तो आपके पास अच्छा-खासा खजाना है, जो केवल आपका है। इसे उड़ाएँ नहीं, चूँकि रिटायर होने के बाद हर महीने आनेवाली आपकी आय बंद हो जाएगी। इसलिए आपको यह सुनिश्चित करने की आवश्यकता है कि पेंशन के अलावा अगर वह आपको मिलती है तो आपकी बचत, निवेश और संपत्ति से आपको नियमित रूप से आय हो सकती है, ताकि आपका हर महीने का खर्च आराम से चल सके।

अपने परिवार पर बड़ी रकम खर्च करने के अलावा आपने पिछले कुछ दशकों में कहीं-न-कहीं कटौती करते हुए बचत भी की होगी। आपने समझदारी दिखाते हुए उस बचाए पैसे को खर्च नहीं किया है।

लंबी उम्र और चीजों के निरंतर बढ़ते दामों को देखते हुए हमें याद रखना चाहिए कि हमारी बचत समय के साथ घटती जाएगी और फिर सारा धन खत्म हो जाएगा। एक सामान्य सा नियम है कि आज 100 रुपए की जितनी कीमत है,

बीस साल बाद घटकर उसका मूल्य 29 रुपए रह जाएगा। जब आप सेवानिवृत्ति के लिए अपनी जमा पूँजी के हिसाब से योजना बना रहे होते हैं, आपकी पूँजी के घट या खत्म होने के पीछे कारण आपके नियंत्रण से परे होते हैं।

भारतीय माता-पिता आमतौर पर यह मानते हैं कि बच्चों को शिक्षित और उनकी शादियों पर खर्च उठाने की जिम्मेदारी उनकी है। यही नहीं, माता-पिता को लगता है कि अपने बच्चों के लिए पैसे छोड़कर जाने के लिए उसे बचाकर रखना चाहिए। सेवानिवृत्ति के लिए इन सब कारणों के कारण बचत कर पाना आसान नहीं होता है। बच्चों को शिक्षित और लायक बना देने के बाद उन्हें खुद अपनी जिम्मेदारी उठानी चाहिए और आर्थिक रूप से आत्मनिर्भर हो जाना चाहिए। अपने बच्चों के लिए अपनी मेहनत की कमाई को बचाकर रखना और अपनी इच्छाओं का गला घोंटने का मतलब है—स्वयं व अपने जीवनसाथी के साथ अन्याय करना। आप अपने जवानी के दिनों में आखिर क्यों एक-एक पैसा बचाने के लिए अपनी हर चीज पर कटौती करने की जरूरत है ?

भारतीय माता-पिता आमतौर पर यह मानते हैं कि बच्चों को शिक्षित और उनकी शादियों पर खर्च उठाने की जिम्मेदारी उनकी है। यही नहीं, माता-पिता को लगता है कि अपने बच्चों के लिए पैसे छोड़कर जाने के लिए उसे बचाकर रखना चाहिए। सेवानिवृत्ति के लिए इन सब कारणों के कारण बचत कर पाना आसान नहीं होता है।

मैं कुछ ऐसे लोगों से मिला, जिन्होंने अपने बच्चों की शिक्षा या उसकी शादी पर अपनी सारी बचत फूँक डाली। इस तरह उन पर एक दबाव बना रहा। मैं यह नहीं कह रहा कि आप अपने बच्चों को शिक्षित न करें या उन्हें एक मुकाम पर पहुँचने में मदद न करें। होना तो यह चाहिए कि अगर इसके लिए आप कर्ज लेते हैं तो बच्चा जब कमाने लगे तो उसे इसे चुकाना चाहिए। विकसित दुनिया के अधिकांश हिस्सों में ऐसा ही होता है और आज के माता-पिता भारत में भी इसे नहीं अपना सकते हैं, इसकी मुझे कोई वजह नजर नहीं आती है।

जब आपको यह तय करना है कि कितनी धनराशि की जरूरत आपको

पड़ेगी, तो आपको अपने समय का उपयोग कैसे करना चाहते हैं, यही बात निर्धारित करेगी कि आपको कितने धन की आवश्यकता पड़ेगी ? कुछ लोगों के लिए, सेवानिवृत्ति का अर्थ है, बगीचे में समय बिताना। कुछ के लिए सेवानिवृत्ति का मतलब है, घूमने के लिए समय मिलना। बागवानी पर बहुत कम खर्च आता है, जबकि यात्रा में बहुत खर्च होता है।

तो आराम से बैठकर अपने भविष्य के बारे में सोचते हुए स्वयं से कुछ सवाल पूछें—

- आप कब रिटायर होना चाहते हैं ?
- क्या आप छोटे घर में रहने की योजना बना रहे हैं ?
- क्या आप शहर के अपने महँगे घर को बेचकर गाँव में रहना चाहेंगे ?
- क्या आप किसी ऐसी जगह जाना चाहेंगे, जहाँ सारे सेवानिवृत्त लोग रहते हों ?
- क्या आप घर किराए पर लेंगे या किसी दूसरी जगह अपना घर खरीदेंगे ?
- क्या आप ऐसी जगह समय बिताएँगे, जहाँ का मौसम गरम होगा ? और कब तक ?
- क्या आप अपने घर के लिए कोई बड़ी चीज खरीदना या फिर से उसे नया रूप देने की सोच रहे हैं ?
- क्या आप घूमने जाएँगे—कितनी बार ? कितनी दूर ? क्या आप महँगे होटलों में रहेंगे ?
- क्या आप सेवानिवृत्त होने के बाद अंशकालिक रूप से काम करेंगे ?
- क्या आप अपने समुदाय में अधिक सक्रिय हो जाएँगे ?
- क्या आप किसी स्वयंसेवी संगठन के साथ जुड़कर काम करना चाहेंगे ?
- क्या आप परिवार के किसी सदस्य को सहयोग या मदद करेंगे ?
- आप कौन से शौक को अपनाएँगे ? उन पर कितना खर्च आएगा ?
- क्या आप किसी गोल्फ क्लब की सदस्यता लेंगे ?
- क्या बाहर खाना खाने अकसर जाएँगे ? नाटक, फिल्में बहुत देखेंगे ?

- क्या आप अपनी जीवन भर की पूँजी अपने जीवन में खर्च करना चाहते हैं या बच्चों के लिए उसे छोड़कर जाना चाहते हैं?

(—सौजन्य से 'आर.बी.सी. वित्तीय योजना')

एक मित्र ने मुझे निम्नलिखित कहानी भेजी, जिससे मुझे यह समझने में मदद मिली कि हर माह आनेवाली आय कम या बंद हो जाने पर हमें अपने जीवन के लिए कितने धन की आवश्यकता पड़ेगी, उसके बारे में कैसे सोचना चाहिए?

एक ही कॉलेज से पढ़ाई पूरी करनेवाले कुछ छात्र, जो अपने-अपने कॅरियर में कामयाब हैं, अपने कॉलेज के प्रोफेसर से मिलने गए। बातचीत ने बहुत जल्दी ही शिकायतों का रूप ले लिया कि काम और जीवन में कितना तनाव है!

अपने मेहमानों के लिए कॉफी बनाने के लिए प्रोफेसर रसोई में गए और कॉफी से भरी एक बड़ी केतली तथा अलग-अलग तरह के कप लेकर आए। वे कप चीनी मिट्टी, प्लास्टिक, काँच, क्रिस्टल के थे, कुछ सादे दिखनेवाले, कुछ महँगे, कुछ अति सुंदर थे। उन्होंने कहा कि वे अपने-अपने लिए केतली में से कॉफी कप में डालें।

अपने मेहमानों के लिए कॉफी बनाने के लिए प्रोफेसर रसोई में गए और कॉफी से भरी एक बड़ी केतली तथा अलग-अलग तरह के कप लेकर आए। वे कप चीनी मिट्टी, प्लास्टिक, काँच, क्रिस्टल के थे, कुछ सादे दिखनेवाले, कुछ महँगे, कुछ अति सुंदर थे।

जब सभी छात्रों ने हाथ में अपने-अपने कॉफी के कप पकड़ लिये तो प्रोफेसर ने कहा, "आपने एक बात पर गौर किया कि आपने अच्छे दिखनेवाले, महँगे कपों में ही कॉफी ली है और सादे और सस्ते कप ऐसे ही रखे हैं, उन्हें किसी ने नहीं उठाया? अपने लिए केवल सबसे बढ़िया चीज चाहना एक सामान्य सी बात है, लेकिन यही आपकी समस्याओं और तनाव की वजह है।

"सच बात तो यह है कि कप चाहे कैसा भी हो, उससे कॉफी के अच्छे या बुरे होने का कोई संबंध नहीं है। अच्छे कप में पीने से कॉफी की गुणवत्ता में कोई

बढ़ोतरी नहीं होगी। बस कप बहुत महँगा है और उसमें यह नहीं पता चलता कि हम क्या पी रहे हैं ? आप सब को केवल कॉफी चाहिए थी, कप नहीं, लेकिन आपने जान-बूझकर सबसे अच्छे कप उठाए और फिर आप एक-दूसरे के कप देखने लगे।''

अब इस पर गौर करें—जीवन कॉफी है; नौकरी, पैसा और समाज में हमारी स्थिति या हैसियत कप हैं। वे जीवन को थामे रखने के लिए माध्यम मात्र हैं और जिस प्रकार का कप हमारे पास है, वह न तो यह परिभाषित या निर्धारित कर सकता है कि हमारा जीवन कैसा है, न ही हम जैसा जीवन जीते हैं, उसकी गुणवत्ता को बदल सकता है।

अब इस पर गौर करें—जीवन कॉफी है; नौकरी, पैसा और समाज में हमारी स्थिति या हैसियत कप हैं। वे जीवन को थामे रखने के लिए माध्यम मात्र हैं और जिस प्रकार का कप हमारे पास है, वह न तो यह परिभाषित या निर्धारित कर सकता है कि हमारा जीवन कैसा है, न ही हम जैसा जीवन जीते हैं, उसकी गुणवत्ता को बदल सकता है।

कभी-कभी केवल कप पर ही ध्यान केंद्रित करने से हम कॉफी का आनंद लेने से चूक जाते हैं। कॉफी का स्वाद लें, कपों का नहीं! सबसे खुशहाल लोगों के पास सबकुछ बहुत उम्दा ही हो, यह जरूरी नहीं। वे बस इतना करते हैं कि जो भी चीज उनके पास है, उसका ही उपयोग बेहतर ढंग से करते हैं। सादा जीवन जीएँ। खूब प्रेम करें, प्यार दें। मन से दूसरों की परवाह करें। विनम्रता से बोलें।

रिटायरमेंट की ओर जैसे-जैसे मैं पहुँच रहा था, एक सवाल अकसर मेरे मन में चक्कर काटने लगा था कि 'रिटायर होने पर मुझे कितने धन की जरूरत पड़ेगी ?' क्या मेरे जीवन की गुणवत्ता अधिक महत्त्वपूर्ण थी या मेरे कॉरपोरेट जीवन के दौरान जो कुछ मेरे पास था, जिस तरह की दिखावे की जिंदगी थी, वह अधिक महत्त्वपूर्ण है ? आपको और आपके जीवनसाथी को इस बारे में खुलकर और बिना हिचकिचाए बात करनी चाहिए कि रिटायर होने के बाद हमें कितना धन खर्च करना चाहिए।

अपने साथी के साथ वित्तीय मामलों पर चर्चा करना जरूरी है। ऐसी स्थिति आपके सामने न ही आए तो बेहतर होगा, जब आप आराम से बैठकर टेलीविजन देखना चाहते हों और आपकी पत्नी उन जगहों पर घूमने जाना चाहती हो, जहाँ जाने की उसकी कब से इच्छा थी।

रिटायर होने के बाद होनेवाले खर्च की स्थिति पर बात करना और एक बजट बनाना जरूरी है। कपड़ों और मनोरंजन पर होने वाले व्यय पर स्वत: ही कमी आ जाएगी। यातायात, चिकित्सा और बीमा आदि पर खर्च बढ़ जाएगा। रिटायर होने के बाद हर महीने होने वाले खर्च का हिसाब लगाएँ।

कुछ वित्तीय नियोजकों का मानना है कि आपका सेवानिवृत्ति कोष, आपकी वार्षिक व्यय बजट का बीस गुना होना चाहिए। आपकी आवश्यकताओं पर कितना खर्च होगा, इसे निर्धारित करना संभव नहीं है। हालाँकि यदि आप किसी अच्छे वित्तीय सलाहकार से परामर्श करते हैं तो वह आपकी आवश्यकताओं का अनुमान लगाकर और लगभग अनुमानत: कितनी उम्र आप जीवित रहेंगे तथा कीमतों में आनेवाले उछाल का हिसाब लगाकर, आपको यह बता पाएगा कि आप कितना धन अपनी आनेवाली जिंदगी के लिए बचाकर रखें।

रिटायर होने के बाद होनेवाले खर्च की स्थिति पर बात करना और एक बजट बनाना जरूरी है। कपड़ों और मनोरंजन पर होने वाले व्यय पर स्वत: ही कमी आ जाएगी। यातायात, चिकित्सा और बीमा आदि पर खर्च बढ़ जाएगा। रिटायर होने के बाद हर महीने होने वाले खर्च का हिसाब लगाएँ।

हममें से अधिकांश ने निवेश किया होगा और यह भी सोचा होगा कि रिटायर होने के बाद कहाँ रहेंगे। अपनी जरूरतों को पूरा करने के लिए भी हमें धन रखना होगा। मेरी पत्नी और मुझे पता था कि हमें अपनी जीवन-शैली के स्तर और अपनी दैनिक आवश्यकताओं को 'कम' करना होगा, लेकिन ऐसा अपनी जीवन-शैली में कोई बदलाव किए बिना केवल अपनी 'जरूरतों' को कम करते हुए करना था। क्या हमें सचमुच इतने बड़े घर की जरूरत है? घर पर जितने लोग काम करते हैं, क्या उन सबकी अब जरूरत है?

जब मैंने अपने दोस्तों के सामने अपनी बात रखते हुए उनसे पूछा कि उन्हें क्या लगता कि अपनी आवश्यकताओं की पूर्ति करने के लिए कितना धन 'पर्याप्त' है, तो मुझे अलग-अलग जवाब मिले। हमने जितना धन अपने लिए रखने के लिए सोचा था, उनकी संख्याएँ या तो उससे बहुत अधिक थीं या काफी कम। इस बात ने मुझे सोचने पर मजबूर कर दिया कि क्या मेरी उम्मीदें बहुत अधिक हैं या आने वाले समय में क्या चिकित्सा पर होनेवाले खर्चों के लिए मेरे पास पैसा नहीं बचेगा!

मैंने अपनी वित्तीय योजना के लिए नीचे दिए गए प्रारूप का उपयोग किया है। अपनी पत्नी के साथ परामर्श करने के बाद इस प्रारूप को तैयार करने के बाद, मुझे यह देखकर आश्चर्य हुआ कि हमारी वित्तीय जरूरतें ऐसी हैं, जिन्हें हम अपनी मौजूदा बचत को देखते हुए काफी आसानी से पूरा कर सकते हैं। अपने कोष में जो भी हम जोड़ेंगे, वह 'बोनस' होगा।

मैंने अपनी वित्तीय योजना के लिए नीचे दिए गए प्रारूप का उपयोग किया है। अपनी पत्नी के साथ परामर्श करने के बाद इस प्रारूप को तैयार करने के बाद, मुझे यह देखकर आश्चर्य हुआ कि हमारी वित्तीय जरूरतें ऐसी हैं, जिन्हें हम अपनी मौजूदा बचत को देखते हुए काफी आसानी से पूरा कर सकते हैं।

मैंने एक प्रारूप नीचे दिया है, जिसका उपयोग हम अपनी वित्तीय आवश्यकताओं को निर्धारित करने के लिए करते हैं। आप आसानी से इसे अपनी आवश्यकताओं के अनुकूल बना सकते हैं। नीचे की तालिकाओं को दो भागों में विभाजित किया गया है। पहला भाग पूँजीगत व्यय के लिए है, जिसमें आप अपनी बचत को खर्च होते देखेंगे। दूसरा भाग आपके आवर्ती मासिक व्यय के लिए है और आपकी बचत पर मिलनेवाले लाभ में वह पूरा हो जाना चाहिए। इसलिए पहले खंड भाग को सही तरीके से बनाना बहुत महत्त्वपूर्ण है—आपकी बचत, जो आपके जीवन के शेष वर्षों में काम आएगी, उसे बहुत सावधानी से खर्च करना होगा।

निम्न चीजों के लिए निर्धारित न्यूनतम पूँजी व्यय

घर	अगर आपने अभी तक नहीं खरीदा है
शिक्षा	बच्चों की उम्र और वे किस जगह पढ़ेंगे, इस पर निर्भर करती है
विवाह	आडंबर रहित विवाह—खर्च की कोई सीमा नहीं
छुट्टियाँ	साल में दो बार
आभूषण	जन्मदिन/वर्षगाँठ
वाहन	नकद पैसा देकर खरीदा गया हो
कुल	

प्रति माह दो व्यक्तियों के लिए खर्च

रसोई के खर्च सहित घर का खर्च	
नौकर	
बिजली तथा रखरखाव	
गाड़ियाँ (ई.एम.आई.)	
पेट्रोल	
क्लब	
फोन आदि	
विविध खर्चे	
बाहर घूमने जाना	
शौक पर खर्चे	
मेडिकल इंश्योरेंस व अन्य इंश्योरेंस	
उपहार	

अन्य	
	प्रति वर्ष
	कुल
	आयकर देने के बाद अपेक्षित आय

अपने जीवन को आप किस तरह जीना चाहते हैं और आपकी क्या अपेक्षाएँ हैं, चार्ट में डाली गई वे संख्याएँ उनके आधार पर भिन्न-भिन्न होंगी।

याद रखें कि मुद्रास्फीति को हम नकार नहीं सकते हैं। जब आप अनुमान लगा रहे होते हैं कि कितने धन की आवश्यकता पड़ेगी, तब कीमतों में आने वाले उछाल पर भी ध्यान देना होगा। यदि आपकी आवश्यकता आज 'X' है तो 8 साल बाद समान जीवन स्तर कायम रखने के लिए, 8 प्रतिशत कीमतों में उछाल की दर से '2X' की आवश्यकता होगी। यह संख्या हर किसी के लिए अलग-अलग हो सकती हैं, क्योंकि हमारी जरूरतें कुछ और हैं और समय के साथ वे बदलती जाती हैं।

एक बार जब आप अपने वित्तीय लक्ष्यों को तय कर लेते हैं तो अपने जीवनसाथी के साथ खुद से कुछ बुनियादी सवाल पूछें—

1. हमें जितने धन की जरूरत है, अगर हमारे पास उसका दसवाँ हिस्सा होगा तो क्या होगा ?
2. हमें जितने धन की जरूरत है, अगर कल हमारे बैंक खाते में उससे दस गुना पैसा होगा तो क्या बदल जाएगा ?

बेशक आपको कोई स्पष्ट उत्तर नहीं मिलेगा, लेकिन भविष्य के लिए बेहतर योजना बनाने के लिए कम-से-कम आप दोनों विचार-विमर्श तो कर पाएँगे। बात करने से दोनों क्या सोचते हैं, यह भी पता चलेगा।

प्रत्येक युगल के लिए जवाब अलग-अलग होंगे, लेकिन जवाब चाहे जो हों, वह आप दोनों को ही उचित लगें, तभी आप जान पाएँगे कि आपकी वित्तीय योजना आप दोनों की आकांक्षाओं की पूर्ति करती है।

वित्तीय योजना

जैसा कि किसी ने कहा था, 'सेवानिवृत्ति का लक्ष्य अपनी संपत्ति का इस्तेमाल करना है, उस पर निर्भर होना नहीं है।'

वित्तीय योजना बन जाने के बाद एक अच्छे वित्तीय सलाहकार से अवश्य परामर्श लें। एक ऐसा वित्तीय सलाहकार, जो आपके निवेश को इस तरह करे कि बहुत ज्यादा आय कर नहीं देना पड़े और अपनी जमा राशि से पैसे निकाले बिना हर माह आपको आय होती रहे। बहुत सारे वित्तीय सलाहकार आपको मिल जाएँगे। उन दोस्तों से राय लें, जिन पर आप भरोसा करते हैं और अपनी जमा राशि और अपनी आवश्यकताओं के आधार पर वित्तीय योजना बनाएँ।

यह कहावत कि 'सारा पैसा एक ही जगह निवेश न करें', सेवानिवृत्ति के लिए बचत करने पर भी लागू होती है। वित्तीय सलाहकार, इन्वेस्टमेंट बैंकर और अर्थशास्त्री सभी कहेंगे कि एक अलग-अलग जगह पैसा निवेश करना सुरक्षित रहेगा। केवल एक प्रकार के निवेश में अधिकतम पैसा लगाने से आप आर्थिक समस्याओं से घिर सकते हैं, खासकर यदि उस निवेश से जुड़े बाजार में अत्यधिक अस्थिरता देखने को मिले।

वित्तीय योजना बन जाने के बाद एक अच्छे वित्तीय सलाहकार से अवश्य परामर्श लें। एक ऐसा वित्तीय सलाहकार, जो आपके निवेश को इस तरह करे कि बहुत ज्यादा आय कर नहीं देना पड़े और अपनी जमा राशि से पैसे निकाले बिना हर माह आपको आय होती रहे। बहुत सारे वित्तीय सलाहकार आपको मिल जाएँगे।

यद्यपि आपका निवेश इस पर आधारित होना चाहिए कि आपके लक्ष्य क्या हैं और आप में जोखिम उठाने की कितनी क्षमता है! मुद्रास्फीति की भरपाई करने के लिए आपको ऐसे निवेश करने चाहिए, जिनमें पैसा बढ़े, जैसा कि एक 60 वर्ष की उम्र के व्यक्ति ने कहा था, "60 साल का होने का सबसे बड़ा फायदा यह है कि अब मैं एक वरिष्ठ नागरिक के रूप में अपनी सावधि जमा पर 1 प्रतिशत अतिरिक्त ब्याज पा सकूँगा!"

यदि आप कुछ ही समय में रिटायर होनेवाले हैं और अभी तक आपने यह तय नहीं किया कि आगे के जीवन में क्या करना है और किस तरह पैसे को निवेश या खर्च करना है, तो जल्दी ही इसके बारे में तैयारी कर लें। यह अलग बात है कि आप काफी अमीर हैं और आपके पास अपनी जरूरतें पूरी करने के लिए कभी पैसे की कमी नहीं रहेगी। अन्यथा आपको अपने जीवन के अगले चरण की योजना बनाना शुरू कर देना चाहिए, जब संभव है कि हर महीने होनेवाली आय खत्म हो जाए, पर आपके खर्च वैसे ही रहें।

> ***आपको अपने वित्तीय सलाहकार को अपनी आय, निवेश व जमा राशि का विवरण देना होगा, जैसे-जैसे आपकी उम्र बढ़ती है, आपकी जोखिम लेने की क्षमता कम होती जाती है। जब आप युवा थे, तब आपने निवेश में अपनी बचत के साथ जो जोखिम उठाए थे, उन्हें आज आपके लिए बहुत अधिक जोखिम के रूप में वर्गीकृत नहीं किया जा सकता है।***

आपको अपने वित्तीय सलाहकार को अपनी आय, निवेश व जमा राशि का विवरण देना होगा, जैसे-जैसे आपकी उम्र बढ़ती है, आपकी जोखिम लेने की क्षमता कम होती जाती है। जब आप युवा थे, तब आपने निवेश में अपनी बचत के साथ जो जोखिम उठाए थे, उन्हें आज आपके लिए बहुत अधिक जोखिम के रूप में वर्गीकृत नहीं किया जा सकता है। अपने वित्तीय सलाहकार को आप इस तरह विवरण दे सकते हैं—

- हम 'हाई रिटर्न' पोर्टफोलियो से 'कैपिटल प्रोटेक्टेड' पोर्टफोलियो में जाना चाहते हैं, इसलिए हमने उन्हें शेयरों से पैसा निकालकर फिक्स्ड रिटर्न में डालने के लिए कहा, जिससे यह सुनिश्चित हो जाएगा कि हमारी पूँजी कभी खत्म नहीं होगी।
- हमने ज्यादा लाभ मिलने के बजाय उनसे कहा कि वह ऐसी जगह निवेश करें, जिससे मिलनेवाला लाभ बैंक में सावधि में मिलनेवाले ब्याज की दर से लगभग 2 प्रतिशत अधिक हो।
- हमने उनसे कहा कि हमें अपने पोर्टफोलियो से आनेवाली रिटर्न से

मासिक आय चाहिए, कितनी चाहिए यह भी बता दी और कहा कि बची हुई मासिक आय को दुबारा निवेश कर दें।

- हमने उन्हें अपने धन के एक हिस्से को उच्चतम चल निधि प्रतिभूतियों में रखने के लिए कहा, ताकि जब हमें अचानक किसी अप्रत्याशित आपातकाल स्थिति के लिए धन की आवश्यकता हो तो हम उसका उपयोग कर सकें।
- अंत में हमने उनसे हमारे पोर्टफोलियो का एक मासिक विवरण भेजने के लिए कहा और स्पष्ट रूप से उन्हें सलाह दी कि हमें विस्तृत और जटिल पावर पॉइंट प्रस्तुतियों के साथ सैकड़ों इ-मेल न भेजी जाएँ, जिनमें कई 'बेहतरीन निवेश अवसरों' का उल्लेख किया जाता है।

मैंने देखा कि सबसे पारदर्शी वित्तीय नियोजक वे होते हैं, जो मेरे पैसे के प्रबंधन के लिए पहले से ही तय किए गए शुल्क पर काम करने को तैयार हो जाते हैं। जो लोग सारा काम मुफ्त में करने का दावा करते हैं तो मन में यही खयाल आता है कि वे कहाँ से पैसा कमाते होंगे? क्या वे अपनी कमीशन की आय अर्जित करने के लिए मेरे पैसे को बार-बार निवेश करते हैं? किसी व्यक्ति के बजाय किसी बड़े संस्थान के साथ काम करना ज्यादा सही है, क्योंकि व्यक्ति एक कंपनी छोड़ दूसरी में जा सकता है और इस बात का दबाव डालता है कि आप अपने पोर्टफोलियो को उनकी कंपनी में स्थानांतरित कर लें।

मैंने देखा कि सबसे पारदर्शी वित्तीय नियोजक वे होते हैं, जो मेरे पैसे के प्रबंधन के लिए पहले से ही तय किए गए शुल्क पर काम करने को तैयार हो जाते हैं। जो लोग सारा काम मुफ्त में करने का दावा करते हैं तो मन में यही खयाल आता है कि वे कहाँ से पैसा कमाते होंगे?

वित्त संबंधी योजना बनाने से संबंधित कुछ मुद्दों पर मैंने अपने विचार रखे हैं और परामर्श दिया है, लेकिन वस्तुतः सैकड़ों विकल्प हैं और प्रत्येक आपकी

आवश्यकताओं के आधार पर आपके लिए उपयुक्त हो सकता है। आपको अपने जीवनसाथी के साथ बात करके सबसे पहले अपनी जरूरतों का एक खाका अपने दिमाग में खींचना होगा और फिर आपको किसी एक संस्था या कंपनी को यह काम सौंपने से पहले आपको कई वित्तीय सलाहकारों से मिलकर तय करना होगा कि कौन आपके लिए उपयुक्त रहेगा।

जब आप अपने रिटायरमेंट के बारे में वित्तीय योजना बना रहे हों तो इस बात की कोई अहमियत नहीं कि कोई क्या कर रहा है या किसने कितनी बचत की!

केवल आपके जीवन की वास्तविकता ही सही वास्तविकता है।

आपके घर का रिवर्स मॉर्गेज

सरल शब्दों में कहें तो रिवर्स मॉर्गेज (प्रतिगामी बंधक) पारंपरिक होम लोन का 'उलटा' होता है। अपने घर को गिरवी रखकर रिवर्स मॉर्गेज के माध्यम से एक वरिष्ठ नागरिक किसी ऋणदाता (कोई बैंक या वित्तीय संस्थान) से नियमित आय प्राप्त कर सकता है। कर्ज लेनेवाला जब आप या आपके पति या पत्नी होंगे या आप दोनों ही अपने जीवन के अंत तक अपने घर में रहते हैं और आपको अपनी संपत्ति के मूल्य के आधार पर आवधिक भुगतान किया जाता रहेगा।

सरल शब्दों में कहें तो रिवर्स मॉर्गेज (प्रतिगामी बंधक) पारंपरिक होम लोन का 'उलटा' होता है। अपने घर को गिरवी रखकर रिवर्स मॉर्गेज के माध्यम से एक वरिष्ठ नागरिक किसी ऋणदाता (कोई बैंक या वित्तीय संस्थान) से नियमित आय प्राप्त कर सकता है।

कई वरिष्ठ सेवानिवृत्त लोग पेंशन या अपनी निवेश आय से महीने भर के खर्चों को पूरा करने के लिए जद्दोजहद करने में लगे रहते हैं और फिर भी उस घर में ही रहते हैं, जिसका मूल्य कुछ खास नहीं होता। वे इस भ्रम में उस घर को नहीं बेचते कि उनके बच्चे घर से 'भावनात्मक रूप से जुड़े हुए हैं।' हालाँकि उनके बच्चे अब बड़े हो गए हैं और संभवतः उस शहर में रह भी नहीं रहे हैं, जिसमें उनके माता-पिता रहते हैं।

मैं सेना के एक सेवानिवृत्त जनरल से मिला, जिन्हें 85,000 रुपए बतौर मासिक पेंशन प्राप्त हो रहे थे। वह 85 वर्ष के थे। उनकी पत्नी अस्वस्थ थीं और वह बमुश्किल खर्चा चला पा रहे थे। उनके घर की कीमत 7 करोड़ रुपए थी और जब मैंने उनसे पूछा कि वह रिवर्स मॉर्टगेज का उपयोग क्यों नहीं कर रहे हैं, जिससे उन्हें आसानी से एक महीने में 3-4 लाख रुपए अतिरिक्त मिल जाएँगे, तो उन्होंने बस इतना कहा, "यह घर हमारी बेटी की संपत्ति है और हम इसे छू नहीं सकते।" उनकी बेटी की शादी एक उच्च पदस्थ बैंककर्मी से हुई है, जो हांगकांग में रहती है और साल में एक बार कुछ दिनों के लिए अपने माता-पिता से मिलने आती है।

कई वरिष्ठ नागरिकों ने खुद से यह सवाल पूछना शुरू कर दिया है कि वे अपने बच्चों के लिए अपनी संपत्ति बचाकर क्यों रख रहे हैं? वे यह समझने लगे हैं कि उनके बच्चों के लिए उनकी संपत्ति कोई महत्त्व नहीं रखती या वे उनकी संपत्ति चाहते हैं। हर बार जब हम अपने बच्चों को उस मूल्यवान संपत्ति को लेने के लिए कहते हैं, जो हमने पिछले चार दशकों में बनाई है तो वे बस, यह कह देते हैं कि उनके पास ऐसी चीजें रखने के लिए जगह नहीं है। वे शायद सही भी हैं। अपनी संपत्ति व चीजों के साथ जो हमारा भावनात्मक जुड़ाव है, वह हमारे बच्चों को भी हो, ऐसा जरूरी तो नहीं।

कई वरिष्ठ नागरिकों ने खुद से यह सवाल पूछना शुरू कर दिया है कि वे अपने बच्चों के लिए अपनी संपत्ति बचाकर क्यों रख रहे हैं? वे यह समझने लगे हैं कि उनके बच्चों के लिए उनकी संपत्ति कोई महत्त्व नहीं रखती या वे उनकी संपत्ति चाहते हैं।

कई मामलों में यह देखा गया है कि वृद्ध युगल की मृत्यु के बाद बच्चे अपनी पैतृक संपत्ति बेच देते हैं और उस धन का उपयोग अन्य चीजों में करते हैं। फिर आपको अपनी संपत्ति से भावनात्मक जुड़ाव क्यों रखना चाहिए और अपने घर के बाजार मूल्य में वृद्धि होने के बारे में जानकर खुश रहने की क्या जरूरत है? इस मूल्य वृद्धि से आप बिल्कुल भी लाभान्वित नहीं होंगे, जब तक कि आप और आपका साथी अपनी संपत्ति के बढ़ते मूल्य का

आनंद लेने के लिए एक ऐसा निर्णय नहीं लेते हैं, जो आपके फायदे के लिए हो, न कि बच्चों के।

मृत्यु तक अपने घर में रहते हुए भी अपने घर के मूल्य का फायदा उठाने के लिए कई बैंक अब 'रिवर्स मॉर्टगेज' स्कीम दे रहे हैं।

कैसे काम करता है रिवर्स मॉर्गेज?

जब आपके घर को गिरवी रखा जाता है तो इसकी मौद्रिक कीमत बैंक द्वारा संपत्ति की मौजूदा माँग, संपत्ति की कीमतों और घर की स्थिति के आधार पर आँकी जाती है। ब्याज लागत और मूल्य में होनेवाले उतार-चढ़ाव के हिसाब से मुनाफे पर विचार करने के बाद बैंक आवधिक भुगतान के रूप में उधारकर्ता को ऋण राशि देता है। आवधिक भुगतान को रिवर्स ईएमआई के रूप में भी जाना जाता है, जो उधारकर्ता द्वारा निश्चित ऋण अवधि पर प्राप्त की जाती है। प्रत्येक भुगतान के साथ, चाहे मासिक हो या त्रैमासिक, इक्विटी (सामान्य शेयर) या घर के लिए दिया जानेवाला ब्याज घटता जाता है।

जब आपके घर को गिरवी रखा जाता है तो इसकी मौद्रिक कीमत बैंक द्वारा संपत्ति की मौजूदा माँग, संपत्ति की कीमतों और घर की स्थिति के आधार पर आँकी जाती है। ब्याज लागत और मूल्य में होनेवाले उतार-चढ़ाव के हिसाब से मुनाफे पर विचार करने के बाद बैंक आवधिक भुगतान के रूप में उधारकर्ता को ऋण राशि देता है।

रिवर्स मॉर्गेज उन वरिष्ठ नागरिकों के लिए एक बेहतरीन विकल्प है, जिन्हें नियमित मासिक आय की आवश्यकता होती है या यदि किसी कारणवश उनकी संपत्ति ऐसी नहीं है, जिसे बेचकर बहुत ज्यादा लाभ हो सके।

रिवर्स मॉर्गेज के लिए सामान्य दिशा-निर्देश

भारतीय रिजर्व बैंक ने रिवर्स मॉर्गेज के लिए निम्नलिखित दिशा-निर्देश तैयार किए हैं—

- अधिकतम ऋण राशि आवासीय संपत्ति के मूल्य के 60 प्रतिशत तक होगी।
- बंधक या गिरवी रखने का अधिकतम अवधि 15 वर्ष और न्यूनतम 10 वर्ष है। कुछ बैंक अब अधिकतम 20 वर्षों की अवधि भी दे रहे हैं।
- मासिक, त्रैमासिक, वार्षिक या एकमुश्त ऋण भुगतान का विकल्प।
- संपत्ति का पुनर्मूल्यांकन प्रत्येक 5 वर्ष में एक बार ऋणदाता द्वारा किया जाएगा।
- अगर उस समय में इसके मूल्य में वृद्धि पाई जाती है तो उधारकर्ता ऋण की मात्रा बढ़ा सकता है, तब उन्हें बढ़ी हुई राशि एकमुश्त दी जाती है।
- रिवर्स मॉर्गेज के माध्यम से प्राप्त राशि एक ऋण है, आय नहीं, इसलिए हर प्रकार के कर की छूट होती है। हालाँकि एक उधारकर्ता को ऋण वसूलने के लिए बंधक द्वारा रखी गिरवी संपत्ति की बिक्री करते समय पूँजीगत लाभ कर देना होता है।
- रिवर्स मॉर्गेज ब्याज दरें या तो स्थिर हो सकती हैं या कम-ज्यादा हो सकती हैं। यह दर मौजूदा बाजार की ब्याज दरों से तय होती है।

रिवर्स मॉर्गेज के लिए मानदंड

इसे इस आधार पर लिया जा सकता है—

- 60 साल से अधिक उम्र के घर के मालिक। यदि पति या पत्नी सह-आवेदक हैं तो पत्नी की उम्र 58 वर्ष से अधिक होनी चाहिए।
- भारत में स्थित एक स्व-उपार्जित, स्व-अधिग्रहित आवासीय घर या फ्लैट के मालिक। संपत्ति के कागजों में उधारकर्ता के स्वामित्व की बात व नाम स्पष्ट रूप से लिखी होनी चाहिए।
- संपत्ति किसी भी अतिक्रमण से मुक्त होनी चाहिए।
- संपत्ति का बचा जीवन न्यूनतम 20 वर्ष होना चाहिए।
- संपत्ति उसमें रहनेवाले लोगों का स्थायी प्राथमिक निवास होना चाहिए।

रिवर्स मार्गेज की अदायगी

जब आखिरी जीवित उधारकर्ता की मृत्यु हो जाती है या यदि उधारकर्ता घर बेचने का विकल्प चुनता है तो रिवर्स मॉर्गेज ऋण बकाया बन जाता है। बैंक संपत्ति की बिक्री किए बिना संचित ब्याज के साथ ऋण का निपटान करने का मृत के परिजनों को पहले विकल्प देता है। यदि वे ऋण चुकाने की स्थिति में नहीं हैं तो बैंक संपत्ति की बिक्री कर उसे वसूल करता है।

संपत्ति की बिक्री के माध्यम से प्राप्त ब्याज और खर्चों के साथ ऋण की अदायगी के बाद, बची राशि मृतक के कानूनी वारिसों को दे दी जाती है। यदि बिक्री आय अर्जित मूलधन और ब्याज राशि से कम है तो नुकसान बैंक द्वारा वहन किया जाता है।

संपत्ति की बिक्री के माध्यम से प्राप्त ब्याज और खर्चों के साथ ऋण की अदायगी के बाद, बची राशि मृतक के कानूनी वारिसों को दे दी जाती है। यदि बिक्री आय अर्जित मूलधन और ब्याज राशि से कम है तो नुकसान बैंक द्वारा वहन किया जाता है। यह नुकसान उन मामलों में होता है, जहाँ बैंकों द्वारा संपत्ति का किया मूल्यांकन अचल संपत्ति बाजार के बढ़ने-घटने के अनुरूप नहीं होता है।

रिवर्स मॉर्गेज के अन्य बिंदु

- **ऋण का पूर्व भुगतान :** उधारकर्ता ऋण की अवधि के दौरान किसी भी समय पूर्व भुगतान जुरमाना या शुल्क चुकाए बिना ऋण की अदायगी कर सकता है।
- **ऋण की अवधि को अधिक समय तक टिकाए रखना :** यदि उधारकर्ता ऋण की अवधि अधिक समय तक टिकाए रखता है तो वह घर में रहना जारी रख सकता है; हालाँकि उधार देनेवाली संस्था मासिक भुगतान देना बंद कर सकती है। ऋण की अदायगी उधारकर्ता की मृत्यु के बाद ही की जाती है।
- **पति या पत्नी में से किसी एक की मृत्यु :** यदि एक साथी की

मृत्यु हो जाती है तो दूसरा फिर भी घर में रह सकता है। केवल दोनों की मृत्यु हो जाने पर ही ऋण का निपटान होता है।

- **प्रतिबंध :** ऋणदाता द्वारा ऋण देना इन स्थितियों में रोका जा सकता है, अगर—
  - ❖ उधारकर्ता एक वर्ष तक लगातार घर में न रहा हो।
  - ❖ उधारकर्ता ने संपत्ति कर का भुगतान न किया हो और घर का बीमा भी न कराया हो।
  - ❖ यदि उधारकर्ता स्वयं को दिवालिया घोषित कर दे।
  - ❖ यदि गिरवी रखी गई संपत्ति उधारकर्ता द्वारा दान में दी जाती है या वह उसे छोड़ देता है।
  - ❖ यदि उधारकर्ता आवासीय संपत्ति में परिवर्तन करता है। यह ऋणदाता के लिए ऋण की सुरक्षा को प्रभावित कर सकता है, जैसे घर के किसी हिस्से या पूरे घर को किराए पर दे दिया जाता है, घर में किसी और नए मालिक का नाम जोड़ा जाना या संपत्ति के आगे और निर्माण करवाना।
  - ❖ यदि वैधानिक प्रावधानों के तहत सरकार स्वास्थ्य या सुरक्षा कारणों से आवासीय संपत्ति का अधिग्रहण या जब्त करना चाहती है।

रिवर्स मॉर्गेज की कमियाँ

- **लंबी कागजी प्रक्रिया :** बैंकों को संपत्ति के विभिन्न दस्तावेजों की आवश्यकता होती है। एक वरिष्ठ नागरिक के लिए यह प्रक्रिया थकाने वाली, जटिल और समझने में मुश्किल हो सकती है।
- **निश्चित मासिक राशि :** मासिक राशि कितनी दी जाएगी, यह तय होती है। किसी तरह की आपात स्थिति या आकस्मिकता होने पर इस राशि को बढ़ाने का कोई प्रावधान नहीं है।

भारत में यह योजना कितनी लोकप्रिय है

2007 में आई 'रिवर्स मॉर्गेज योजना' को निम्नलिखित कारणों से भारत में

ज्यादा लोकप्रियता नहीं मिली—

- उत्पाद का व्यापक रूप ले प्रचार नहीं हुआ। हालिया रिपोर्टों से पता चलता कि कई वरिष्ठ नागरिकों को पता ही नहीं है कि ऐसी कोई योजना भी है।
- कई बैंकों, जिनमें 'रिवर्स मॉर्गेज' की सुविधा है, ने उपलब्ध अधिकतम ऋण राशि को अधिकतम 50 लाख से 1 करोड़ तक सीमित किया हुआ है, चाहे संपत्ति का मूल्य इससे कहीं अधिक हो!
- बच्चे अपने माता-पिता को 'रिवर्स मॉर्गेज' लेने के लिए मना करते हैं। उन्हें लगता है, उनके माता-पिता इस तरह परिवार के घर या विरासत को हाथ से जाने दे रहे हैं।

'रिवर्स मॉर्गेज' भारत में एक अपेक्षाकृत नई अवधारणा है। सेवानिवृत्त लोगों के लिए किसी भी तरह के बदलाव को स्वीकारने में समय लगता है और इससे बड़ी बात तो यह है कि उनके बच्चों को इसे स्वीकारना ज्यादा ही कठिन है।

'रिवर्स मॉर्गेज' भारत में एक अपेक्षाकृत नई अवधारणा है। सेवानिवृत्त लोगों के लिए किसी भी तरह के बदलाव को स्वीकारने में समय लगता है और इससे बड़ी बात तो यह है कि उनके बच्चों को इसे स्वीकारना ज्यादा ही कठिन है।

एक वित्तीय उपकरण के रूप में रिवर्स मॉर्गेज किसी वरिष्ठ नागरिक की आनेवाली जिंदगी में आय बढ़ाने का एक बेहतरीन विकल्प है। भारत में अपनी सभी कमियों के बावजूद यह एक बेहतर जीवन जीने के लिए किसी की पेंशन या आय में कमी की भरपाई कर सकता है।

(http://profit.ndtv.com/news/your-money/article-how-senior-citizens-can-benefit-from-reverse-mortgage-373027, n.d.)

आवश्यक है कि बैंक अपनी 'रिवर्स मॉर्गेज सुविधाओं' के मानदंडों और शर्तों का फिर से आकलन करें, तभी वरिष्ठ नागरिक अपनी उम्र के आखिरी पड़ाव में बेहतर जीवन जीने के लिए इस योजना का लाभ उठा सकेंगे।

□

जैसे-जैसे हमारी उम्र बढ़ती जाती है, कुछ अलग हटकर करने की अपनी क्षमता पर हम संदेह करने लगते हैं, तब अन्य वरिष्ठ नागरिकों की उल्लेखनीय उपलब्धियों से, जो चुनौतियों का सामना करने का साहस जुटाकर हममें से बहुत लोगों को पीछे छोड़ आगे निकल गए, हमारे अंदर उम्मीद की एक नई किरण जागती है।

मोहन एक ऐसा ही व्यक्ति है।

उन्होंने मुझे बताया, "मुझसे अकसर पूछा जाता है कि मैं अब रिटायर होने के बाद क्या करूँगा? मैं भाग्यशाली हूँ कि मैंने केमिकल इंजीनियरिंग की है और जिस चीज को करने में मुझे सबसे अधिक आनंद आता है, वह बियर, वाइन और व्हिस्की पीना। ऐसा करके मुझे संतुष्टि मिलती है और मेरे अंदर उत्साह बना रहता है। मैं इसे हर दिन करता हूँ और मैं वास्तव में इसका आनंद लेता हूँ।"

संपदा संबंधी योजना और वसीयत

"मैं सोच रहा था कि मैं जीना सीख रहा हूँ, जबकि कैसे मरना है, मैं यह सीख रहा हूँ।"

—लियोनार्दो दा विंची

□

8

संपत्ति के बारे में योजना

संपत्ति या संपदा के बारे में योजना बनाने का प्राथमिक लक्ष्य वित्तीय योजना की ही तरह जरूरी है, जिससे यह सुनिश्चित हो सके कि आपकी संपत्ति आपके उत्तराधिकारी को ही मिले। भारत की अदालतों में ऐसे मामलों की भरमार है, जहाँ उत्तराधिकारी एक-दूसरे से उन बातों पर लड़ते हैं, जिनका संबंध उनके माता-पिता या दादा-दादी की संपत्ति से है।

यदि आपने अपनी संपत्ति के बारे में कुछ सोचा नहीं है तो आप अपने धन को अपने पति या पत्नी या साथी या उत्तराधिकारियों की अगली पीढ़ी के लिए छोड़कर नहीं जा सकते। यह बहुत बड़ी कर देयता बन सकती है, इसलिए आपके मरने के बाद आपके पति, साथी या बच्चों को कुछ ज्यादा नहीं मिल पाएगा। हो सकता है, उसकी वजह से संपत्ति उन लोगों को न मिल पाए, जिन्हें आप देना चाहते हैं।

संपदा के बारे में योजना बनाने में वसीयत सबसे व्यावहारिक पहला कदम है। कोई व्यक्ति अपनी मृत्यु के बाद संपत्ति का क्या करना चाहता है, वसीयत एक तरह से उसकी कानून रूप से की गई घोषणा होती है। वसीयत एक बहुत ही व्यक्तिगत दस्तावेज होती है और आपकी लिखित इच्छा को रेखांकित करती है कि आपकी मृत्यु के बाद आपकी संपत्ति का उपयोग या वितरण कैसे किया जाना चाहिए! यह आपके प्रियजनों के प्रति आपके प्यार, परवाह, राय और भावनाओं को भी प्रदर्शित करती है।

इससे पहले कि आप यह तय करने की प्रक्रिया में उलझें कि आप अपने 'पीछे' क्या छोड़कर जाना चाहते हैं, आपके लिए यह जानना महत्त्वपूर्ण है कि

आपके पास क्या है और कहाँ है? पूरा जीवन, हम सभी बहुत सारी अलग-अलग वस्तुओं को इकट्ठा करते हैं, उनमें से कुछ बहुत मूल्यवान होती हैं और बहुत सी ऐसी भी, जिनका कोई मूल्य नहीं होता। जरूरी है कि अपने पास मौजूद हर वस्तु का विवरण लिखित रूप से रखें और यदि आपके पास उनके बिल हैं तो आप उन सभी को स्कैन कर सँभालकर रखें। आप और आपके पति को पता होना चाहिए कि आपके पास क्या-क्या है।

अपनी वसीयत बनाना, वित्त और संपत्ति संबंधी योजना का ही एक महत्त्वपूर्ण पहलू है। इससे यह स्पष्ट हो जाता है कि अपनी मृत्यु के बाद आप संपत्ति का बँटवारा किस तरह करना चाहते हैं। यदि आपकी वसीयत नहीं होगी तो आपकी संपत्ति का बँटवारा आपके धर्म के आधार पर देश के उत्तराधिकार कानूनों के अनुसार किया जाएगा। तब हो सकता है कि वह आपकी इच्छानुसार न हो। उत्तराधिकार के नियम आपके परिवार की आवश्यकताओं के अनुसार काम नहीं करते हैं।

अपनी वसीयत बनाना, वित्त और संपत्ति संबंधी योजना का ही एक महत्त्वपूर्ण पहलू है। इससे यह स्पष्ट हो जाता है कि अपनी मृत्यु के बाद आप संपत्ति का बँटवारा किस तरह करना चाहते हैं। यदि आपकी वसीयत नहीं होगी तो आपकी संपत्ति का बँटवारा आपके धर्म के आधार पर देश के उत्तराधिकार कानूनों के अनुसार किया जाएगा।

हर वह व्यक्ति, जो दिमागी तौर पर स्वस्थ है और नाबालिग नहीं है, वह वसीयत बना सकता है। एक वसीयत में चार मुख्य पक्ष होते हैं—

वसीयतकर्ता : वसीयत करनेवाले व्यक्ति को 'वसीयतकर्ता' कहा जाता है। अपनी इच्छा के अनुसार वह अपनी संपत्ति का बँटवारा या क्या करना है, तय कर सकता है।

उत्तराधिकारी : वे सभी व्यक्ति, व्यक्तियों का संगठन या एक संगठन, जिन्हें वसीयतकर्ता द्वारा लिखित वसीयत से लाभ पाने का हक होता है।

गवाह : वसीयतकर्ता द्वारा चुना गया व्यक्ति, जिसके दस्तावेज पर किए गए प्रतिहस्ताक्षर को वसीयतकर्ता के हस्ताक्षर और वसीयत को निष्पादित

करने के साक्ष्य के रूप में देखा जाता है। वसीयत का उत्तराधिकारी गवाह नहीं हो सकता।

निष्पादक : ऐसा व्यक्ति, जिस पर वसीयतकर्ता को भरोसा हो, वह वसीयत को निष्पादित करने में महत्त्वपूर्ण भूमिका निभाता है। वसीयतकर्ता की मृत्यु के बाद, निष्पादक उसकी वसीयत के अनुसार वसीयतकर्ता की इच्छाओं को निष्पादित करने की जिम्मेदारी लेता है।

यह सुनिश्चित अवश्य करें कि आपकी वसीयत ठीक से लिखी गई है और वैधानिक रूप से उचित है, क्योंकि जरा सी भी त्रुटि की अनदेखी उसे निरस्त कर सकती है। वसीयत बनाते समय बेशक आपके इरादे नेक हों, लेकिन हो सकता है मर जाने के बाद आप अपने परिवार को अदालत के खर्चे भरने के लिए छोड़ जाएँ या उनमें अनावश्यक कड़वाहट भर जाएँ!

> ***यह सुनिश्चित अवश्य करें कि आपकी वसीयत ठीक से लिखी गई है और वैधानिक रूप से उचित है, क्योंकि जरा सी भी त्रुटि की अनदेखी उसे निरस्त कर सकती है।***

वसीयत बनाते समय निम्नलिखित बातों को ध्यान में रखें—

- मुसलमानों के अलावा हर समुदाय के लिए भारतीय उत्तराधिकार अधिनियम 1925 में वसीयत का कानून है। मुसलमान अपने 'पर्सनल लॉ' के अनुसार वसीयत कर सकते हैं।
- वसीयत के निष्पादक की मृत्यु के बाद ही वसीयत लागू होगी।
- किसी भी समय निष्पादक द्वारा वसीयत को परिवर्तित या संशोधित किया जा सकता है।
- उसमें निष्पादक का नाम और पता होना चाहिए।
- वसीयत में उल्लेख करें कि इसे अपनी इच्छा से, बिना किसी दबाव के और स्वस्थ दिमाग के साथ बनाया गया है।
- संपत्ति और अन्य परिसंपत्तियों या पूँजी का विवरण, जिनके लिए वसीयत बनाई गई है, का वसीयत में एक महत्त्वपूर्ण हिस्से के रूप में उल्लेख किया जाना चाहिए। अपनी संपत्ति का बँटवारा

उत्तराधिकारियों को एकदम स्पष्ट रूप से करें। संपत्ति के बँटवारे में कोई अस्पष्टता नहीं होनी चाहिए और न ही वसीयत में ऐसा कोई बयान दिया जा सकता है, जिसकी व्याख्या एक से अधिक तरीकों से की जा सकती है, ताकि आपकी मृत्यु के बाद उत्तराधिकारियों के बीच कोई मन–मुटाव न हो।

- अपनी वसीयत को पंजीकृत करना अच्छा रहता है।
- यदि आप अपनी वसीयत को उन उत्तराधिकारियों के साथ साझा करना चाहते हैं, जिनके नाम उसमें हैं तो अवश्य करें।
- जब उत्तराधिकारियों को पता चल जाता है कि उन्हें ही संपत्ति मिलेगी तो उनसे एक हलफनामे पर हस्ताक्षर करने के लिए कहें, जिसमें लिखा हो कि वे वसीयत को लेकर किसी तरह के वाद–विवाद में नहीं पड़ेंगे। हालाँकि यह काम करना आसान नहीं है, क्योंकि हो सकता है, वे इसे न मानें!

आपकी संपत्ति जितनी अधिक होगी, उतना अधिक उत्तराधिकारियों के बीच मतभेद होने की संभावना हो सकती है, इसलिए आपको ऊपर सूचीबद्ध बिंदुओं पर अत्यधिक ध्यान देने की आवश्यकता है, विशेष रूप से आप प्रत्येक उत्तराधिकारी को क्या देना चाहते हैं, यह स्पष्ट रूप से लिखा होना चाहिए।

आपकी संपत्ति जितनी अधिक होगी, उतना अधिक उत्तराधिकारियों के बीच मतभेद होने की संभावना हो सकती है, इसलिए आपको ऊपर सूचीबद्ध बिंदुओं पर अत्यधिक ध्यान देने की आवश्यकता है, विशेष रूप से आप प्रत्येक उत्तराधिकारी को क्या देना चाहते हैं, यह स्पष्ट रूप से लिखा होना चाहिए। वसीयत में मामूली सी अस्पष्टता होने पर उत्तराधिकारियों के बीच विवाद होते देखे गए हैं। इसीलिए वकील अपने ग्राहकों को सलाह देते हैं कि कोई भी अस्पष्टता होने पर अदालत पूरी वसीयत पर सुनवाई कर सकती है!

आपको हर दो साल में कम–से–कम एक बार और जीवन में आए किसी भी बड़े परिवर्तन के बाद (शादी, तलाक, बच्चे का जन्म आदि) अपनी वसीयत

में संशोधन करने के लिए उसको जाँचते रहना चाहिए। जीवन में लगातार बदलाव आते हैं और आपकी वसीयत में वर्णित सूची में भी हर साल बदलाव आ सकता है।

अपनी वसीयत को अंतिम रूप देते समय अपने परिवार के वकील से सलाह लें। इसके लिए आपको समय और धन खर्च करना पड़ सकता है और यदि आप अपनी वसीयत को पंजीकृत करने का निर्णय लेते हैं तो इसके लिए स्थानीय न्यायालय में जाना पड़ सकता है। आपके मर जाने के बाद किसी तरह का विवाद उठे, उससे तो बेहतर यही है कि यह काम अभी कर लें।

अपनी वसीयत को अंतिम रूप देते समय अपने परिवार के वकील से सलाह लें। इसके लिए आपको समय और धन खर्च करना पड़ सकता है और यदि आप अपनी वसीयत को पंजीकृत करने का निर्णय लेते हैं तो इसके लिए स्थानीय न्यायालय में जाना पड़ सकता है।

लिविंग विल (वसीयत)

एक लिविंग विल, अग्रिम स्वास्थ्य देखभाल निर्देश का एक रूप है, जो संयुक्त राज्य अमेरिका में बहुत प्रचलित है। इसमें बीमार पड़ने पर चिकित्सा उपचार के लिए निर्देश छोड़ते हैं। यह एक 'विशिष्ट प्रकार का मुख्तारनामा' या 'स्वास्थ्य देखभाल मुख्तारी' है, जिसमें व्यक्ति उस स्थिति में अगर वह अक्षम हो जाए तो किसी और को उसका इलाज कराने के बारे में निर्णय लेने के लिए अधिकृत करता है।

जबकि भारत में 'लिविंग विल' वर्तमान में वैध नहीं है। मैंने और मेरी पत्नी ने हमारी अलग-अलग वसीयतों के साथ 'लिविंग विल' को संलग्न करने का निर्णय लिया है। जिस समय हमारी मृत्यु होगी, अगर उस समय भारत में 'लिविंग विल' वैध हो जाती है तो हम पहले ही अपनी इच्छाएँ लिख चुके हैं, ताकि बच्चे उन्हें पूरा कर सकें।

किसी व्यक्ति के निधन पर दाह-संस्कार की विधि से संबंधित निर्णय (आप जलाकर दाह-संस्कार करने या बिजली शवदाह में दाह संस्कार करना, किसे

प्राथमिकता देते हैं), अधिकांश भारतीय परिवारों के लिए बहुत ही संवेदनशील मामला होता है और हालाँकि हर कोई जानता है कि मौत सुनिश्चित है, फिर भी वह इस बारे में तब तक बात करने को तैयार नहीं होता, जब तक इस स्थिति का सामना न करना पड़े! पहले ही अपने विचारों को लिख देने से कोई भी प्रश्न अनुत्तरित नहीं रहता है।

यदि हममें से किसी को कोई ऐसी बीमारी हो जाती है, जिसका इलाज नहीं हो सकता है तो 'लिविंग विल' स्पष्ट रूप से हमारी इच्छा के बारे में बताकर इलाज रोक देने की इजाजत दे देगी।

यदि हममें से किसी को कोई ऐसी बीमारी हो जाती है, जिसका इलाज नहीं हो सकता है तो 'लिविंग विल' स्पष्ट रूप से हमारी इच्छा के बारे में बताकर इलाज रोक देने की इजाजत दे देगी। यदि, हमारी मृत्यु के समय तक अगर लिविंग विल वैध नहीं होगी तो दस्तावेज में सूचीबद्ध बिंदु हमारे बच्चों के लिए हमारे जीवन के बारे में कठोर निर्णय लेने के लिए एक मार्गदर्शक के रूप में काम करेंगे।

हमारी 'लिविंग विल' में निम्नलिखित बिंदु रेखांकित हैं—

- **जीवन कायम रखनेवाला उपचार** : इस दस्तावेज के लिए 'जीवन बचानेवाले उपचार' में किसी भी चिकित्सा उपकरण या प्रक्रिया, दवाओं, सर्जरी या चिकित्सा का उपयोग शामिल होगा, जो शरीर के महत्त्वपूर्ण अंगों के कार्य करने, उन्हें बचाए या कायम रखने के लिए यांत्रिक या अन्य कृत्रिम साधनों का उपयोग करता है और इस तरह मेरे जीवनकाल में बढ़ोतरी करेगा।
- **जीवन कायम रखनेवाले उपचार को रोकना** : मैंने अपनी लिविंग विल में स्पष्ट रूप से उल्लेख किया है कि यदि किसी भी समय मेरे चिकित्सक को यह लगे कि एक किसी लाइलाज चोट, बीमारी या अगर मैं कोमा में हूँ और अगर इसी बात की पुष्टि अन्य चिकित्सक द्वारा भी की जाती है और वह दूसरा चिकित्सक, मुख्य चिकित्सक की राय पर न चलकर स्वयं इस बात की पुष्टि करता है तो मैं अपने इलाज करनेवाले चिकित्सक को निर्देश देता हूँ कि

वह जीवन कायम रखनेवाले उपचार को रोक दे।

इसके अलावा अगर मुझे कोई ऐसी गंभीर बीमारी हो जाती है, जिसका ठीक होना मुमकिन नहीं है और इस तरह के इलाज से जुड़े संभावित जोखिम, जिनसे इलाज में कोई फायदा नहीं होगा, मैं निर्देश देता हूँ कि जीवन कायम रखनेवाले उपचार को रोक दिया जाए।

यही नहीं, मैं नहीं चाहता कि ऐसा उपचार किया जाए, जो केवल प्रयोग करने के लिहाज से किया जा रहा है और एक अप्रमाणित इलाज है, जिससे जीवन को लंबे समय तक चलाए रखने में अप्रभावी या व्यर्थ होने की संभावना है, या हो सकता है आसन्न मृत्यु की प्रक्रिया को लंबे समय तक खींचता रहे।

ऊपर वर्णित किसी भी स्थिति के संबंध में मैं निर्देश देता हूँ कि हृदय फुफ्फुसीय चिकित्सा यांत्रिक श्वसन को जीवन कायम रखनेवाले उपचार के रूप में रोक दिया जाए। इसी तरह, मैं निर्देश देता हूँ कि जीवन कायम रखनेवाले उपचार के रूप में कृत्रिम रूप से दिए जानेवाले तरल पदार्थों और पोषक तत्त्वों को देना बंद कर दिया जाए।

> ***ऊपर वर्णित किसी भी स्थिति के संबंध में मैं निर्देश देता हूँ कि हृदय फुफ्फुसीय चिकित्सा यांत्रिक श्वसन को जीवन कायम रखनेवाले उपचार के रूप में रोक दिया जाए।***

ऊपर वर्णित किसी भी स्थिति में मैं चाहता हूँ कि मेरी केवल वैसी देखभाल की जाए, जिससे मुझे आराम और दर्द से राहत मिले, जिससे दूसरों के साथ मेरा संवाद सुविधाजनक ढंग से बना रहे और मुझे सुकून मिले।

❖ **अंग दान :** मेरी इच्छा है कि मेरी मृत्यु के बाद मेरी आँखों और पुनः प्रयोग किए जा सकने अंगों को इस्तेमाल प्रत्यारोपण के लिए किया जाए, बशर्ते कि किसी भी स्थिति में इस तरह के अंगों को निकालने से मेरा शरीर कहीं से विकृत न हो। ऐसा होने से मेरे लिए किए जा रहे अंतिम संस्कार प्रभावित हो सकते हैं। साथ ही, बशर्ते ऐसी किसी भी प्रक्रिया से मेरे परिवार पर कोई आर्थिक दबाव न पड़े, न ही इसमें धन-संपदा को इसके लिए खर्च करना पड़ा।

❖ **स्वास्थ्य देखभाल प्रतिनिधि की नियुक्ति :** अगर ऐसी स्थिति हो

कि मैं अपने स्वास्थ्य की देखभाल से जुड़े निर्णयों के स्वरूप और परिणामों को समझने में असमर्थता महसूस करूँ और उचित निर्णय न ले सकूँ तो उस स्थिति में मैं अपने जीवनसाथी को, अपने सभी स्वास्थ्य देखभाल के निर्णय लेने के लिए अपने स्वास्थ्य देखभाल प्रतिनिधि के रूप में नियुक्त करता हूँ। साथ ही इस दस्तावेज में शामिल निर्देशों का पालन और उन्हें कार्यान्वित करने का भी उसे अधिकार होगा।

यदि मेरे जीवनसाथी की मृत्यु मुझसे पहले हो जाती है तो मैं अपने स्वास्थ्य देखभाल प्रतिनिधि के रूप में अपने दोनों बेटों में किसी एक को नियुक्त करता हूँ।

❖ **स्वास्थ्य देखभाल प्रतिनिधि को जानकारी :** मेरा जीवनसाथी जानता है कि मैं जीवन को सही ढंग से जीने को कितना महत्त्व देता हूँ और मैं अक्षमता, पीड़ा और तकलीफ से मरने को किस रूप में लेता हूँ। जीवन कायम रखने व उपचार को रोकने से संबंधित अपनी इच्छा के बारे में मैंने उससे चर्चा की है और मुझे उसके फैसले पर भरोसा है।

❖ **अंतिम संस्कार :** मेरी मृत्यु के 48 घंटे के भीतर मेरा अंतिम संस्कार विद्युत् शवदाह गृह में किया जाए।

□

अब आपके पास अपने संपूर्ण वित्तीय और संपत्ति का क्या करना, उसका खाका है, जिसकी आप समीक्षा कर सकते हैं। अब आगे क्या है, यह आप पर निर्भर करता है, जब आप अपने पसंदीदा टेलीविजन कार्यक्रम देखने के लिए बैठे हों तो टेबलेट या लैपटॉप लेकर अपनी सूची बनाना शुरू कर दें।

आपको यह देखकर आश्चर्य होगा कि इतने वर्षों में आपने कितना 'सामान' इकट्ठा किया है!

तैयारी करने में असफल होने से आप असफल होने की तैयारी कर रहे हैं।

—बेंजामिन फ्रैंकलिन

□

9

रिटायरमेंट के बाद मैं कहाँ रहना चाहता हूँ?

घर लोगों से बनता है, जगह से नहीं।
लोगों के चले जाने के बाद यदि आप वहाँ वापस जाते हैं,
तब आप देख सकते हैं कि वहाँ अब क्या नहीं है!

ज्यादातर लोगों के लिए उनका घर उनका सबसे बड़ा निवेश है और संभवत: उनकी सबसे बड़ी संपत्ति भी होता है, इसलिए जरूरी है कि इसके बारे में निर्णय अपने जीवन के शुरुआती दौर में ही ले लें। भारत की आजादी के बाद जनमे अधिकांश बच्चों के लिए अपना खुद का घर होना, कम वेतन और आवास ऋण की अनुपलब्धता की वजह से एक सपना ही था। पिछले दो दशकों से आवास ऋण लेने की सुविधा उपलब्ध होने के कारण और घरों के रूप में बहुमंजिला कॉन्डोमिनियम (सह-अधिकार) को पसंद किए जाने से, जैसा कि अधिकांश भारतीय चाहते हैं कि अपनी जमीन खरीदकर घर बनाया जाए की तुलना में अपने घर का मालिक बनना बहुत आसान हो गया है।

क्या आपने तय किया है कि रिटायर होने के बाद आप कहाँ रहना चाहते हैं? क्या आपने अपना घर खरीद लिया है? या आप अब; जब रिटायर होनेवाले हैं, तब घर खरीदने की योजना बना रहे हैं? या आप उन व्यक्तियों में से हैं, जो घर खरीदने में विश्वास नहीं करते हैं, लेकिन आप अपनी संपत्ति को किराए पर देना पसंद करते हैं, ताकि उससे मुनाफा कमा सकें? मैंने बहुत लोगों से बात की

और मैं स्पष्ट रूप से यह नहीं समझ पाया कि रिटायर होने के बाद वे कहाँ रहना चाहते हैं, इसके बारे में वे क्या सोच रहे हैं?

यह एक बहुत ही व्यक्तिगत निर्णय है और मैंने इस बारे में कई युगलों से बात की है, जिन्होंने आपस में और अपने बच्चों से भी इस पर विचार-विमर्श किया है। मैंने कई लोगों को इस बारे में किसी नतीजे पर पहुँचते हुए परेशान होते देखा है। ऐसे युगलों के साथ चर्चा करते हुए मुझे लगा कि यह चर्चा बहुत ही विवादास्पद मुद्दा है। कई पुरुष अपनी जड़ों में लौट जाना चाहते थे, उस जगह पर जहाँ उनके माता-पिता थे या जहाँ वे पैदा हुए थे या उस जगह, जिससे उनका इसलिए नाता था, क्योंकि उनके परिवार के अन्य सदस्यों या रिश्तेदारों द्वारा वहाँ रहते हुए उन्हें पूरा सहयोग मिला था।

महिलाएँ ऐसी जगह रहना चाहती थीं, जहाँ वे सबसे लंबे समय तक रही थीं, क्योंकि उसी जगह उनके दोस्त और सहेलियाँ थीं। क्या आपके कुछ ऐसे दोस्त हैं, जो आप ही की उम्र के हैं? उनमें से कौन अभी-अभी रिटायर हुए हैं या होनेवाले हैं?

महिलाएँ ऐसी जगह रहना चाहती थीं, जहाँ वे सबसे लंबे समय तक रही थीं, क्योंकि उसी जगह उनके दोस्त और सहेलियाँ थीं। क्या आपके कुछ ऐसे दोस्त हैं, जो आप ही की उम्र के हैं? उनमें से कौन अभी-अभी रिटायर हुए हैं या होनेवाले हैं? यदि नहीं तो आप अपने उन दोस्तों के व्यस्त जीवन पर स्वयं को थोप रहे हैं, जो अभी भी किसी-न-किसी काम या पेशे से जुड़े हैं और इससे पहले कि आपको इस बात का अहसास हो, आप से वे कतराना शुरू कर देंगे।

कुछ युगल उसी जगह चले जाते हैं, जहाँ उनके बच्चे रहते हैं और फिर जल्दी ही निराश भी हो जाते हैं, क्योंकि उनके बच्चों के पास अपने माता-पिता के लिए उतना समय नहीं होता है, जितना कि वे उनसे चाहते हैं या बच्चे देना चाहते हैं। अधिकांश माता-पिता यह भूल जाते हैं कि उन्होंने अपने माता-पिता को कितना समय दिया था और खुद अपने बच्चों से अनुचित अपेक्षाएँ रखते हैं।

पचास साल पहले मेरे दादाजी ने साठ के दशक में, जब वे कार्यरत थे, स्पष्ट रूप से इस बात पर बहुत गंभीरता से विचार किया होगा। उन्होंने वस्तुतः

अपने सभी छह बच्चों और अपनी दोनों बहनों के बच्चों के साथ-साथ, अपने कुछ चचेरे-ममेरे भाइयों को भी नई दिल्ली में एक ही कॉलोनी में जमीन खरीदने के लिए मजबूर किया होगा। इस शानदार साउथ दिल्ली कॉलोनी में 120 में से आज 30 ऐसे घर हैं, जो मेरी माँ के परिवार के हैं, यानी मेरी ननिहाल के हैं। हमें सामाजिक समारोहों में अन्य लोगों के सहयोग की जरूरत ही नहीं पड़ती, घर हमेशा भरा रहता है और सभी चचेरे-ममेरे भाई एक साथ बड़े हुए हैं। सबसे बड़ी बात तो यह है कि समय के साथ इन सभी घरों के मूल्य में कई गुना बढ़ोतरी हो गई है।

एक और बात, मैंने अब परिवारों को उसी कॉण्डोमिनियम कॉम्प्लेक्स में अपार्टमेंट खरीदते देखा है, ताकि वे अलग-अलग रहते हुए भी एक साथ रह सकें। रिश्तेदारों का आसपास रहना मानसिक संतोष देने के साथ-साथ यह अहसास भी कराता है कि जरूरत पड़ने पर मदद करनेवाले अपने लोग हैं हमारे पास।

एक और बात, मैंने अब परिवारों को उसी कॉण्डोमिनियम कॉम्प्लेक्स में अपार्टमेंट खरीदते देखा है, ताकि वे अलग-अलग रहते हुए भी एक साथ रह सकें। रिश्तेदारों का आसपास रहना मानसिक संतोष देने के साथ-साथ यह अहसास भी कराता है कि जरूरत पड़ने पर मदद करनेवाले अपने लोग हैं हमारे पास।

याद रखें कि सेवानिवृत्ति के बाद जिस संवेदनशील मानसिकता से आप घिरे होते हैं, उस समय आप अपनी ही जैसी सोचवाले लोगों के साथ रहने से सहज महसूस कर सकते हैं। ऐसे लोग जो निष्पक्ष भाव से आपको समझें, न कि जो आप हैं और जो आपके पास है, उससे आपको आँकें।

मैंने देखा कि कुछ मुट्ठी भर लोगों को छोड़ दें तो ज्यादातर लोगों ने रिटायर होने से करीब एक दशक पहले ही अपने अपार्टमेंट खरीद लिये थे और हालाँकि उनका एक घर दूसरे शहर में था। उन्होंने एक तरह से तय कर लिया था कि वे कहाँ रहेंगे। एक युगल ने अपने बड़े घर को बेचकर दो अपार्टमेंट खरीद लिये। एक अपार्टमेंट रहने के लिए और एक किराए पर देने के लिए, ताकि

नियमित रूप से कुछ आय होती रहे।

जब आप सेवानिवृत्ति के बारे में सोचते हैं तो क्या आप समुद्र तट के किनारे, किसी पहाड़ी स्थल पर, किसी एक रिसॉर्ट में बसने या किसी धार्मिक स्थल पर जाने की कल्पना करते हैं? बहुत से लोग यह निर्णय तब लेते हैं, जब वे रिटायर हो जाते हैं। लेकिन आप समुद्र तट या पहाड़ों पर रहना पसंद करेंगे, इससे ज्यादा यह महत्त्व रखता है कि कहाँ रहना है? वास्तव में बहुत से लोग रिटायर होने के बाद जो सबसे बड़ी गलती करते हैं, वह है, यह तय करना कि कहाँ रहना है?

एक बार जब आप तय कर लेते हैं कि कहाँ रहना है और अगर यह उस शहर में नहीं है, जहाँ आप अब तक रह रहे थे तो सबसे पहले कुछ दिनों तक वहाँ जाकर रहकर देखें। यदि संभव हो तो उस स्थान पर छह महीने या एक वर्ष के लिए एक घर किराए पर लें। देखें कि क्या आप उस जगह आसानी से हर काम कर पाते हैं, आपको किसी तरह की परेशानी तो नहीं हो रही।

एक बार जब आप तय कर लेते हैं कि कहाँ रहना है और अगर यह उस शहर में नहीं है, जहाँ आप अब तक रह रहे थे तो सबसे पहले कुछ दिनों तक वहाँ जाकर रहकर देखें। यदि संभव हो तो उस स्थान पर छह महीने या एक वर्ष के लिए एक घर किराए पर लें। देखें कि क्या आप उस जगह आसानी से हर काम कर पाते हैं, आपको किसी तरह की परेशानी तो नहीं हो रही। पूरे साल में कई बार उस जगह पर जाकर देखें। आप जितनी बार उस जगह जाएँगे, उतने ही सही ढंग से आप इस बात का आकलन कर पाएँगे कि आप इस जगह हमेशा खुश रह सकते हैं या नहीं!

आप घर खरीदने के लिए बहुत सारा धन निवेश करेंगे और आपके लिए यह सुनिश्चित करना जरूरी है कि आप सही निर्णय लें।

छुट्टी मनाने जाना

हो सकता है पूरे साल किसी खास जगह छुट्टी मनाने का सपना आप देखते हों, लेकिन वह सपना कभी हकीकत न बन पाया हो, जब आप कहीं

दो हफ्ते के लिए छुट्टियाँ मनाने गए होते हैं तो आप केवल वहाँ की खूबसूरत चीजों को ही देखते हैं और उस जगह के नकारात्मक पहलुओं पर आपका ध्यान ही नहीं जाता है। जब वहाँ का मौसम जब अनुकूल नहीं होता तो क्या आप उसे बरदाश्त कर पाते हैं ? यदि आप किसी बड़े शहर में रहनेवाले युगल हैं तो क्या आप उस जगह जहाँ छुट्टियाँ बिताना चाहते हैं, उस समय रह सकते हैं, जब आमतौर पर वहाँ कोई नहीं आता, क्योंकि तब केवल वहाँ के स्थानीय निवासियों के सिवाय आपका साथ देने को और कोई नहीं होगा ?

मेरे ऐसे कई दोस्त हैं, जिन्होंने गोवा में बसने का निर्णय किया है, जबकि कुछ मनाली और कुर्ग में बसना चाहते हैं। कुछ और दोस्त, जो जरा रोमांच भरी जिंदगी पसंद करते हैं। इटली, स्पेन, थाइलैंड, मलेशिया और यहाँ तक कि मकाऊ में घर लेने के बारे में सोच रहे हैं। दो या अधिक घरों का रख-रखाव करना किसी चुनौती से कम नहीं है। दूसरा घर खरीदनेवाले ज्यादातर लोग उसी दूसरे घर से जुड़ाव महसूस करने लगते हैं। उनकी सभी छुट्टियाँ उसी दूसरे घर में गुजरती है। इसकी वजह यह भी होती है कि इस तरह वहाँ का रख-रखाव भी हो जाता है और यह भी कि उसमें उनका बहुत सारा पैसा लगा है।

मेरे ऐसे कई दोस्त हैं, जिन्होंने गोवा में बसने का निर्णय किया है, जबकि कुछ मनाली और कुर्ग में बसना चाहते हैं। कुछ और दोस्त, जो जरा रोमांच भरी जिंदगी पसंद करते हैं। इटली, स्पेन, थाइलैंड, मलेशिया और यहाँ तक कि मकाऊ में घर लेने के बारे में सोच रहे हैं। दो या अधिक घरों का रख-रखाव करना किसी चुनौती से कम नहीं है।

हमने फैसला किया है कि हम और एक घर नहीं खरीदेंगे, लेकिन जहाँ घूमना चाहते हैं, वहाँ अवश्य जाएँगे। चाहे दुनिया का कोई भी कोना क्यों न हो, हम घूमेंगे जरूर।

यह निर्णय लेते समय खुद से अवश्य पूछें कि क्या उन दिनों में जब वहाँ भीड़ नहीं होती है, पर्याप्त सुविधाएँ सेवाएँ और गतिविधियाँ होती हैं ? और क्या

आप उन महीनों में वहाँ रह सकते हैं, जब पर्यटक आपके शहर में जमा होते हैं?

हमने तय किया है कि जब हम अपनी छुट्टियाँ बिताने जाएँगे, उस जगह एक और घर नहीं खरीदेंगे। चूँकि हमने उस जगह घर खरीदा या पैसा लगाया है, केवल इसलिए एक वर्ष में कई बार एक ही स्थान पर जाने की हमारी कोई विवशता नहीं होगी, न ही किसी संपत्ति में हम अपनी पूँजी को फँसाकर रखेंगे।

कॉण्डोमिनियम

कई शहरों में कॉण्डोमिनियम कॉम्प्लेक्स के निर्माण होने के कारण अधिक-से-अधिक लोगों के लिए अपने निजी घरों में रहते हुए भी सबके साथ मिलकर रहते हुए आसानी से जीवन गुजार पाना संभव हो गया है और वह भी रोजमर्रा की जिंदगी की आपा-धापी से मुक्त होकर। यहाँ उपयोगिता की हर चीज उपलब्ध होने के साथ-साथ सुरक्षा के भी पुख्ता इंतजाम होते हैं। हर तरह की सुविधा यहाँ मौजूद होती है। आपको ऐसे लोगों से मित्रता करने का मौका भी मिल जाता है, जो समान रुचियों वाले होते हैं और चूँकि बड़े पैमाने पर यहाँ लोग रहते हैं, इसलिए दोस्त चुनने का विकल्प भी आपके पास रहता है।

कई शहरों में कॉण्डोमिनियम कॉम्प्लेक्स के निर्माण होने के कारण अधिक-से-अधिक लोगों के लिए अपने निजी घरों में रहते हुए भी सबके साथ मिलकर रहते हुए आसानी से जीवन गुजार पाना संभव हो गया है और वह भी रोजमर्रा की जिंदगी की आपा-धापी से मुक्त होकर। यहाँ उपयोगिता की हर चीज उपलब्ध होने के साथ-साथ सुरक्षा के भी पुख्ता इंतजाम होते हैं।

यहाँ तक कि अगर सिर्फ आप और आपका साथी ऐसे अपार्टमेंट में जाना चाहें, जिसमें कम-से-कम चार कमरे हों। आप चाहते हैं कि जब आपके बच्चे, नाती-पोतों और दोस्त आपसे मिलने आएँ तो उनके लिए जगह हो और हो सकता है कि आपको अपने काम करने के लिए एक अलग जगह चाहिए हो। संभव है, आप अतिरिक्त आय के लिए काम करना जारी रखना चाहें!

हम हमेशा कॉण्डोमिनियम में रहे हैं और बँगले में रहने का विचार हम दोनों को ही डराता है। बँगले में कर्मचारियों और सुरक्षा की जितनी आवश्यकता पड़ती है, यही बात हमें उसमें रहने से रोक देती है।

उस शहर में बसना, जहाँ आपके दोस्त हैं

आप कहाँ रहना चाहते हैं, इसका निर्धारण कई बार इस बात से भी होता है कि वहाँ आपके मित्र भी रहते हैं। मित्र उस जगह को चुनने का एक कारण हो सकते हैं। अधिकांश युगलों ने तय किया था कि वे अपने जीवन के बाकी वर्ष उसी जगह रहकर गुजारेंगे, जहाँ उनके दोस्त रहते हैं।

यद्यपि नई जगह पर दोस्तों के होने से आपको खुशी मिल सकती है, लेकिन आपके दोस्त जहाँ रहते हैं, वहाँ बसने का निर्णय करने से पहले, रोजगार और वहाँ रहने में कितना खर्च आएगा, इन बातों पर अवश्य गौर करें। बंगलुरु में मेरी मुलाकात कुछ ऐसे युगल से हुई, जिन्होंने अपने दोस्तों की वजह से दिल्ली में बसने का फैसला किया, लेकिन जैसे-जैसे उनकी उम्र बढ़ी तो अपने दोस्तों के साथ रहने की इच्छा से कहीं ज्यादा अहम उनके लिए अपने परिवार के साथ रहना बन गया और वे वापस बंगलुरु लौट आए। मैं एक ऐसे युगल से भी मिला, जो माता-पिता के साथ रहने के लिए दिल्ली चला गया था, लेकिन जब माता-पिता का निधन हो गया तो उनके पास शहर में रहने की कोई वजह नहीं बची थी और उन्हें वहाँ बिल्कुल अकेलापन व अजनबी होने का अहसास होता था, क्योंकि सारे दोस्त चेन्नई में रहते थे।

बंगलुरु में मेरी मुलाकात कुछ ऐसे युगल से हुई, जिन्होंने अपने दोस्तों की वजह से दिल्ली में बसने का फैसला किया, लेकिन जैसे-जैसे उनकी उम्र बढ़ी तो अपने दोस्तों के साथ रहने की इच्छा से कहीं ज्यादा अहम उनके लिए अपने परिवार के साथ रहना बन गया और वे वापस बंगलुरु लौट आए।

सुनिश्चित करें कि आप अपनी जरूरतों और प्राथमिकताओं को जानते हैं। यदि आप किसी ऐसे स्थान पर जाने का निर्णय ले रहे हैं, जहाँ आपके मित्र चले

गए हैं तो सोचें कि उन्होंने आपका निर्णय जाने बिना उस स्थान पर जाने का निर्णय क्यों लिया।

आपको यह जानकर आश्चर्य हो सकता है कि उनकी वजह आपसे बहुत अलग है और हो सकता है, वे आपको उतना समय नहीं दे पाएँ, जितना कि आप चाहते हैं या उम्मीद रखते हैं।

सेवानिवृत्त लोगों का समुदाय

जबकि 'वृद्धाश्रम' या 'सहायता प्राप्त जीवित समुदाय' (असिस्टेड लिविंग कम्यूनिटीज) की अवधारणा पश्चिम में प्रचलित है और लोग सक्रिय रूप से एक ऐसे समुदाय की तलाश करते हैं, जिसमें वे रहना चाहते हैं। ऐसे विकल्प अब भारत में भी दिखाई देने लगे हैं।

हममें से अधिकांश के लिए अपने माता-पिता को वृद्धाश्रम में भेजना संभव नहीं है, क्योंकि भारत में ऐसा करना किसी सामाजिक कलंक से कम नहीं माना जाता है। इसलिए रिटायर होने के बाद हमें क्या करना है, जब हम इस बारे में योजना बनाने के बारे में सोचते हैं तो इस बात का कोई समाधान हमें नहीं मिल पाता है।

हममें से अधिकांश के लिए अपने माता-पिता को वृद्धाश्रम में भेजना संभव नहीं है, क्योंकि भारत में ऐसा करना किसी सामाजिक कलंक से कम नहीं माना जाता है। इसलिए रिटायर होने के बाद हमें क्या करना है, जब हम इस बारे में योजना बनाने के बारे में सोचते हैं तो इस बात का कोई समाधान हमें नहीं मिल पाता है।

हालाँकि आजकल घर का काम करनेवाले सहायकों का मिलना एक कठिन समस्या के रूप में उभर रहा है और यह सच है कि हमारे बच्चे अपने-अपने जीवन में व्यस्त हैं और किसी दूसरे शहर या किसी अन्य देश में रहते हैं। उस शहर में जहाँ हम बसना चाहते हैं, रिटायरमेंट कम्युनिटी में घर खरीदना कोई बुरा विचार नहीं है। रिटायरमेंट कम्युनिटीज पूरे भारत में निर्मित हैं और बहुत सारे विकल्प भी उपलब्ध हैं।

यदि आप कुछ समान रुचि या सोच रखनेवाले दोस्तों के साथ रिटायरमेंट

कम्युनिटी में जगह खरीदते हैं तो आपके लिए अच्छा होगा। मैं कुछ ऐसे दोस्तों को जानता हूँ, जिन्होंने जमीन के एक भूखंड पर छोटे 750 वर्ग फीट के अपार्टमेंट बनाकर वहीं रहने का फैसला किया। वह भी तब, जब वे 70 साल के हो गए थे। जिन 5000 वर्गफीट के घरों में वे इस वक्त रह रहे हैं, उससे वे काफी भिन्न हैं। इस अपार्टमेंट कॉम्प्लेक्स में सबके लिए एक खाना खाने की जगह, दवाई की दुकान, टी.वी. देखने की जगह और उन सभी के लिए शराब पीने की व्यवस्था होगी। उनके बच्चे जब उनसे मिलने आएँ तो उनके रहने के लिए दो अतिरिक्त अपार्टमेंट बनाने की भी योजना बनाई है।

□

हमारे माता-पिता की पीढ़ी की तुलना में रिटायर होने के बाद हमारे पास कई विकल्प मौजूद हैं। हममें से अधिकांश अपनी व्यक्तिगत आवश्यकताओं के अनुरूप एक सक्रिय रिटायर जीवन बिता सकते हैं। सही तरह से हर तरह के पहलुओं का आकलन और योजनाबद्ध ढंग से जीवन का यह अंतिम पड़ाव और भी अधिक रोमांचक हो सकता है और वह भी उस स्थान पर उन लोगों के बीच रहते हुए, जिन्हें आप पसंद और जिन पर आप विश्वास करते हैं।

हमारे माता-पिता की पीढ़ी की तुलना में रिटायर होने के बाद हमारे पास कई विकल्प मौजूद हैं। हममें से अधिकांश अपनी व्यक्तिगत आवश्यकताओं के अनुरूप एक सक्रिय रिटायर जीवन बिता सकते हैं। सही तरह से हर तरह के पहलुओं का आकलन और योजनाबद्ध ढंग से जीवन का यह अंतिम पड़ाव और भी अधिक रोमांचक हो सकता है और वह भी उस स्थान पर उन लोगों के बीच रहते हुए, जिन्हें आप पसंद और जिन पर आप विश्वास करते हैं।

□

अपने एक नए दंत चिकित्सक को जब मैं पहली बार दाँतों से जुड़ी बीमारी दिखाने गया तो स्वागत कक्ष में प्रतीक्षा करते हुए मैंने देखा कि उनका प्रमाण-पत्र दीवार पर लटका हुआ है, जिसमें उनके पूरे नाम का उल्लेख था। बहुत सोचने पर मुझे याद आया कि लगभग 36 साल पहले हाई स्कूल में मेरी क्लास में इसी

नाम का एक लंबा और सुदर्शन लड़का था।

हालाँकि उसे देखने के बाद मैंने वह खयाल तुरंत मन से निकाल दिया। यह सफेद बालोंवाला, जिसके सिर पर बहुत ही कम बाल बचे थे, जिसके चेहरे पर झुर्रियाँ नजर आ रही थीं, वह मेरा सहपाठी होने के लिहाज से उम्र में कहीं ज्यादा था।

जब मेरे दाँतों की जाँच हो गई तो मैंने उनसे पूछा कि क्या आप उस हाई स्कूल में पढ़ते थे?

"हाँ!" उन्होंने जवाब दिया।

"आपने ग्रैज्युशन कब की थी?" मैंने पूछा।

उन्होंने उत्तर दिया, "1971 में। क्यों?"

"आप मेरी ही क्लास में थे!" मैंने कहा।

उन्होंने मुझे करीब से देखा और फिर पूछा, "आप कौन सा विषय पढ़ाते थे?"

□

10

वयस्क बच्चे

“वे कँटीले जंगल में प्रवेश कर चुके थे और सुनहरे द्वार हमेशा के लिए बंद हो गए थे।”

—जॉर्ज इलियट

हममें से अधिकांश के बच्चे अब तक नौकरी पर लग चुके हैं, उनका विवाह हो चुका है और उनके भी बच्चे हैं या कुछ दादा-दादी या नानी-नानी बननेवाले होंगे। मैं पहले ही बता चुका है कि किस तरह भारतीय माता-पिता अपने बच्चों की पढ़ाई व विवाह पर पैसे खर्चना अपनी जिम्मेदारी मानते हैं।

कई सेवानिवृत्त लोग अपने बच्चों को घर खरीदने या अपने पोते की शिक्षा के लिए उपहारस्वरूप पैसे देते हैं या यदि एक बच्चे की ज्यादा आर्थिक रूप सहायता करनी पड़ती है तो माता-पिता को लगता है कि अपने अन्य बच्चों को भी उतना ही धन दें। यह उनकी उदारता है, पर समस्या यह है कि सेवानिवृत्त लोग और पैसे नहीं कमा सकते हैं, जबकि उनके वयस्क बच्चे इन खर्चों को पूरा करने के लिए पैसा कमा सकते हैं।

माता-पिता कभी भी अपने वयस्क बच्चे को असफल होते नहीं देखना चाहते हैं और वे यह नहीं सोच सकते कि अब उनमें अपने बच्चों की सहायता करने की सामर्थ्य नहीं है! कुछ माता-पिता, जिनसे मैंने बात की, वे अपने बच्चे की समस्या दूर करने के लिए कर्ज लेने के लिए तैयार थे। मैं नहीं जानता कि अपने जरूरत के समय में पैसे लेने के बाद, अपनी समस्या हल हो जाने के बाद उनके बच्चे ने अपने माता-पिता को पैसे वापस लौटाए कि नहीं। मुझे आश्चर्य होगा अगर उसने वास्तव में पैसे वापस लौटाए होंगे!

नौकरी छूटना

अर्थव्यवस्था में स्थितियों में परिवर्तन के कारण नौकरी के बाजारों और कॅरियर पर प्रभाव पड़ता है। मंदी के दौरान यूरोप और अमेरिका में देखा गया था, जहाँ कई युवाओं ने अपनी नौकरी खो दी। मंदी ने इन युवा वयस्कों को अपने माता-पिता के पास वापस आने को मजबूर कर दिया और एक बार फिर निर्वाह के लिए ये अपने सेवानिवृत्त माता-पिता पर निर्भर हो गए। इसकी वजह से यूरोप में परिवारों की सामाजिक संरचनाओं पर बहुत दबाव पड़ा। न केवल ये युवा वयस्क अब अपने माता-पिता पर आर्थिक रूप से निर्भर हैं, वरन् उनके वृद्ध माता-पिता को उनका सारा काम भी करना पड़ता है।

> ***भारत पर भी वैश्विक अर्थव्यवस्था का असर पड़ने के कारण हमें इस बात के लिए तैयार रहना चाहिए कि हमें भी कभी मंदी का सामना करना पड़ सकता है और यूरोप तथा अमेरिका के विपरीत, जिनके पास मजबूत सामाजिक सुरक्षा प्रणाली है, भारत में हमारे पास सेवानिवृत्त और बुजुर्गों के लिए ऐसी कोई सामाजिक सुरक्षा प्रणाली नहीं है।***

भारत पर भी वैश्विक अर्थव्यवस्था का असर पड़ने के कारण हमें इस बात के लिए तैयार रहना चाहिए कि हमें भी कभी मंदी का सामना करना पड़ सकता है और यूरोप तथा अमेरिका के विपरीत, जिनके पास मजबूत सामाजिक सुरक्षा प्रणाली है, भारत में हमारे पास सेवानिवृत्त और बुजुर्गों के लिए ऐसी कोई सामाजिक सुरक्षा प्रणाली नहीं है। मिलनेवाले वेतन की बजाय वयस्क बच्चों की अपनी संचित पूँजी से मदद करने से लंबे समय तक वे जीवन-निर्वाह नहीं कर सकते हैं।

पिछले कुछ वर्षों में भारत ने भी विकट औद्योगिक मंदी का दौर देखा है और कई लोगों को अपनी नौकरी से हाथ धोना पड़ा है। मैंने ऐसे कुछ युवाओं से बात की, जो अपनी नौकरी खो चुके हैं और अपने माता-पिता के साथ रह रहे हैं या उनके बँगले की एक मंजिल में रहने लगे हैं। बूढ़े माता-पिता खुशी-खुशी अपने वयस्क बच्चों और संभवत: उसके पूरे परिवार को खुले दिल से

रहने की अनुमति देते हैं। ऐसी सूरत में माता-पिता को अपने बेटे और उनके परिवार के लिए किराएदारों से घर खाली कराना पड़ा, यानी कि आनेवाले किराए पर रोक लगना।

तलाक

हमारे बच्चों का तलाक होते देखने से दुःखद बात और कोई नहीं। लड़ाई-झगड़े, लगातार की जाने वाली टिप्पणियाँ, ताने, कड़वाहट—न जाने कितनी बातों को झेलना पड़ता है। लेकिन जब ऐसा आपके बच्चों और उनके बच्चों के साथ होता है तो यह दुःख बहुत बड़ा होता है। जब आप देखते हैं कि आपका पोता दो परिवारों के बीच पिस रहा है तो आपके दुःख की कोई सीमा नहीं होती। तलाक से पोते की पूरी जिंदगी पर असर पड़ेगा। आप ऐसी सूरत में मात्र एक परामर्शदाता की ही भूमिका निभा सकते हैं और आपको अपने बच्चे तथा उसके जीवनसाथी से बात करनी होगी। आपका वैवाहिक जीवन कितना सुखद रहा, इससे बड़ा उपहार और क्या होगा आपके बच्चों के लिए? (यह सच है कि आपने भी उतार-चढ़ाव झेले हों, पर आप दोनों साथ-साथ रहे) तो वे उम्मीद कर सकते हैं कि वे भी एक ठोस रिश्ता कायम रखने का प्रयास कर सकते हैं।

हमारे बच्चों का तलाक होते देखने से दुःखद बात और कोई नहीं। लड़ाई-झगड़े, लगातार की जाने वाली टिप्पणियाँ, ताने, कड़वाहट—न जाने कितनी बातों को झेलना पड़ता है। लेकिन जब ऐसा आपके बच्चों और उनके बच्चों के साथ होता है तो यह दुःख बहुत बड़ा होता है।

जबकि चीखना और चिल्लाना जारी हो, आप अपने नाती-पोतों की मदद करने में बहुत सकारात्मक भूमिका निभा सकते हैं, जो इस तरह की घटना घटने पर एकदम अकेला महसूस करते हैं। आप उनके लिए वहाँ रहें, लेकिन उन्हें उनके माता-पिता से दूर न ले जाएँ, चाहे उनके बीच कितने ही मतभेद क्यों न चल रहे हों, वरना इस तरह उन पर ज्यादा बुरा असर पड़ सकता है।

मैं कुछ ऐसे सेवानिवृत्त लोगों से मिला हूँ, जिन्होंने अपने बच्चों को

समझाने का प्रयास करने के बाद उनके बच्चों की मदद करने के खयाल से उन्हें अपने साथ ले गए। ऐसा कदम उठाने से पहले आप सोचें। ऐसे संवेदनशील मामले में बिना सोचे-समझे निर्णय लेना ठीक नहीं। विचार करें कि क्या इससे आपकी आर्थिक स्थिति पर असर पड़ेगा? मैं यह नहीं कह रहा कि आप अपने बच्चों को सहयोग न दें। मैं सिर्फ यह बताना चाहता हूँ कि आपके संसाधन सीमित हैं। अपनी वित्तीय योजना बनाते समय बच्चों की आर्थिक रूप से मदद करने के बारे में आपने नहीं सोचा था। आपको और आपके साथी को इस बात पर गौर करना चाहिए।

□

यदि रिटायर होने के कुछ वर्षों बाद ही अपने वयस्क बच्चों की मदद करने में आपकी संचित जमा-पूँजी खर्च हो जाती है, इससे भविष्य में आप आर्थिक कठिनाइयों से जूझ सकते हैं। आखिरकार, माता-पिता अपनी उदारता के कारण अगर अपनी बचत खत्म कर देते हैं तो उनकी देखभाल करने की जिम्मेदारी बच्चों की ही होगी।

यदि रिटायर होने के कुछ वर्षों बाद ही अपने वयस्क बच्चों की मदद करने में आपकी संचित जमा-पूँजी खर्च हो जाती है, इससे भविष्य में आप आर्थिक कठिनाइयों से जूझ सकते हैं। आखिरकार, माता-पिता अपनी उदारता के कारण अगर अपनी बचत खत्म कर देते हैं तो उनकी देखभाल करने की जिम्मेदारी बच्चों की ही होगी। माता-पिता को अपने बच्चों की सहायता करने और उन्हें सक्षम बनाने के बीच के अंतर को समझना होगा; साथ ही यह भी कि वयस्क बच्चों की सहायता करने के लिए वे अपनी धन-संपदा का उपयोग करके अपने स्वयं के भविष्य को खतरे में डाल रहे हैं।

मैं 96 साल की एक बूढ़ी महिला के बारे में जानता हूँ, जिनके पति के पास विशाल संपत्ति थी, खासकर बहुत सारे घर। महिला ने उन घरों को अपने तीनों बेटों के नाम कर दिया। बेटों पर विश्वास करते हुए, प्यार और स्नेह के कारण, उन्होंने बेटों के नाम घर करने की गलती की। पति के गुजर जाने के तुरंत बाद

उन्होंने ऐसा किया। बेटों ने संपत्ति को अपना हक मानते हुए ले लिया और अपनी माँ को किराया तक देने की जरूरत नहीं समझी। अगर वह उन घरों को किराए पर चढ़ातीं तो उन्हें एक नियमित आय हो सकती थी।

अपने पति के मरने के बाद 40 साल तक वह जीवित रहीं। उनके पास सरकार द्वारा मिलने वाली पेंशन के अलावा आय का और कोई स्रोत नहीं था। वह हर साल एक बेटे के घर से दूसरे बेटे के घर जाती थीं और बिना एयर कंडीशन के गेस्ट रूम में रहती थीं, जबकि उनके बेटे आरामदायक वातानुकूलित कमरों में सोते थे! अगर वह अपने घर बेटों के नाम नहीं करतीं तो उन्हें यह सब नहीं भुगतना पड़ता और वह जीवन भर आराम से रहतीं।

यदि आपके पास धन है, जिसे आप अपने बच्चों और उनके बच्चों के लिए छोड़ना चाहते हैं तो उन्हें बताएँ, उन्हें विरासत में क्या मिलेगा और एक ट्रस्ट बनाएँ, जो आपकी स्वयं की वित्तीय आवश्यकताओं के आधार पर उचित तिथि और समय पर उन्हें धन का भुगतान करना शुरू करें। एक-दूसरे से बात करें, ताकि चीजें स्पष्ट रहें।

यदि आपके पास धन है, जिसे आप अपने बच्चों और उनके बच्चों के लिए छोड़ना चाहते हैं तो उन्हें बताएँ, उन्हें विरासत में क्या मिलेगा और एक ट्रस्ट बनाएँ, जो आपकी स्वयं की वित्तीय आवश्यकताओं के आधार पर उचित तिथि और समय पर उन्हें धन का भुगतान करना शुरू करें। एक-दूसरे से बात करें, ताकि चीजें स्पष्ट रहें। आप सबको बात करने के लिए एक साथ बुला सकते हैं, इससे अच्छी बात और क्या हो सकती है!

अपनी आर्थिक सीमाओं को पहचानना और यह बता पाना कि आपकी माता-पिता की सहज उदारता अच्छे से अधिक आपका नुकसान कर रही है और जब आप उनकी आर्थिक रूप से सहायता करने में अक्षम महसूस करें, जो एक समय पर आकर होना स्वाभाविक ही है तो यह ध्यान रखें कि ऐसा धीरे-धीरे और सहयोगात्मक ढंग से हो और आपके बच्चे के साथ आपके संबंध खराब न हों। वह अन्यथा इसे उसका हक छीने जाने या आय के नुकसान के रूप में देखेगा।

पैसे के बारे में पारदर्शिता बनाए रखें और परिवार की वित्तीय योजना में सभी को शामिल करें। इस तरह हर कोई आपकी आर्थिक स्थिति से अवगत रहता है और इस भ्रम में नहीं रहता कि आपके पास बहुत सारा धन है। यदि आपके बच्चे अपने माता-पिता द्वारा न केवल वयस्क बच्चों, वरन् अपने बुजुर्ग माता-पिता के लिए की जा रही बचत को देखते हैं तो वे समझ पाते हैं कि वे ऐसा करने के लिए कितने तनाव झेलते हैं!

यह एक कठिन दुनिया है और यह अच्छी बात है कि परिवार एक-दूसरे पर भरोसा कर सकते हैं, लेकिन माता-पिता के लिए खुद का भी ध्यान रखने की जरूरत है, क्योंकि अगर आप आर्थिक रूप से सक्षम नहीं हैं और बहुत सारे लोग आप पर निर्भर हैं तो परिवार के किसी भी सदस्य की आर्थिक स्थिति अच्छी नहीं हो पाएगी।

यह एक कठिन दुनिया है और यह अच्छी बात है कि परिवार एक-दूसरे पर भरोसा कर सकते हैं, लेकिन माता-पिता के लिए खुद का भी ध्यान रखने की जरूरत है, क्योंकि अगर आप आर्थिक रूप से सक्षम नहीं हैं और बहुत सारे लोग आप पर निर्भर हैं तो परिवार के किसी भी सदस्य की आर्थिक स्थिति अच्छी नहीं हो पाएगी।

जाहिर है, आप अपने बच्चों और पोते-पोतियों की मदद करने के लिए जो करना होगा, करें, लेकिन मुझे लगता है कि अगर आपकी कोई नियमित आय नहीं है या आप फिर से कहीं काम नहीं करने लगे हैं तो यह आपके लिए आर्थिक दृष्टि से बहुत अधिक से तनावपूर्ण हो जाएगा।

जब पूरा परिवार ही आर्थिक विषमता से जूझने की कोशिश में लगा होगा, जिसकी निकट भविष्य में सुलझने की भी कोई संभावना नहीं है, परिवार में एकजुटता आखिर कब तक बनी रहेगी?

□

बूढ़े दादाजी हमेशा परेशान रहते थे, क्योंकि अपने बच्चों और नाती-पोतों को उनके जन्मदिवस और शादी की वर्षगाँठ पर वह जो हर साल चेक दिया करते थे, उसके लिए कभी किसी ने उन्हें धन्यवाद नहीं कहा।

हालाँकि अगले ही वर्ष चीजें बदल गईं।

"सभी बच्चे इस साल मुझे धन्यवाद देने के लिए मुझसे मिलने आए या फोन किया।" दादाजी ने खुशी से चहकते हुए बताया।

"यह अच्छा है," उनके दोस्त ने कहा, "आखिर उनके व्यवहार में यह बदलाव कैसे आ गया?"

"बहुत आसान था," दादाजी ने अपनी बुद्धिमत्ता प्रदर्शित हुए कहा, "इस साल मैंने उन्हें चेक भेजे ही नहीं।"

□

11

दोस्त

"दर्शन की तरह, कला की तरह मित्रता आवश्यक है।
इसका जीवन में कोई महत्त्व नहीं है, बल्कि यह उन चीजों में से एक है, जो जीवन को महत्त्व देती है।"

—सी.एस. लुईस

उम्र बढ़ने के साथ जुड़ा एक पहलू है, जिस पर ज्यादा चर्चा नहीं होती है। आपकी आयु जितनी बढ़ती जाती है, नए दोस्त बनाना उतना ही मुश्किल होता जाता है। यही नहीं, चूँकि आपके अधिकांश दोस्त वहीं बने थे, जहाँ आप काम करते थे, रिटायर होने के बाद उनमें से अधिकांश से अब आपकी दोस्ती के मायने बेमानी हो चुके हैं, क्योंकि उनके और आपके बीच जो कड़ी थी, वह टूट चुकी है।

सच तो यह है कि आपके तभी सबसे ज्यादा दोस्त बनते हैं, जब आप स्कूल और कॉलेज में होते हैं। वहाँ आपके हमउम्र साथी होते हैं और आप लोगों की दिलचस्पी भी समान होती है। स्कूल के बाद जब आप अलग-अलग आयु के लोगों से मिलते हैं, कार्यक्षेत्र की विविध अवस्थाओं से गुजरते हैं, उस दौरान आप जिनसे मिलते हैं, जरूरी नहीं कि वे सब आपकी ही तरह हों या आपके विचार या रुचियाँ उनसे मिलें।

कॉलेज कैंपस छोड़ने के बाद दोस्त बनाना थोड़ा कठिन हो जाता है और एक बार जब आप माता-पिता बन जाते हैं तो नए दोस्त बनाना और भी कठिन हो जाता है, जब आप काम करना शुरू करते हैं तो अपने सहकर्मियों

के साथ आपकी दोस्ती होती है, जो आमतौर पर आपकी ही की उम्र के होते हैं। समय के साथ इस बात पर एक-दूसरे के साथ प्रतिस्पर्धा करना शुरू करते हैं कि किसकी पदोन्नति होगी और इस तरह दोस्ती के मजबूत बंधन ढीले होने लगते हैं। आप यही उम्मीद लगाए बैठे होते हैं कि आपकी पदोन्नति होगी और अगर दोस्त की हो जाती है तो दोस्ती में दरार आना स्वाभाविक ही है। जैसे ही आपके बच्चे स्कूल जाना शुरू करते हैं, आपका दोस्ती का दायरा उसके स्कूल में पढ़नेवाले बच्चों के माता-पिता तक सिमट जाता है और जब वह अवधि समाप्त होती है तथा जैसे ही आपके बच्चे दूसरी जगह पढ़ने चले जाते हैं, वैसे ही उन बच्चों के माता-पिता के साथ दोस्ती भी खत्म हो जाती है।

चौंतीस-पैंतीस साल में अधिकांश लोगों को महसूस होता है कि उनका कोई मित्र ही नहीं है और वे सोचने लगते हैं कि क्या वे असामाजिक हैं। उनको लगता है कि पुराने दोस्त अब अपनी दुनिया में मस्त हैं और नए दोस्तों से तो, परिचय मात्र है।

चौंतीस-पैंतीस साल में अधिकांश लोगों को महसूस होता है कि उनका कोई मित्र ही नहीं है और वे सोचने लगते हैं कि क्या वे असामाजिक हैं। उनको लगता है कि पुराने दोस्त अब अपनी दुनिया में मस्त हैं और नए दोस्तों से तो, परिचय मात्र है। अमेरिका में किए गए एक अध्ययन में यह पाया गया कि जिन लोगों ने उनका साक्षात्कार लिया, उनमें से आधे से अधिक लोगों को लगता है कि उन्हें इस बात का भरोसा नहीं कि उनकी जरूरत के समय उनके सबसे करीबी दोस्त उनकी सहायता के लिए आएँगे। शायद यह इसलिए हुआ, क्योंकि पिछले दो दशकों से हमारे पास वास्तव में अपने रिश्तों पर ध्यान देने, उन्हें कायम रखने का समय ही नहीं था।

हालाँकि हमारी सामाजिक संरचनाएँ बहुत अलग हैं और हमारे बहुत सारे दोस्त होते हैं, जिन पर हम भरोसा कर सकते हैं और जब मैंने दिल्ली में कुछ लोगों से बात की तो यही बात सामने आई। जिन लोगों से मैंने बात की, उन्होंने कहा कि उनके बहुत सारे दोस्त हैं, लेकिन वे यकीन से नहीं कह

सकते कि उनके 'सच्चे' दोस्त कौन हैं और इस बारे में भी वे अनिश्चित थे कि मुसीबत के समय में वे किस पर भरोसा कर सकते हैं, जो बिना कोई सवाल पूछे, उनकी मदद करेगा!

अधेड़ उम्र तक, हम अपने रिश्तों को वर्गीकृत करते रहते हैं। हमारे गोल्फ खेलनेवाले मित्र, ब्रिज खेलनेवाले मित्र और सामुदायिक सेवा तंत्र, जिसका अगर हम हिस्सा हों तो वहाँ से जुड़े मित्र होते हैं। हम इन एकल उद्देश्यवाले मित्रों को अलग-अलग रखते हैं और वे हमारे जीवन के अन्य हिस्सों में शामिल नहीं होते हैं। इसके अलावा ये दोस्त केवल हमारे होते हैं, हमारे साथी के नहीं; तो वे मित्र कहाँ हैं, जिन्हें आप आपात स्थिति में फोन कर बुला सकते हैं?

अधेड़ उम्र तक, हम अपने रिश्तों को वर्गीकृत करते रहते हैं। हमारे गोल्फ खेलनेवाले मित्र, ब्रिज खेलनेवाले मित्र और सामुदायिक सेवा तंत्र, जिसका अगर हम हिस्सा हों तो वहाँ से जुड़े मित्र होते हैं। हम इन एकल उद्देश्यवाले मित्रों को अलग-अलग रखते हैं और वे हमारे जीवन के अन्य हिस्सों में शामिल नहीं होते हैं।

अब हमारे अधिक-से-अधिक दोस्त हमारे पड़ोस में हैं। वे हमारे पड़ोसी हैं। बहुत से लोग जिनसे मैंने बात की, उन्होंने करीबी दोस्त बनाने और पड़ोसियों पर भरोसा करना शुरू कर दिया था। ये बहुत विविध सामाजिक-आर्थिक पृष्ठभूमि के लोग और युगल हैं और अलग-अलग उम्र के, लेकिन वे आपके समान एक ही परिसर या आवास समुदाय में एक साथ रहते हैं, इसलिए उनमें जुड़ाव पैदा हो गया है।

जैसे आप दोस्तों की तलाश कर रहे हैं, वैसे ही वे भी कर रहे हैं और यही पारस्परिक आवश्यकता है, जो दोस्ती को आगे बढ़ाती है। मैंने देखा है कि जिन स्थानों पर वे रहते हैं, वहाँ उनमें मजबूत जुड़ाव पैदा होने लगा है। वे नियमित रूप से जिम जाते हैं या टहलने साथ जाते हैं, एक साथ पार्टी करते हैं और जरूरत के समय एक-दूसरे की मदद करने के लिए वहाँ मौजूद होते हैं।

पड़ोसियों के साथ दोस्ती मजबूत और अधिक स्थायी होती जा रही है।

आप दुःख-सुख में एक-दूसरे के साथ हैं। यदि कोई बीमार पड़ता है तो सबसे पहले मदद करने के लिए आपका पड़ोसी ही आता है, अगर आपके पड़ोसी को अस्पताल ले जाना होता है तो आप भी पीछे नहीं रहते, अपना हर काम छोड़कर भागते हैं। जब बच्चों की शादी होती है तो आनेवाले सबसे ज्यादा लोग पड़ोसी ही होते हैं। आप अपने बच्चों को उनके बच्चों के साथ बढ़ते देखते हैं, उनकी शैक्षणिक और अन्य सफलताओं का जश्न मनाते हैं। अचानक बाहर खाने या फिल्म देखने का कार्यक्रम बन जाता है और इस तरह पड़ोसियों के साथ संबंध और मजबूत होते जाते हैं।

आप दुःख-सुख में एक-दूसरे के साथ हैं। यदि कोई बीमार पड़ता है तो सबसे पहले मदद करने के लिए आपका पड़ोसी ही आता है, अगर आपके पड़ोसी को अस्पताल ले जाना होता है तो आप भी पीछे नहीं रहते, अपना हर काम छोड़कर भागते हैं। जब बच्चों की शादी होती है तो आनेवाले सबसे ज्यादा लोग पड़ोसी ही होते हैं।

मैंने अपनी चर्चाओं के दौरान कुछ अन्य दोस्ती के पाठ सीखे। दोस्तों से लेनेवाले, जरूरत से ज्यादा देनेवाले और अपनी ताकत साझा करनेवालों में वर्गीकृत किया जा सकता है।

सिर्फ कुछ लेने की चाह रखनेवाले

ये ऐसे लोग होते हैं, जिनकी बहुत सारी समस्याएँ और जरूरतें होती हैं। आपको पता है—वे कौन हैं। हम सभी के जीवन में ऐसे कुछ होते हैं और शायद हमारे परिवारों में भी। उनका जीवन आमतौर पर बहुत उलझा हुआ होता है और आपके और उनके बीच का संबंध काफी हद तक इतना ही होता है कि आप उनके लिए कुछ-न-कुछ करते रहें। आप देते हैं, वे लेते हैं। उनसे उम्मीद न करें कि वे आपकी कभी मदद करेंगे, वरना आपके हाथ निराशा ही आएगी।

लेकिन इनके ओर खिंचने का एक कारण है। वे महत्त्वपूर्ण महसूस कराने

की हमारी आवश्यकता को पूरा करते हैं और वे लोगों की मदद करने और खुद के बारे में अच्छा महसूस करने की हमारी इच्छा को तुष्ट करते हैं। वे जो करते हैं, उसे उनकी निष्ठा मानने की गलती न करें या उन्हें वास्तव में दोस्त न मान लें।

जब हम छोटे थे तो वे बच्चे थे, जो लगातार होमवर्क कराने में मदद करने के लिए हमें बुलाते थे और कहते थे कि जब तक हम उनकी मदद नहीं करेंगे, तब तक वे उत्तीर्ण हो ही नहीं सकते। इससे हमें न केवल महत्त्वपूर्ण होने का अहसास होता था, बल्कि हम स्वयं को बहुत बुद्धिमान भी समझते थे।

जब हम छोटे थे तो वे बच्चे थे, जो लगातार होमवर्क कराने में मदद करने के लिए हमें बुलाते थे और कहते थे कि जब तक हम उनकी मदद नहीं करेंगे, तब तक वे उत्तीर्ण हो ही नहीं सकते। इससे हमें न केवल महत्त्वपूर्ण होने का अहसास होता था, बल्कि हम स्वयं को बहुत बुद्धिमान भी समझते थे।

लेनेवाले वे हैं, जो कार पूल में जब उनकी कार लाने की बात आती है तो कभी कार नहीं लाते और वे, जो आपको बाजार से सामान लाने के लिए कहेंगे और फिर आपको पैसा चुकाना भूल जाएँगे। उनके पास कभी पैसे नहीं होते, कभी खर्च नहीं करते और कभी आप छुट्टियाँ मनाने बाहर जाते वक्त उनको जाँचने के लिए उनसे अपने पौधों में पानी देने के लिए कहेंगे, ऐसा करके उन्हें खुशी होगी, लेकिन वे खुद की व्यस्तता की वजह से ऐसा कर नहीं पाएँगे। आप किसी ऐसे मित्र से टकरा सकते हैं, जो कहे, "मेरे पास 500 रुपए का नोट है और इसके छुट्टे नहीं हो पा रहे। इस बार आप भुगतान कर दें!"

आपका अस्तित्व उनके लिए इसलिए है, क्योंकि आप उनकी मदद करते हैं, लेकिन उनके साथ ऐसा नहीं है। वे आपके अहं को यह कहकर पोषित करते रहेंगे, कि उनके जीवन में आनेवाली समस्याओं को दिशा दिखाने में अगर आप मदद नहीं करेंगे तो वे भटक जाएँगे। जब उन्हें नौकरी की जरूरत

होती है, जब उन्हें रहने के लिए किसी जगह की जरूरत होती है, जब उन्हें आपसे कोई काम करवाना होता है, वे आपके पास आते हैं, लेकिन जब आप उनसे किसी मदद की अपेक्षा रखते हैं तो वे मुँह मोड़ लेते हैं।

जब तक आप किसी को अपना फायदा नहीं उठाने देंगे, कोई भी आपका फायदा नहीं उठा सकता है। आप जितना चाहें, तब तक ऐसे लेनेवाले लोगों की मदद कर सकते हैं, जब तक आप उनसे बदले में मदद करने की उम्मीद न रखें।

जरूरत से ज्यादा देनेवाले

लेनेवालों से सावधान रहें, लेकिन जरूरत से ज्यादा देनेवालों से भी सावधान रहें। जरूरत से ज्यादा देनेवाले, अपनी उदारता का प्रदर्शन करते हुए आपको बदले में कभी भी उनकी मदद नहीं करने देंगे। जब आप उनकी मदद करने की पेशकश करते हैं तो वे कहते हैं—"मैं खुद समस्या को सुलझा सकता हूँ।" वे रेस्तराँ में बिल का भुगतान करने की जिद करते हैं। रेस्तराँ में कौन सी शराब पीनी है या कौन-सी फिल्म आप एक साथ देखेंगे, वही तय करते हैं। यदि आप उन्हें रात के खाने के लिए आमंत्रित करते हैं तो वे जल्दी पहुँचकर खाना पकाने में आपकी मदद करेंगे या वे अपने घर से भोजन बनवाकर भेज देंगे या और कुछ नहीं तो पार्टी के बाद साफ-सफाई करने के लिए अपने नौकर को आपके घर भेज देंगे।

> ***लेनेवालों से सावधान रहें, लेकिन जरूरत से ज्यादा देनेवालों से भी सावधान रहें। जरूरत से ज्यादा देनेवाले, अपनी उदारता का प्रदर्शन करते हुए आपको बदले में कभी भी उनकी मदद नहीं करने देंगे। जब आप उनकी मदद करने की पेशकश करते हैं तो वे कहते हैं—"मैं खुद समस्या को सुलझा सकता हूँ।"***

वे आपको अपने लिए कुछ नहीं करने देते हैं, केवल आपके लिए कुछ-न-कुछ करते रहना चाहते हैं। ऐसी मित्रता तब तक ही कायम रहती है, जब तक कि आप उनके नियंत्रण में रहते हैं।

अपनी ताकत साझा करनेवाले

वास्तविक मित्रता के लिए नियंत्रण को साझा करना जरूरी है। यह लेने और देने का संयोजन है। ये वे लोग होते हैं, जो आपको उसी रूप में पसंद करते हैं, जो आप हैं। आपको हँसाते हैं और जब साथ होते हैं तो मौज-मस्ती करते हैं। ये लोग आपकी कद्र करते हैं, उनके लिए आप बदलें, ऐसी उम्मीद नहीं करते हैं और समझते हैं कि आप अपनी दोस्ती निभाने के साथ-साथ जीवन के अन्य रिश्तों के साथ भी एक संतुलन बनाए रखना चाहते हैं।

आपके और आपके जीवनसाथी को इस बात से खुशी मिलेगी, अगर आप दोनों के दोस्त एक ही हों, जिनके साथ आप दोनों ही समय बिताना पसंद करते हैं। एक साथ छुट्टियाँ बिताने जाना यह समझने का एक अच्छा तरीका है कि आप और आपके साथी उन खास दोस्तों के साथ मेल-मिलाप करने में कितने समर्थ हैं! वे आपके कितने अनुकूल हैं!

आप इस दोस्ती को जिस तरह निभाते हैं, वैसी ही प्रतिक्रिया दूसरी तरफ से होती है। आपकी दोस्ती में पारस्परिकता बनी रहे, इसके लिए हर संभव प्रयास किए जाते हैं। जीवन तब और ज्यादा खुशहाल हो जाता है, जब बहुत सारे लोग आपके साथ होते हैं और चूँकि वयस्कता का अर्थ है, खामियों को स्वीकार करना—अपनी और बाकी दुनिया की—ऐसी अपेक्षा क्यों रखनी कि कोई व्यक्ति आपके अनुसार चले?

आपके और आपके जीवनसाथी को इस बात से खुशी मिलेगी, अगर आप दोनों के दोस्त एक ही हों, जिनके साथ आप दोनों ही समय बिताना पसंद करते हैं। एक साथ छुट्टियाँ बिताने जाना यह समझने का एक अच्छा तरीका है कि आप और आपके साथी उन खास दोस्तों के साथ मेल-मिलाप करने में कितने समर्थ हैं! वे आपके कितने अनुकूल हैं! क्या आप सुबह जल्दी उठ जाते हैं और अपने दोस्तों के जगने का आपको घंटों इंतजार करना पड़ता है? क्या आप में से कोई एक शाकाहारी है, जबकि अन्य नहीं हैं और उन्हें वास्तव में इस बात से कोई फर्क नहीं पड़ता?

रिटायरमेंट के बाद बननेवाले मित्र वे होते हैं, जिनकी रुचियाँ समान होती हैं, जैसे गोल्फ खेलनेवालों का एक समूह है, जो सप्ताह में दो बार खेलते हैं और ऐसे लोगों का एक और समूह है, जो सप्ताह में तीन बार ब्रिज खेलते हैं। लोग त्योहारों पर और किटी पार्टियों के लिए एकत्र होते हैं। लोग दिन के समय साथ फिल्म देखने जाते हैं, जो उनके लिए ऐसी विलासिता है, जिसके बारे में वे नौकरी करते हुए कभी सोच ही नहीं सकते थे।

आपकी रुचियाँ जो भी हों, रिटायरमेंट के बाद दोस्त आपके जीवन को आसान और जीने लायक बना देते हैं।

समय आ गया है कि आप अपने जीवन का शेष समय अपने प्यारे परिवार और दोस्तों के साथ बिताएँ। आपके भविष्य के लिए शुभकामनाएँ!

□

12

स्वास्थ्य

"स्वास्थ्य ठीक न होने के कारण जल्दी रिटायरमेंट ले लिया।
मेरी कंपनी मुझसे परेशान हो गई थी और मैं उससे परेशान हो गया था।"

—अज्ञात बुद्धिमान व्यक्ति

दलाई लामा से जब पूछा गया कि उन्हें मानवता के बारे में सबसे अधिक आश्चर्यजनक बात क्या लगती है तो उन्होंने जवाब दिया, "आदमी, क्योंकि वह धन कमाने के लिए अपने स्वास्थ्य की चिंता नहीं करता है, फिर वह अपने स्वास्थ्य को ठीक करने के लिए धन खर्च करता है और वह भविष्य के बारे में इतना चिंतित रहता है कि वह वर्तमान का आनंद नहीं ले पाता है; परिणामतः न तो वह वर्तमान में जीता है, न ही भविष्य में; वह ऐसे जीता है, मानो वह कभी नहीं मरेगा और फिर वास्तव में कभी जीए बिना मर जाता है।"

स्वस्थ रहना

तंदुरुस्ती सक्रिय और रचनात्मक जीवन का एक महत्त्वपूर्ण हिस्सा है और रिटायरमेंट के बाद यह और भी महत्त्वपूर्ण बन जाती है।

जो लोग फिट हैं, वे कई कारणों से अपने बारे में बेहतर महसूस करते हैं। यही नहीं, इसकी वजह से अपनी खुद की छवि उनकी नजरों में उत्कृष्ट हो जाती है और इससे आत्मविश्वास में बढ़ोतरी होती है। आपके व्यक्तिगत और व्यावसायिक जीवन दोनों में इन गुणों का सकारात्मक प्रभाव पड़ता है। यही वजह है कि मैं सभी को प्रोत्साहित करूँगा कि वे अपने लिए एक फिटनेस प्रोग्राम बनाने के बारे में अवश्य सोचें।

इससे पहले कि आप फिटनेस कार्यक्रम बनाना शुरू करें, विशेष रूप से वे लोग, जो लंबे समय से ऐसी जीवन-शैली जी रहे हैं, जिसमें गतिशीलता नहीं है और उनका समय ज्यादातर बैठे-बैठे, बिना कुछ काम किए गुजरता है, वह किसी चिकित्सक से परामर्श अवश्य ले लें। शुरुआत में बहुत ज्यादा व्यायाम करना बुद्धिमानी नहीं है और ऐसा करने से आप खुद को चोट पहुँचा सकते हैं या आहत हो सकते हैं।

आपका डॉक्टर जब आपको व्यायाम करने की अनुमति दे देता है तो लक्ष्य निर्धारित करना शुरू करें। लक्ष्य विशिष्ट रूप से व्यक्तिगत होते हैं और आपका लक्ष्य 5 किलो वजन कम करना है या मैराथन पूरा करना है। जो भी हो, लक्ष्य निर्धारित करना महत्त्वपूर्ण है। अपने लक्ष्य और जिस अवधि में आप इस लक्ष्य को प्राप्त करना चाहते हैं, उसे लिखें और यदि आप अपने लक्ष्य को पाने में कामयाब हो जाते हैं तो स्वयं को पुरस्कृत करेंगे, यह वादा स्वयं से करें। आप पूरे मनोयोग से यह काम कर सकें, इसके लिए किसी निजी प्रशिक्षक या वर्क-आउट साथी की सेवाएँ ली जा सकती हैं।

आपका डॉक्टर जब आपको व्यायाम करने की अनुमति दे देता है तो लक्ष्य निर्धारित करना शुरू करें। लक्ष्य विशिष्ट रूप से व्यक्तिगत होते हैं और आपका लक्ष्य 5 किलो वजन कम करना है या मैराथन पूरा करना है। जो भी हो, लक्ष्य निर्धारित करना महत्त्वपूर्ण है।

व्यायाम को अपने दैनिक जीवन का हिस्सा बनाएँ। सप्ताह में 5 बार 30 मिनट एरोबिक एक्सरसाइज करने का प्रयास करें। जरूरी नहीं कि आप अपने फिट रहने के लक्ष्य को पाने की दिशा में काम करने के लिए जिम ही जाएँ। सुबह की सैर, और वह भी आस-पड़ोस के दोस्तों के साथ, एक बहुत ही सुखद अनुभव हो सकता है, जो आपको फिट भी रखता है। बस यह सुनिश्चित करें कि आप अपनी सुबह की सैर का समापन किसी स्थानीय चायवाले के पास पहुँचकर न करें, जहाँ सैर के बाद आप चाय और समोसा का आनंद लेने लगें।

टेलीविजन के सामने कम समय और बाहर अधिक समय बिताने की कोशिश करें। घर पर एक्सरसाइज करने के लिए एक एक्सरसाइज मशीन

खरीदने के बारे में सोच सकते हैं, जिसका उपयोग आप टेलीविजन देखते समय कर सकते हैं या फिर पास के किसी जिम में जा सकते हैं। इस तरह की मशीनें बहुत अच्छा निवेश हो सकती हैं, लेकिन तभी, जब इनका प्रयोग नियमित तौर पर किया जाए। हालाँकि मैंने देखा है कि ज्यादातर लोग ऐसी मशीनें कुछ हफ्तों के लिए इस्तेमाल करते हैं और फिर 'तौलिए लटकाने' के लिए इनका उपयोग किया जाने लगता है! कपड़े सुखाने के लिए वस्तुतः यह बहुत ही महँगा उपकरण है।

रिटायर होने के बाद हम कार से बाजार जाने के बजाय पैदल जा सकते हैं या साइकिल का प्रयोग कर सकते हैं। इससे रक्त-प्रवाह सुचारु रूप से होता है और साथ ही आपके काम भी हो जाते हैं। आप जहाँ रहते हैं, उसके आधार पर चलना या साइकिल चलाना आसान या मुश्किल हो सकता है, लेकिन अगर समय और प्रयास करने के लिए तैयार हैं तो बहुत से लोग इसे अपनी दिनचर्या में शामिल कर सकते हैं।

रिटायर होने के बाद हम कार से बाजार जाने के बजाय पैदल जा सकते हैं या साइकिल का प्रयोग कर सकते हैं। इससे रक्त-प्रवाह सुचारु रूप से होता है और साथ ही आपके काम भी हो जाते हैं।

यदि आपके परिवार में कोई छोटा बच्चा या पोता है तो आप उसे पास के पार्क और अन्य बाहरी गतिविधियों के लिए ले जाने का समय निर्धारित कर सकते हैं। छोटे बच्चों को सँभालने में बहुत मेहनत लगती है और कुछ ही देर में आपका पसीना निकलने लगेगा।

घर का काम करने में मेहनत लगती है और हो सकता है, इसे करना आपको पसंद भी न हो, लेकिन इसे अवश्य करें। घर का काम अतिरिक्त कैलोरी को खत्म करने में मदद कर सकता है। सफाई करना, बरतन धोना और घर के अन्य काम करने से आपकी सक्रियता बनी रहेगी। सोफे पर बैठकर टी.वी. देखने की बजाय घर में ही चक्कर लगाना ज्यादा बेहतर है।

यदि आप जिम जा सकते हैं तो आपको सप्ताह में पाँच दिन 45 मिनट

तक कसरत करनी चाहिए। आपको अपनी मांसपेशियों को बनाए रखने के लिए वजन हलका करने की भी आवश्यकता है। तैराकी, योग, घूमना और अलग-अलग तरह की एक्सरसाइज सामान्यतया अच्छी रहती हैं। सबसे जरूरी है, एक दिनचर्या बनाना, जिसका आप लगातार पालन करते रहें।

कुछ दिनों के लिए व्यायाम करना और फिर कुछ सप्ताह उसे बंद कर देने को मैं 'नियमित व्यायाम' नहीं कहूँगा! डॉक्टरों का मानना है कि हफ्ते में 6 दिन वर्कआउट करने से आपकी आयु दो साल और बढ़ सकती है।

संक्षेप में कहें तो कई छोटी-छोटी चीजें हैं, जो आप कर सकते हैं, जो आपकी फिटनेस के स्तर को बदल सकती हैं। हर दिन फिटनेस के बारे में सोचें; आप फर्क महसूस करेंगे।

तनाव

रिटायरमेंट वह समय माना जाता है, जब आप तनावमुक्त होते हैं।

वह समय जब आप वृद्ध हो गए हैं, समझदार हैं और आपके पास जीवन के कई सवालों के जवाब हैं, हालाँकि उम्र बढ़ने के साथ नई परेशानियाँ भी घेर लेती हैं, जैसे अपने स्वास्थ्य का खयाल रखना, यह सुनिश्चित करना कि सेवानिवृत्ति के बाद जो जीवन बिताना है, उसमें पैसा खत्म न हो जाए और किसी को खो देने का डर।

वह समय जब आप वृद्ध हो गए हैं, समझदार हैं और आपके पास जीवन के कई सवालों के जवाब हैं, हालाँकि उम्र बढ़ने के साथ नई परेशानियाँ भी घेर लेती हैं, जैसे अपने स्वास्थ्य का खयाल रखना, यह सुनिश्चित करना कि सेवानिवृत्ति के बाद जो जीवन बिताना है, उसमें पैसा खत्म न हो जाए और किसी को खो देने का डर।

फिर भी बहुत सारे सेवानिवृत्त लोग तनाव में रहते हैं। तनावग्रस्त रहने का सबसे मुख्य कारण यह होता है कि लोगों ने इस बारे में कुछ सोचा नहीं होता है कि वे अपना खाली समय कैसे बिताएँगे? इसके अलावा स्वास्थ्य, बच्चे, वित्त और संपत्ति से संबंधित अन्य मुद्दे भी तनाव की वजह हो सकते हैं।

कुछ डॉक्टरों से चर्चा कर मैंने तनाव से निबटने के लिए कुछ बिंदुओं का

यहाँ उल्लेख किया है। समस्या यदि गंभीर हो तो आपके परिवार को डॉक्टर से परामर्श करना चाहिए। हो सकता है आपको दवा भी लेनी पड़े।

- अपने तनाव के कारण को पहचानें, उसे लिखें और अपने दिमाग को राहत देने के लिए एक अस्थायी समाधान खोजें।
- एक ऐसी कहानी पढ़ें, जो आपको प्रेरित करे और अपने आनंद या आध्यात्मिक रूप से अपने को स्वस्थ करने के लिए कुछ समय निकालें।
- ध्यान करना सीखें। गहरी साँस लें, जब तक आप यह महसूस नहीं करते कि आप भीतर से शांत हो रहे हैं। आपको जीवन में जो कुछ मिला है, अगर उसके प्रति आप कृतज्ञता महसूस करते हैं तो ऐसा कर पाना और भी आसान हो जाता है।
- अपनी नियमित दिनचर्या पर वापस आ जाएँ। किसी मॉल में चले जाएँ। वहाँ हमेशा कुछ नया और अलग देखने को मिलता है। आप बस माहौल, दुकानों और वहाँ आए दिलचस्प लोगों को देखकर आनंदित हो सकते हैं।
- अपना खयाल रखना आपका लक्ष्य है, यह सोचें और अपने मन की स्थिति को ठीक करने और अपने भीतर एक ताजगी महसूस करने के लिए कुछ समय बाहर बिताएँ।
- जो हो गया, उसे भूलना सीखें। तनाव को बाहर निकाल दें।
- वैसे भी आप पर कभी कोई बंधन नहीं था।

अपने वजन को नियंत्रित रखें

रिटायर होने के कुछ समय बाद ही बहुत सारे लोग अपने शरीर के प्रति लापरवाह हो जाते हैं और उनका वजन बढ़ना शुरू हो जाता है। अत्यधिक वजन बहुत सारी बीमारियों की वजह बनता है। इसके अलावा हमारा शरीर ऐसा हो, जो केवल एक 'सामान्य' वजन को ही सह सकता है। आपका वजन कितना होना चाहिए, यह जानकारी इंटरनेट से या अपने चिकित्सक से पूछकर प्राप्त की जा सकती है।

कुछ लोगों को स्वाभाविक रूप से चयापचय (मेटाबॉलिज्म) एकदम दुरुस्त होता है और मीठे को वे पसंद नहीं करते हैं। सभी इतने भाग्यशाली हों, जरूरी नहीं है। आपमें से उन लोगों के लिए, जो लंबाई के अनुसार अधिक वजन होने के मानकों से जूझते रहते हैं या जिनका वजन रिटायरमेंट के बाद कई किलो बढ़ जाता है, मैंने वर्षों में जो सीखा है, वह उनके साथ बाँटना चाहता हूँ।

कोई जादुई गोली या ऐसी चीज, जिसे खाने से वजन कम हो जाए, ढूँढ़ना बंद कर दें। टेलीविजन शॉपिंग चैनलों पर दिखाए जानेवाले उन जादुई विज्ञापनों पर विश्वास करना बंद करें, जो आपके बिस्तर पर लेटने मात्र से वजन कम हो जाने का दावा करते हैं। यदि कोई अद्भुत गोली या आहार के ऐसे अनुपूरक हों, जो आपको मनचाहा खाते हुए वजन कम करने में मदद करें तो बड़ी दवा कंपनियाँ इसे बेचकर बड़ा मुनाफा कमा रही होतीं।

> ***कोई जादुई गोली या ऐसी चीज, जिसे खाने से वजन कम हो जाए, ढूँढ़ना बंद कर दें। टेलीविजन शॉपिंग चैनलों पर दिखाए जानेवाले उन जादुई विज्ञापनों पर विश्वास करना बंद करें, जो आपके बिस्तर पर लेटने मात्र से वजन कम हो जाने का दावा करते हैं।***

तो आप अपने वजन को कैसे नियंत्रित कर सकते हैं?

- **सबसे जरूरी बात है कि वजन घटाने के लक्ष्य के बारे में एकदम सटीक दृष्टिकोण रखें।**

हममें से बहुत से लोग चाहते हैं कि हमारा वजन उतना हो जाए, जितना हमारी शादी के समय था तो जान लें, ऐसा होना संभव नहीं है। फिर भी मैं एक ऐसे दोस्त से मिला हूँ, जिसका वजन बहुत अधिक था और उसने फैसला किया कि वह शादी के 28 साल बाद अपनी शादी की शेरवानी ही पहनेगा। मैं उनके दृढ़ संकल्प पर चकित था और एक साल बाद उसने अपना वजन कम कर लिया तथा अपने लक्ष्य को पूरा किया।

ऐसे लक्ष्य निर्धारित करने से जिनका पूरा होना संभव नहीं है, केवल आपके हाथ हताशा और असफलता ही आएगी। मैंने हर तरह के उपाय किए और इससे मेरा वजन भी कम हो गया, पर मैं फिर से मोटा हो गया। वजन कम करने का

एकमात्र निश्चित तरीका खाना कम खाना है।

यदि आपका लक्ष्य 5 किलो वजन कम करना है तो आपका लक्ष्य हर महीने एक किलो वजन कम करने का होना चाहिए। पहले दो हफ्तों में अपना पहला किलो कम करें और फिर अगले दो हफ्तों तक इसे कायम रखें। डिजिटल वजन मापने की मशीनें उपलब्ध होने के कारण 100 ग्राम तक भी वजन के घटने-बढ़ने के बारे में जान सकते हैं।

- **दूसरा, अपने आहार में कैलोरी पर ध्यान दें। वजन कम करना जल्दी या आसान नहीं है, लेकिन सिद्धांत सरल है।**

आप कितनी कैलोरी का सेवन कर रहे हैं और एक्सरसाइज करके कितनी खर्च कर रहे हैं, यह इसके संतुलन के पर निर्भर करता है। एक दिन में 500 कैलोरी कम होने का मतलब है, दो सप्ताह में एक किलो कम होना, जबकि एक्सरसाइज आपके संपूर्ण स्वास्थ्य के लिए और उचित वजन बनाए रखने के लिए लाभकारी है, कैलोरी कम करना वजन घटाने की कुंजी है। अपने भोजन में से एक दिन में 500 कैलोरी कम करना बहुत आसान है। चिप्स का एक पैकेट और एक ठंडा पेय या कुछ कप चीनीवाली चाय न पीना कठिन प्रतीत हो सकता है। इसके बजाय 45 मिनट के लिए टहलना या हर दिन एक घंटे के लिए तैरना ज्यादा आसान लगता है।

यदि आपका लक्ष्य 5 किलो वजन कम करना है तो आपका लक्ष्य हर महीने एक किलो वजन कम करने का होना चाहिए। पहले दो हफ्तों में अपना पहला किलो कम करें और फिर अगले दो हफ्तों तक इसे कायम रखें। डिजिटल वजन मापने की मशीनें उपलब्ध होने के कारण 100 ग्राम तक भी वजन के घटने-बढ़ने के बारे में जान सकते हैं।

व्यायाम करने से शिथिल होती मांसपेशियों को सुदृढ़ करने में मदद मिलेगी, लेकिन केवल खाने पर किया गया नियंत्रण ही आपको वजन कम करने में मदद करेगा।

- **तीसरा, एक फूड डायरी बनाएँ**

क्या, कहाँ और कितना खाते हैं, यह उसमें लिखें। चिकित्सीय अध्ययन

दरशाते हैं कि जो लोग एक फूड डायरी बनाते हैं, उनका वजन कम होने की संभावना अधिक होती है। आप अपनी फूड डायरी में जो देखते हैं, वह आपकी आँखें खोल सकता है। क्या आप नाश्ता नहीं खाते, दोपहर के भोजन में दही खाते हैं और काम पर से घर लौटने पर पूरा फ्रिज खाली कर देते हैं?

क्या आपका नाश्ता और रात का भोजन पौष्टिक होता है, लेकिन अपने सहयोगियों के साथ दोपहर के भोजन के लिए किसी रेस्तराँ में जाकर खाने से कैलोरी का सेवन अधिक मात्रा में हो जाता है? क्या आप टी.वी. के सामने बैठे हुए कुछ भी मुँह में डालते रहते हैं? क्या आप हर रात बीयर या शराब पीते हैं? प्रत्येक प्रकार के भोजन में कैलोरी कितनी मात्रा में होती है, यह समझना मददगार साबित हो सकता है, विशेष रूप से तब, जब कुछ न खाने से अपने को रोकने की इच्छा से कहीं ज्यादा बड़ा प्रलोभन उसे खाने का हो।

क्या आपका नाश्ता और रात का भोजन पौष्टिक होता है, लेकिन अपने सहयोगियों के साथ दोपहर के भोजन के लिए किसी रेस्तराँ में जाकर खाने से कैलोरी का सेवन अधिक मात्रा में हो जाता है? क्या आप टी.वी. के सामने बैठे हुए कुछ भी मुँह में डालते रहते हैं? क्या आप हर रात बीयर या शराब पीते हैं?

फूड डायरी बनाने से न केवल आप अधिक भोजन खाने से स्वयं को रोक पाते हैं, वरन् इससे आपको यह समझने में भी आसानी होती है, किस तरह आप एक दिन में 500 कैलोरी कम कर सकते हैं।

नए मानदंडों के अनुसार आपको नियमित रूप से इन चीजों का सेवन करना चाहिए—

- तीन बार फल खाएँ।
- प्रतिदिन चार तरह की सब्जियों का सेवन करें।
- प्रतिदिन नौ प्रकार के साबुत अनाज खाएँ।
- प्रतिदिन कम-से-कम आठ गिलास पानी पीएँ।
- चीनी और डाइट सोडा पीने से बचें।
- अगला कदम, अपनी योजना बनाएँ।

अपनी फूड डायरी के आधार पर यह पता करें कि आप एक दिन में 500 कैलोरी कैसे कम कर सकते हैं?

कम खाना है, इस बात पर कोई ऐसा वादा न करें, जो पूरा न कर सकें या स्पष्ट न हो। इसके बजाय स्पष्ट संकल्प करें, जैसे कि चीनीवाली चाय छोड़ना, शराब न पीना या दोपहर के भोजन में सैंडविच न खाना। यदि कितना खाना है, इस पर नियंत्रण करना एक समस्या है तो दिन के किसी एक भोजन के लिए किसी अन्य भोजन का सेवन करें। विटामिन, खनिज और फाइबर के अपने आहार सेवन से समझौता किए बिना एक दिन में एक बार भोजन करने के लिए किसी प्रकार का शरबत लिया जा सकता है।

- **और अंत में, अगर आप वजन घटाने में नाकामयाब हो जाते हैं तो भी इसे कम करना छोड़ें नहीं।**

कम खाना है, इस बात पर कोई ऐसा वादा न करें, जो पूरा न कर सकें या स्पष्ट न हो। इसके बजाय स्पष्ट संकल्प करें, जैसे कि चीनीवाली चाय छोड़ना, शराब न पीना या दोपहर के भोजन में सैंडविच न खाना। यदि कितना खाना है, इस पर नियंत्रण करना एक समस्या है तो दिन के किसी एक भोजन के लिए किसी अन्य भोजन का सेवन करें।

यदि आप ऑफिस में अपने जन्मदिन पर केक का बड़ा टुकड़ा खा लेते हैं, तो ग्लानि न महसूस करें, बल्कि फिर दिन में कम कैलोरीवाला भोजन करें और अगले दिन वापस अपनी दिनचर्या पर आ जाएँ। आपका लक्ष्य होना चाहिए पौष्टिक व संतुलित भोजन का सेवन शुरू करना, ताकि आप धीरे-धीरे हर महीने एक किलो वजन कम कर सकें।

इस दिनचर्या को बनाए रखें और हो सकता है, आप अपनी शादी का सूट पहन पाएँ।

नियमित चिकित्सा जाँच

आपके पास आपकी सभी पिछली मेडिकल रिपोर्ट होंगी। रिटायर होने पर पूरा मेडिकल चेकअप करवाएँ। आपको पता होना चाहिए कि आपको स्वास्थ्य की कौन-कौन सी समस्याएँ हैं? क्या आपको रक्तचाप, उच्च कोलेस्टरॉल या

मधुमेह, जैसी बीमारियाँ हैं? क्या आप दमा के रोगी हैं? क्या आपको कोई अन्य समस्या है, जिसके लिए आप नियमित दवा ले रहे हैं?

यदि आपको कोई गंभीर बीमारी है तो आपको डॉक्टर की सलाह से हर तीन महीने में या छह महीने बाद अवश्य जाँच करानी चाहिए। याद रखें कि आपसे बेहतर कोई और आपके स्वास्थ्य की निगरानी नहीं कर सकता है।

आपका डॉक्टर आपको बताएगा कि आपको नियमित रूप से कौन सी दवाएँ लेनी हैं और कितनी बार आपको अपनी जाँच कराने की आवश्यकता है। बहुत से ऐसे लोग हैं, जो मेडिकल टेस्ट करवाने से मना करते हैं। आप अपनी बीमारियों के बारे में जानना नहीं चाहते हैं, इसलिए जाँच नहीं कराना चाहते, यह सेवानिवृत्ति के बाद लंबे समय तक जीवित रहने के लिए एक अदूरदर्शी दृष्टिकोण है।

आज स्वास्थ्य सेवा में हुए व्यवसायीकरण को देखते हुए आपका डॉक्टर आपको यह सलाह दे सकता है कि आप कई तरह की जाँच कराएँ, जिनकी शायद जरूरत तक न हो। जब आपका डॉक्टर बहुत महँगे टेस्ट करवाने की सलाह दे तो पहले समझें कि उनको कराने की जरूरत है भी कि नहीं!

दूसरी ओर, आज स्वास्थ्य सेवा में हुए व्यवसायीकरण को देखते हुए आपका डॉक्टर आपको यह सलाह दे सकता है कि आप कई तरह की जाँच कराएँ, जिनकी शायद जरूरत तक न हो। जब आपका डॉक्टर बहुत महँगे टेस्ट करवाने की सलाह दे तो पहले समझें कि उनको कराने की जरूरत है भी कि नहीं!

भारत में ऐसा कोई संगठन नहीं है, जो हमारे देश के लाखों सेवानिवृत्त व्यक्तियों की जरूरतों को समझकर उन्हें पूरा कर सके।

इसलिए मैंने अमेरिका के 'अमेरिकन एसोसिएशन ऑफ रिटायर्ड पर्सन्स' (ए.ए.आर.पी.) नामक संगठन के कुछ सुझावों का अध्ययन किया, जिसमें बताया गया है कि नियमित रूप से किन चिकित्सा जाँचों को कराने की जरूरत नहीं है। उनका विचार से कुछ जाँच फायदा पहुँचाने के बजाय नुकसान पहुँचा सकती हैं।

इस पुस्तक में मेरा उद्द्देश्य इन जाँचों को सूचीबद्ध करना है। लेकिन अगर आपका डॉक्टर कोई भी जाँच करवाने की सलाह दे तो आप उसे अपनी समझ के अनुसार अवश्य मानें। इस सूची से आपको पता चल जाएगा कि कौन-कौन से ऐसे टेस्ट हैं, जिन्हें कराने के लिए आपका डॉक्टर सलाह दे सकता है। अपने डॉक्टर से इन टेस्ट के बारे में जानकारी हासिल करने का अर्थ है कि आपने आधी लड़ाई जीत ली है।

- **हृदय संबंधी कोई सर्जरी होने के बाद न्यूक्लियर स्ट्रेस टेस्ट और अन्य इमेजिंग टेस्ट**

किसी को हृदय रोग न हो या होने की संभावना कम हो, ऐसे व्यक्ति को वास्तव में समस्या क्या है, यह पता लगने के बजाय बीमारी है, ऐसी गलत जानकारी मिलने की संभावना दस गुना अधिक होती है।

बहुत से लोग जिनकी बाईपास सर्जरी हुई हो, स्टेंट डाला गया हो या अन्य सर्जरी हुई हो, उन्हें लगता है कि वे मौत के मुँह से निकलकर आए हैं, इसलिए मरीज और डॉक्टर, दोनों ही न्यूक्लियर स्ट्रेस टेस्ट या अन्य टेस्ट के माध्यम से जानना चाहते हैं कि उनका हृदय ठीक से काम कर रहा है कि नहीं, लेकिन हर साल या दो साल में एक बार बिना किन्हीं लक्षणों के एक बार इन टेस्ट को करने से इलाज में शायद ही किसी किस्म का बदलाव आता हो।

- **वर्ष में एक बार इलेक्ट्रोकार्डियोग्राम या एक्सरसाइज स्ट्रेस टेस्ट**

किसी को हृदय रोग न हो या होने की संभावना कम हो, ऐसे व्यक्ति को वास्तव में समस्या क्या है, यह पता लगने के बजाय बीमारी है, ऐसी गलत जानकारी मिलने की संभावना दस गुना अधिक होती है। इससे अनावश्यक ही हार्ट कैथीटेराइजेशन और स्टेंट डाल दिया जाता है। इसके बजाय अपने रक्तचाप और कोलेस्टरॉल की जाँच कराएँ और अगर आपको मधुमेह है तो अपने रक्त शर्करा के स्तर की भी जाँच करवाएँ।

- **प्रोस्टेट कैंसर की जाँच के लिए पी.एस.ए.**

कैंसर शब्द सुनते ही सब भयभीत हो जाते हैं, लेकिन पी.एस.ए. टेस्ट से अकसर धीमी गति से बढ़ने वाले कैंसर का पता चल जाता है, जिनसे जान

का खतरा नहीं होता है। "यह एक तरह से प्रमाणित हो चुका है कि किसी पुरुष में कोई लक्षण न होने पर पी.एस.ए. टेस्ट से फायदा होने की अपेक्षा नुकसान अधिक होता है।" जब पुरुष सर्जरी या विकिरण जैसे उपचार कराते हैं तो नपुंसकता, अक्षमता या दोनों के होने की आशंका 20 से 40 प्रतिशत तक होती है।

• अल्जाइमर रोग के निदान के लिए पी.ई.टी. स्कैन

कुछ समय पहले तक अल्जाइमर का सटीक निदान करने का एकमात्र तरीका ऑटोप्सी ही था। पिछले कुछ वर्षों में डॉक्टरों ने बीटा-अमाइलॉइड प्रोटीन, जो इस बीमारी से ग्रस्त लोगों के दिमाग में पाया जाता है, का पता लगाने के लिए एक रेडियोधर्मी डाई के साथ पी.ई.टी. स्कैन का उपयोग करना शुरू कर दिया है, हालाँकि यह टेस्ट अनुसंधान करने के लिए बहुत अच्छा है, लेकिन इसको लेकर गंभीर सवाल उठते हैं कि क्या इसका उपयोग उन लोगों पर किया जाना चाहिए, जिनकी याददास्त धुँधला गई है?

कुछ समय पहले तक अल्जाइमर का सटीक निदान करने का एकमात्र तरीका ऑटोप्सी ही था। पिछले कुछ वर्षों में डॉक्टरों ने बीटा-अमाइलॉइड प्रोटीन, जो इस बीमारी से ग्रस्त लोगों के दिमाग में पाया जाता है, का पता लगाने के लिए एक रेडियोधर्मी डाई के साथ पी.ई.टी. स्कैन का उपयोग करना शुरू कर दिया है"

यही नहीं, चाहे पी.ई.टी. स्कैन रोग का सही निदान कर भी दे, तब भी इसका इलाज संभव नहीं है। यदि आप अपनी याददाश्त को लेकर चिंतित हैं तो बेहतर यही होगा कि किसी ऐसे चिकित्सक से अपनी पूरी जाँच कराएँ, जिसे मनोभ्रंश (डिमेंशिया) का निदान और उपचार करने में विद्धत्ता हासिल है।

• पीठ के निचले हिस्से में दर्द होने पर एक्स-रे, सीटी स्कैन या एम.आर.आई.

दुर्भाग्य से पीठ दर्द इतनी आम बीमारी है कि लगभग 80 प्रतिशत लोगों ने अपने जीवन में कभी-न-कभी इस दर्द को जरूर सहा होगा। यह कष्टदायी तो

है ही, साथ ही इसकी वजह से शरीर में कमजोरी भी आ जाती है। स्वाभाविक है कि लोग जानना चाहेंगे कि आखिर पीठ दर्द होने का कारण क्या है ? यहीं आकर हम चूक जाते हैं, क्योंकि दुनिया में सबसे अच्छी इमेजिंग मशीनें भी अकसर इसकी वजह नहीं बता पाती हैं।

अधिकांश पीठ दर्द लगभग एक महीने में दूर हो जाते हैं और इमेजिंग टेस्ट के साथ बहुत सी महँगी प्रक्रियाएँ जुड़ी होती हैं, जो अकसर ठीक करने में कोई मदद नहीं करती हैं। यदि एक महीने में दर्द ठीक नहीं होता है तो अपने डॉक्टर से राय लें कि क्या आप फिजिकल थैरैपी, योग या मालिश जैसे अन्य विकल्पों को अपना सकते हैं।

अधिकांश पीठ दर्द लगभग एक महीने में दूर हो जाते हैं और इमेजिंग टेस्ट के साथ बहुत सी महँगी प्रक्रियाएँ जुड़ी होती हैं, जो अकसर ठीक करने में कोई मदद नहीं करती हैं। यदि एक महीने में दर्द ठीक नहीं होता है तो अपने डॉक्टर से राय लें कि क्या आप फिजिकल थैरैपी, योग या मालिश जैसे अन्य विकल्पों को अपना सकते हैं। लेकिन अगर आपको पैरों में कमजोरी महसूस होती है या वे सुन्न हो जाते हैं, आपके परिवार में किसी को कैंसर था या आपको हाल ही में··।

वर्ष में एक बार किया जानेवाला पैप टेस्ट

वर्ष में एक बार 'पैप स्मीयर' कराना महिलाओं के स्वास्थ्य के लिए आवश्यक कहा जाता है, लेकिन इसे हर साल करवाने की जरूरत नहीं है। जिन्हें इसका थोड़ा जोखिम हो, उन महिलाओं को तीन साल में एक बार करवाने की आवश्यकता होती है, क्योंकि गर्भाशय ग्रीवा (सर्वाइकल कैंसर) के कैंसर को विकसित होने में आमतौर पर 10 से 20 साल लगते हैं। यदि महिलाओं के ह्यूमन पैपिलोमा वायरस (एच.पी.वी.) के लिए नकारात्मक परीक्षण भी हुआ है, जिसे अब कैंसर का कारण माना जाता है, तो उन्हें हर पाँच साल में एच.पी.वी. टेस्ट के साथ ही पैप टेस्ट की आवश्यकता होती है और 65 वर्ष से अधिक उम्र की महिलाएँ, जो लगातार कई सामान्य पैप टेस्ट करवा चुकी हैं, उन्हें अब और टेस्ट

करवाने की जरूरत नहीं है। हालाँकि ध्यान दें कि स्त्री-रोग विशेषज्ञ से साल में एक बार जाँच कराना बेहद जरूरी है।

• 65 वर्ष की आयु से पहले महिलाओं और 70 वर्ष की आयु से कम पुरुषों का बोन डेंसिटी स्कैन

अनुमानत : 10 करोड़ लोगों के लिए, मुख्य रूप से संयुक्त राज्य अमेरिका की महिलाओं में, जिन्हें ऑस्टियोपोरोसिस है, हड्डियों को मजबूत करनेवाली दवाएँ हड्डी टूटने की संभावना कम कर सकती हैं।

अपनी हड्डियों को मजबूत रखने के लिए सैर करें और व्यायाम करें। कैल्सियम और विटामिन डी पर्याप्त मात्रा में लें। यदि आप धूम्रपान करते हैं तो उसे छोड़ दें।

कई महिलाएँ यह जानने के लिए बार-बार अल्ट्रासाउंड करवाती हैं कि डिंब ग्रंथि अल्सर (ओवेरियन सिस्ट) कैंसर तो नहीं बना है ? लेकिन वर्तमान शोध के अनुसार ये टेस्ट आवश्यक नहीं हैं। जिन महिलाओं की रजोनिवृत्ति होनेवाली है, उनमें डिंब ग्रंथि अल्सर होते हैं...

छोटे डिंब ग्रंथि अल्सर के लिए निरंतर अल्ट्रासाउंड

कई महिलाएँ यह जानने के लिए बार-बार अल्ट्रासाउंड करवाती हैं कि डिंब ग्रंथि अल्सर (ओवेरियन सिस्ट) कैंसर तो नहीं बना है ? लेकिन वर्तमान शोध के अनुसार ये टेस्ट आवश्यक नहीं हैं। जिन महिलाओं की रजोनिवृत्ति होनेवाली है, उनमें डिंब ग्रंथि अल्सर होते हैं, जो कोई नुकसान नहीं पहुँचाते हैं, बाकी लगभग 20 प्रतिशत महिलाएँ, जिन्हें रजोनिवृत्ति हो चुकी होती है, उनमें भी हानिरहित अल्सर विकसित हो जाते हैं।

• 75 वर्ष के बाद कोलोनोस्कोपी

ज्यादातर लोगों को 50 वर्ष की आयु में कोलोन कैंसर की स्क्रीनिंग करवानी चाहिए और अगर पहला टेस्ट ठीक हो तो फिर हर पाँच से 10 साल बाद आँत के कैंसर की जाँच करानी चाहिए। 75 वर्ष की आयु तक, यदि आपकी कॉलोनोस्कोपी की रिपोर्ट एकदम ठीक रहती है, तो आप इस टेस्ट को

कराना बंद कर सकते हैं। यह अच्छी बात है, क्योंकि कोलोनोस्कोपी वृद्धों में गंभीर जटिलताएँ पैदा कर सकती है।

अपने बृहदांत्र की सुरक्षा के लिए फाइबर की जरूरत होती है। इसके लिए फल, सब्जियाँ और साबुत अनाज खाएँ। वसायुक्त भोजन, रेड मीट और प्रोसेस्ड मीट का सेवन कम मात्रा में करें। अगर वजन ज्यादा है तो वजन कम करें और व्यायाम करें। यही सलाह पहले भी दी चुकी है। यह जरूरी है, क्योंकि यह आपके शरीर के अन्य अंगों और मस्तिष्क को सुरक्षित रखने के लिए सबसे अच्छी सलाह है।

अपने बृहदांत्र की सुरक्षा के लिए फाइबर की जरूरत होती है। इसके लिए फल, सब्जियाँ और साबुत अनाज खाएँ। वसायुक्त भोजन, रेड मीट और प्रोसेस्ड मीट का सेवन कम मात्रा में करें। अगर वजन ज्यादा है तो वजन कम करें और व्यायाम करें। यही सलाह पहले भी दी चुकी है। यह जरूरी है, क्योंकि यह आपके शरीर के अन्य अंगों और मस्तिष्क को सुरक्षित रखने के लिए सबसे अच्छी सलाह है।

- **वर्ष में एक बार शरीर की जाँच**

इस बात के लिए कोई ठोस प्रमाण मौजूद नहीं हैं कि हर साल जाँच कराने से आप स्वस्थ रह सकते हैं। कई टेस्ट, जो डॉक्टर नियमित रूप से एनीमिया, यकृत रोग या मूत्र पथ के संक्रमण आदि का निदान करने के लिए करवाते हैं, उनको कराने का तब तक कोई औचित्य नहीं, जब तक ऐसी कोई बीमारी होने का संदेह न हो।

"हम निश्चित रूप से यह नहीं मानते हैं कि लोगों को कभी भी डॉक्टर के पास दिखाने नहीं जाना चाहिए, बल्कि हम किसी को दिखाने के लिए किसी को दिखाने की महत्ता पर सवाल उठाते हैं।"

डॉक्टर को कितनी बार दिखाना चाहिए, यह आपकी जरूरतों पर निर्भर होता है। यदि आपको कोई ऐसी बीमारी है, जिसका इलाज कराने की आवश्यकता है तो डॉक्टर को दिखाएँ और अपने डॉक्टर से पूछें कि आपको कितनी बार अपने रक्तचाप और कोलेस्टरॉल की जाँच करवानी चाहिए?

"वास्तविकता यह है कि कामों को सिर्फ इसलिए न करें, क्योंकि एक निश्चित समय पर इन्हें कराना चाहिए, बल्कि उन्हें अपने स्वास्थ्य की खातिर करें।"

सौजन्य : http://www.aarp.org/health

☐

अगर मेरा शरीर एक कार था—रिटायरमेंट के प्रभाव

यदि मेरा शरीर एक कार था, तो समय आ गया है कि मैं इसकी अदला-बदली एक नए मॉडल से कर दूँ। मुझ पर बहुत से धक्के, गड्ढे, खरोंचे लगी हैं और मेरा पेंट भी जगह-जगह से उखड़ने लगा है, लेकिन केवल इतनी ही खराबी नहीं आई है।

यदि मेरा शरीर एक कार था, तो समय आ गया है कि मैं इसकी अदला-बदली एक नए मॉडल से कर दूँ। मुझ पर बहुत से धक्के, गड्ढे, खरोंचे लगी हैं और मेरा पेंट भी जगह-जगह से उखड़ने लगा है, लेकिन केवल इतनी ही खराबी नहीं आई है।

मेरी हेडलाइट्स टेढ़ी हो गई हैं और चीजों को करीब से देखना विशेष रूप से कठिन हो गया है। मेरा इंजन उतना शानदार नहीं है, जितना कभी हुआ करता था। मैं फिसल जाता हूँ और ढाल पर गिरने से स्वयं को सँभाल नहीं पाता हूँ और मौसम चाहे कितना ही अच्छा क्यों न हो, मैं चीजों से टकरा जाता हूँ। मेरे टायर में ढेर सारी धारियाँ उभर आई हैं। अपनी अधिकतम गति तक पहुँचने में मुझे घंटों लगते हैं, मेरी ईंधन दर भी कम हो गई है, लेकिन इतनी ही खराबी नहीं आई है।

लगभग हर बार जब मैं छींकता हूँ, खाँसता हूँ या थूकता हूँ तो या तो मेरे रेडिएटर से पानी निकलने लगता है या मैं थक जाता हूँ।

☐

स्वास्थ्य बीमा

स्वास्थ्य बीमा आपको और आपके परिवार को खतरनाक वित्तीय आपदा, जो चिकित्सा में आनेवाले व्यय या स्वास्थ्य संबंधी मुद्दों की वजह से आपको झेलनी पड़ सकती है, से बचाने का एक तरीका है। स्वास्थ्य बीमा ही एकमात्र

तरीका है, जो आपकी ऐसी गंभीर स्थिति में मदद कर सकता है। भारत में कई स्वास्थ्य बीमा कंपनियाँ हैं। बीमा एक उच्च विनियमित विषय है और विभिन्न प्रकार की नीतियों के तहत दिए जानेवाले लाभों को नियामक द्वारा बहुत कड़ाई से नियंत्रित किया जाता है।

व्यक्तिगत स्वास्थ्य बीमा व्यक्तियों के चिकित्सा खर्च की भरपाई करता है। आप विभिन्न स्वास्थ्य बीमा योजनाओं की तुलना, अपनी स्वास्थ्य बीमा कवरेज की नियमित रूप से समीक्षा करते हुए और एक स्वस्थ जीवन-शैली जीते हुए पैसे बचा सकते हैं।

व्यक्तिगत स्वास्थ्य बीमा व्यक्तियों के चिकित्सा खर्च की भरपाई करता है। आप विभिन्न स्वास्थ्य बीमा योजनाओं की तुलना, अपनी स्वास्थ्य बीमा कवरेज की नियमित रूप से समीक्षा करते हुए और एक स्वस्थ जीवन-शैली जीते हुए पैसे बचा सकते हैं।

भारत में कई स्वास्थ्य बीमा कंपनियाँ हैं और वे सभी आपके और आपके जीवनसाथी के हिसाब से एक पॉलिसी देने के लिए तत्पर रहती हैं। केवल याद रखनेवाली बात यह है कि आप जितनी कम उम्र में बीमा कराते हैं, प्रीमियम उतना ही कम आता है और कवरेज या लाभ अधिक मिलता है। यदि आप किसी बीमारी से जूझने के दौरान पॉलिसी लेते हैं तो बीमा कंपनी उस बीमारी को शामिल नहीं करेगी।

अब जब तक आप जीवित रहते हैं, तब तक स्वास्थ्य बीमा उपलब्ध है और ऐसी कंपनियाँ हैं, जो प्रीमियम में वृद्धि किए बिना, उम्र के साथ लगातार बढ़ती स्वास्थ्य की देखभाल की जरूरतों पर आनेवाले खर्च का भार उठाने के लिए प्रत्येक गुजरते साल के साथ कवरेज बढ़ाती जाती हैं। यदि आपको वह कवरेज नहीं मिल रहा है, जो आप चाहते हैं, यदि आप अपने वर्तमान स्वास्थ्य बीमाकर्ता से नाखुश हैं, तो कानून आपको किसी अन्य स्वास्थ्य बीमा में स्थानांतरित करने की अनुमति देता है, जिसे आपके द्वारा भुगतान किए गए प्रीमियम के लिए आपको पूरा लाभ देना होगा।

जो लोग रिटायर होनेवाले हैं, उनको मेरी यही सलाह है कि अपनी स्वास्थ्य

बीमा पॉलिसी खत्म होने से पहले, जिसकी सुविधा नौकरी करने के दौरान आपके नियोक्ता ने दी था, आपको अपने व अपने साथी के लिए हेल्थ इंश्योरेंस प्लान ले लेनी चाहिए। ऐसा नहीं करने पर बाद में समस्याएँ पैदा हो सकती हैं और भारत में चिकित्सा पर आनेवाला खर्च इतनी तेजी से बढ़ रहा है कि हेल्थ पॉलिसी का न होना हमेशा के लिए एक सुरक्षित सेवानिवृत्ति की आपकी सभी धारणाओं को बदल सकता है।

□

एक होशियार डॉक्टर को अपने मरीज को कोई दवाई देने से पहले, न केवल उस आदमी की बीमारी की जाँच करनी चाहिए, जिससे वह ग्रस्त है, बल्कि उसकी उन आदतों के बारे में भी जानना चाहिए, जब वह स्वस्थ था। साथ ही उसकी शारीरिक संरचना के बारे में भी।

—मार्क्स टूलियस सिसेरो

एंटी एजिंग

उम्र शरीर से ज्यादा मन की अवस्था है, अगर आप इस पर ज्यादा सोचते नहीं हैं तो यह मायने भी नहीं रखती।

—मार्क ट्वेन

यदि आप बुढ़ापे में जिंदादिल और पुष्ट रहना चाहते हैं तो आपको उम्र न बढ़ने देने के कुछ रहस्यों को सीखना होगा, जो मन, शरीर और ऊर्जा या उत्साह पर केंद्रित हैं। आपका शरीर एक एकीकृत संपूर्ण है। स्वस्थ जीवन के कई पहलू हैं, जो एक-दूसरे पर निर्भर हैं। उत्साह को कुचलो तो शरीर भी वही करेगा। मन में उत्साह और जोश भरें और आपकी मन की स्थिति खिल उठेगी। भीतर-बाहर एक

यदि आप बुढ़ापे में जिंदादिल और पुष्ट रहना चाहते हैं तो आपको उम्र न बढ़ने देने के कुछ रहस्यों को सीखना होगा, जो मन, शरीर और ऊर्जा या उत्साह पर केंद्रित हैं। आपका शरीर एक एकीकृत संपूर्ण है। स्वस्थ जीवन के कई पहलू हैं, जो एक-दूसरे पर निर्भर हैं।

सुखद अनुभूति होगी। एक्सरसाइज करें और आपका दिमाग तेज होगा। कई मायनों में ये 'एंटी-एजिंग सुझाव' एक-दूसरे पर निर्भर हैं।

यह माना जाता है कि आपके वंशाणु आपका स्वास्थ्य कैसा होगा, इसमें एक प्रमुख भूमिका निभाते हैं। लेकिन यह चुनाव करना आपके अधिकार में नहीं कि कौन आपके माता-पिता बनें; लेकिन आपको यह समझना चाहिए कि आपको अपने परिवार के अतीत का गुलाम होने की आवश्यकता नहीं है। यह मेरा विश्वास है कि हर इनसान को उम्र बढ़ने की प्रक्रिया को स्वीकार करना चाहिए और जो भी उम्र हो, उसका सम्मान करके और खुश रहना चाहिए। हम सभी का बहुत से ऐसे लोगों से सामना होता है, जो देखने में तो उम्रदराज लगते हैं, पर वे उसे कसे कपड़ों से छिपाने की कोशिश करते हैं और अपने चेहरे पर मैकअप की परतें चढ़ाकर अपनी झुर्रियाँ छिपाने की कोशिश करते हैं।

> ***एंटी-एजिंग आपके दिमाग, शरीर और ऊर्जा के लिए होना चाहिए। शरीर तो जवान हो, पर सोच अतीत में डूबे रहनेवाले किसी वृद्ध की हो, जिसका उत्साह मर चुका हो, तो उसका कोई महत्त्व नहीं है।***

एंटी-एजिंग आपके दिमाग, शरीर और ऊर्जा के लिए होना चाहिए। शरीर तो जवान हो, पर सोच अतीत में डूबे रहनेवाले किसी वृद्ध की हो, जिसका उत्साह मर चुका हो, तो उसका कोई महत्त्व नहीं है।

उम्र बढ़ने की प्रक्रिया को कैसे स्वीकारा जाए, उसके लिए कुछ सुझाव—

• प्रेरणा से मस्तिष्क को आंदोलित करें—लंबा जीवन जीना एक बात है, लेकिन यदि आप एक लंबा और जोश से भरा जीवन जीना चाहते हैं तो आपके पास ऊर्जा से भरा और एक तेज दिमाग होना चाहिए। मस्तिष्क को भी शरीर के बाकी हिस्सों की तरह, सुस्त और यहाँ तक कि रोग-ग्रस्त होने से बचाने के लिए व्यायाम की आवश्यकता होती है।

मस्तिष्क को तंत्रिका-संबंधी मार्गों को खुला रखने के लिए हमेशा सक्रिय रहने की आवश्यकता होती है। एक नई भाषा सीखें, पुस्तकें पढ़ें, अपने आपको व्यस्त रखें, प्रकृति को सराहें, आपके आसपास जो खुशबू और ध्वनियाँ हैं,

उनका आनंद लें। आपका दिमाग जितना ऊर्जा से लबालब रहेगा, जितना मस्त रहेंगे, उतना ही आपका शरीर, आपका पूरा अस्तित्व भी युवा महसूस करेगा।

एक पुरानी कहावत है, "इस्तेमाल करें, वरना जड़ हो जाएगा," यह तभी सार्थक होगी, जब आप अपने दिमाग में सक्रियता व उत्फुल्लता बनाए रखेंगे।

• **संतुलित व पौष्टिक भोजन खाएँ :** कैसा भोजन खाना चाहिए, इसके बारे में जितना लिखा गया है, उतना इस बारे में नहीं कि उसे कैसे अवशोषित या पचाया जा सकता है ? आज जो खाद्य पदार्थ आपके लिए अच्छे हैं, वे कुछ साल बाद आपके अनुकूल नहीं रहते हैं, इसलिए जब इस विषय पर लिखा जाता है तो अकसर पढ़नेवाले दुविधा में पड़ जाते हैं। जब मैं एक युवक था तो मुझे बताया गया कि अंडा कोलोस्टरॉल बढ़ाता है। आज मुझे बताया गया है कि अंडा आपकी सेहत के लिए फायदेमंद है, जब मैंने इस बारे में लोगों से बात की तो मुझे बताया गया था कि लाल मांस खाना अब चिकन से ज्यादा ठीक लगता है और पराँठों से ज्यादा फायदा पूरियाँ देती हैं। क्या यह सब एक चक्र की तरह घूमता है और दुनिया में पूरी तरह से भोजन के प्रचारकों पर आधारित है ?

वे सारे लेख या पुस्तकें, जो अधिकांश सेवानिवृत्त लोगों ने वर्षों में पढ़ी होंगी, उनके आधार पर हम यह मान लेते हैं कि तैलीय भोजन अच्छा नहीं होता, अधिक मीठा खाने से परहेज करना चाहिए, ऐसे पदार्थ, जिनमें रेशे या अत्यधिक फाइबर होता है, अच्छे हैं और शाम 7 बजे के बाद कॉर्बोहाइड्रेट का सेवन नहीं करना चाहिए।

वे सारे लेख या पुस्तकें, जो अधिकांश सेवानिवृत्त लोगों ने वर्षों में पढ़ी होंगी, उनके आधार पर हम यह मान लेते हैं कि तैलीय भोजन अच्छा नहीं होता, अधिक मीठा खाने से परहेज करना चाहिए, ऐसे पदार्थ, जिनमें रेशे या अत्यधिक फाइबर होता है, अच्छे हैं और शाम 7 बजे के बाद कॉर्बोहाइड्रेट का सेवन नहीं करना चाहिए। जब हम सही भोजन नहीं करते हैं तो हमारे शरीर भी हमें संकेत देता है। क्या अच्छा है और क्या नहीं, इस पर हर साल नए सिद्धांत सामने आते हैं। जो कल अच्छा था वह आज अच्छा नहीं हो सकता। ग्लाइकोसिलेटेड

हीमोग्लोबिन (एचबीए1सी), रक्तचाप और इसी तरह की अन्य स्वास्थ्य संबंधी चुनौतियों के लिए अब नए मापदंडों को अपनाया जा रहा है।

संतुलित आहार के बारे में सही जानकारी प्राप्त करने के लिए किसी पोषण विशेषज्ञ या आहार विशेषज्ञ से संपर्क करें।

• **एक्सरसाइज :** मैंने इस पुस्तक में कई स्थानों पर कहा है कि हमारे शरीर को स्वस्थ व तंदुरुस्त रखने के लिए एक्सरसाइज बहुत जरूरी है, खासकर तब, जब हमारी उम्र बढ़ रही हो। अनगिनत अध्ययनों से पता चलता है कि उम्र बढ़ने के साथ ताकत में कमी, मांसपेशियों की ताकत, संतुलन और हड्डियों के घनत्व में जो कमी आने लगती है, उसे एक्सरसाइज द्वारा पूरा किया जा सकता है।

वर्कआउट करने के अलावा सप्ताह में कम-से-कम 3 बार 35 से 40 मिनट तक पैदल चलना या तैरना तथा अपनी मांसपेशियों को चुस्त बनाए रखने के लिए कुछ सरल एक्सरसाइज करना अच्छा होता है।

वर्कआउट करने के अलावा सप्ताह में कम-से-कम 3 बार 35 से 40 मिनट तक पैदल चलना या तैरना तथा अपनी मांसपेशियों को चुस्त बनाए रखने के लिए कुछ सरल एक्सरसाइज करना अच्छा होता है।

मांसपेशियों को मजबूत बनाने की एक्सरसाइज करने के साथ-साथ कार्डियो वैस्कुलर वर्कआउट का संयोजन किया जा सकता है।

• **एंटीऑक्सीडेंट का सेवन कम करें :** फ्री रैडिकल्स (मुक्त कण) उम्र से संबंधित बीमारियों की शुरुआत में योगदान करते हैं और एंटीऑक्सीडेंट इन्हें बेअसर कर देते हैं। हर किसी को आहार और खाद्य पूरकों (सप्लीमेंट्स) के माध्यम से मिश्रित एंटीऑक्सीडेंट लेने चाहिए।

अपने आहार में टमाटर, गाजर और पालक जैसी गहरे रंग की सब्जियों का सेवन बढ़ाकर एंटीऑक्सीडेंट की मात्रा को बढ़ाया जा सकता है। बीच-बीच में खाद्य पूरक लेते रहें, क्योंकि हम हमेशा वह नहीं खाते हैं, जो हमारे लिए अच्छा है और वह मिट्टी, जिसमें खाद्य पदार्थ उगता है, उसमें वे चीजें नहीं होती, जो हमारे भोजन में सामान्य रूप से होने चाहिए।

"मैं हमेशा लोगों को कहता हूँ कि एंटीऑक्सीडेंट लेना सीट बेल्ट बाँधकर ड्राइविंग करने जैसा है।" इस विषय के विद्वान् ब्लमबर्ग कहते हैं, "वे आपके जीवन की रक्षा कर सकते हैं, लेकिन वे लापरवाही से गाड़ी चलाने का लाइसेंस नहीं है।"

• **नींद :** अनुसंधान बताते हैं कि यदि आप रात में छह घंटे से कम सोते हैं तो आपको दिल का दौरा पड़ने या स्ट्रोक होने का अधिक खतरा होता है। यही नहीं, आपका दिमाग तेज गति से क्षय होने लगता है।

भावनात्मक स्तर पर नींद की कमी से आप शांत रहने में स्वयं को असमर्थ पाते हैं और क्रोध भी ज्यादा आता है। जो लोग भरपूर आराम नहीं करते या जिनकी नींद पूरी नहीं होती, वायरल संक्रमण से संबंधित बीमारियाँ भी उन्हें अकसर घेर लेती हैं।

भावनात्मक स्तर पर नींद की कमी से आप शांत रहने में स्वयं को असमर्थ पाते हैं और क्रोध भी ज्यादा आता है। जो लोग भरपूर आराम नहीं करते या जिनकी नींद पूरी नहीं होती, वायरल संक्रमण से संबंधित बीमारियाँ भी उन्हें अकसर घेर लेती हैं।

मैं ऐसे कई लोगों से मिला हूँ, जिन्हें नींद नहीं आती है। वे इसका आसान रास्ता निकालते हैं और अपने डॉक्टरों को नींद आनेवाली दवाइयाँ लिखने के लिए कहते हैं और आश्चर्य की बात यह है कि डॉक्टर बिना हिचके उन दवाइयों को लिख देते हैं; फिर नींद की गोलियाँ खाने की लत पड़ जाती है और इन्हें बिना खाए स्वाभाविक रूप से नींद आना फिर एक बड़ी चुनौती बन जाती है। शरीर इन गोलियों का इतना आदी हो जाता है कि इनके बिना नींद नहीं आती। इन गोलियों पर भरोसा करने के बजाय सोने की कोशिश करना और ध्यान लगाना सबसे अच्छा है।

• **ह्यूमन ग्रोथ हॉरमोन थैरेपी :** ऊर्जा, कामेच्छा की कमी और जल्दी थक जाना अधिकांश सेवानिवृत्त लोगों के लिए चिंता की बात है। वे समझ नहीं पाते कि उनकी जरूरतों के सबसे स्वाभाविक पहलू शिथिल क्यों होने लगे हैं?

बुढ़ापे की ओर कदम रख रहे, युवा दिखने के लिए बेताब, हॉलीवुड की कई मशहूर हस्तियों की नई सनक बनते जा रहे हैं मानव वृद्धि हार्मोन जो हैं।

'एक सिरिंज में युवा बनने का एक फव्वारा' कहकर उल्लेख की जानेवाली इस थैरेपी का उपयोग करनेवाले कहते हैं कि वे 20 साल छोटा महसूस करते हैं, उन्हें त्वचा लटकी हुई महसूस होने के बजाय सख्त महसूस होती है और इससे उनकी सेक्स करने की इच्छा बढ़ जाती है।

एच.जी.एच. थैरेपी 1990 के दशक से एक इलाज के रूप में इस्तेमाल हो रही है, लेकिन हाल ही में 'एंटी-एजिंग दवा' के रूप में बेची गई है। यह मस्तिष्क के तल पर एक मटर के आकार की संरचना, पिटयूटरी ग्रंथि द्वारा बचपन में विकास को बढ़ावा देने और जीवन भर ऊतकों और अंगों को स्वस्थ बनाए रखने में मदद करने के लिए उत्पन्न होती है। एच.जी.एच. के पीछे कौन सा सिद्धांत काम करता है, यह अभी तक प्रमाणित नहीं हो पाया है, लेकिन यह इस बात पर केंद्रित है कि जैसे-जैसे हमारी उम्र बढ़ती है, हार्मोन में कमी आने लगती है और अगर हम उन्हें प्रतिस्थापित करते हैं, जिससे हम उस स्तर को पा लेते हैं, जो 30 या 35 की आयु में था, तो हम फिर से पहले ही की तरह अच्छे स्वास्थ्य और ऊर्जा के स्तर को पा लेते हैं और हमारी कामेच्छा में भी सुधार हो जाता है।

एच.जी.एच. थैरेपी 1990 के दशक से एक इलाज के रूप में इस्तेमाल हो रही है, लेकिन हाल ही में 'एंटी-एजिंग दवा' के रूप में बेची गई है। यह मस्तिष्क के तल पर एक मटर के आकार की संरचना, पिटयूटरी ग्रंथि द्वारा बचपन में विकास को बढ़ावा देने और जीवन भर ऊतकों और अंगों को स्वस्थ बनाए रखने में मदद करने के लिए उत्पन्न होती है।

ह्यूमन ग्रोथ हार्मोन लेनेवाले स्वस्थ वयस्कों पर हुए अध्ययन सीमित हैं। यद्यपि ऐसा प्रतीत होता है कि ह्यूमन ग्रोथ हार्मोन मांसपेशियों के घनत्व को बढ़ा सकते हैं और स्वस्थ वृद्धों में शरीर में वसा की मात्रा को कम कर सकते हैं। मांसपेशियों के घनत्व में हुई वृद्धि का अर्थ ताकत का बढ़ जाना नहीं है। यह स्पष्ट नहीं है कि ह्यूमन ग्रोथ हार्मोन से स्वस्थ वयस्कों को कोई अन्य फायदा हो सकता है या नहीं! इस क्षेत्र में बहुत सारे शोध चल रहे हैं और यदि आप इन हार्मोनों का उपयोग शुरू करने का निर्णय लेते हैं तो किसी

अच्छे डॉक्टर से सलाह लेने के बाद ही ऐसा करें।

उन वयस्कों के लिए, जिनके ग्रोथ हार्मोन कम हैं, ह्यूमन ग्रोथ हार्मोन के इंजेक्शन—

- व्यायाम करने की क्षमता बढ़ा सकते हैं।
- बोन डेंसिटी को बढ़ा सकते हैं।
- मांसपेशियों के घनत्व में वृद्धि कर सकते हैं।
- शरीर की वसा को कम कर सकते हैं।

ह्यूमन ग्रोथ हार्मोन के स्वस्थ वयस्कों पर कई दुष्प्रभाव भी हो सकते हैं—

- कार्पल टनल (कलाई की हड्डियों और नसों) सिंड्रोम।
- हाथों और पैरों में सूजन।
- जोड़ों और मांसपेशियों में दर्द।
- पुरुषों के स्तन ऊतक का बढ़ना।

ह्यूमन ग्रोथ हार्मोन को आमतौर पर त्वचा के अंदर एक इंजेक्शन के रूप में दिया जाता है। कुछ वेबसाइट ह्यूमन ग्रोथ हार्मोन को एक गोली के रूप में बेचती हैं और दावा करती हैं कि इस दवा का प्रभाव इंजेक्शन की तरह होता है। कभी-कभी इन खाद्य पूरकों को 'ह्यूमन ग्रोथ हार्मोन स्रावित करनेवाला' भी कहा जाता है, हालाँकि इस बात का कोई प्रमाण नहीं है कि ये दावे सही हैं।

ह्यूमन ग्रोथ हार्मोन को आमतौर पर त्वचा के अंदर एक इंजेक्शन के रूप में दिया जाता है। कुछ वेबसाइट ह्यूमन ग्रोथ हार्मोन को एक गोली के रूप में बेचती हैं और दावा करती हैं कि इस दवा का प्रभाव इंजेक्शन की तरह होता है। कभी-कभी इन खाद्य पूरकों को 'ह्यूमन ग्रोथ हार्मोन स्रावित करनेवाला' भी कहा जाता है, हालाँकि इस बात का कोई प्रमाण नहीं है कि ये दावे सही हैं।

यदि आप उम्र बढ़ने के खयाल से चिंतित हैं तो अपने चिकित्सक से स्वास्थ्य को बेहतर बनाने के प्रामाणिक तरीकों के बारे में पूछें। याद रखें, संतुलित व पौष्टिक भोजन करना और अपनी दिनचर्या में शारीरिक गतिविधियों को शामिल करने

जैसी स्वस्थ जीवन-शैली के विकल्पों को अपनाने से आप वृद्धावस्था में भी अच्छा महसूस कर सकते हैं।

और अंत में, जबकि ये सभी आपकी उम्र बढ़ने की प्रक्रिया को धीमा करने वाले माध्यम हैं, याद रखें कि प्रकृति आपकी उम्र के लिए सबसे बड़ी डॉक्टर है। यदि आपका शरीर फिट है, अच्छी तरह से एक्सरसाइज करते रहे हैं और कोई बड़ी बीमारी नहीं है तो उम्र बढ़ने की प्रक्रिया को कृतज्ञ होकर स्वीकारें। जब आप रिटायरमेंट की ओर कदम बढ़ाते हैं तो दिखने में बीस साल का लगनेवाला शरीर भीतर से कहीं ज्यादा बूढ़ा महसूस करनेवाले की तुलना में जीवन में और भी बहुत कुछ है, जिस पर मुग्ध हुआ जा सकता है।

मैंने पौधे के रूप में उगनेवाला साबुत अनाज, बीच-बीच में उपवास (16 घंटे उपवास) और हर दिन कम-से-कम 10,000 कदम चलने की दिनचर्या अपनाई है। बहुत ही कम समय में मेरे स्वास्थ्य में आए परिवर्तन ध्यान देने योग्य थे।

मैंने पौधे के रूप में उगनेवाला साबुत अनाज, बीच-बीच में उपवास (16 घंटे उपवास) और हर दिन कम-से-कम 10,000 कदम चलने की दिनचर्या अपनाई है। बहुत ही कम समय में मेरे स्वास्थ्य में आए परिवर्तन ध्यान देने योग्य थे। मेरा वजन भी बहुत कम हो गया है, बहुत फिट महसूस करता हूँ और स्वास्थ्य से जुड़े मेरे सारे मानदंड नियंत्रण में हैं।

"वृद्धावस्था सफेद बालों, झुर्रियों, यह सोचना कि अब बहुत देर हो चुकी है और खेल समाप्त हो गया है, कि मंच अब नई पीढ़ी का है, से बढ़कर और भी बहुत कुछ है। वास्तविक बुराई शरीर का कमजोर होना नहीं है, बल्कि आत्मा की उदासीनता है।"

—आंद्रे मौरिस

□

13

अकेलापन

अकेलापन और अवांछित होने की भावना सबसे भयानक गरीबी है।

—मदर टेरेसा

किसी भी उम्र में अकेलापन एक बड़ी समस्या है और सेवानिवृत्ति में आर्थिक सुरक्षा से संबंधित तनाव के साथ-साथ अपनी स्वयं की महत्ता कम होने की भावना से ग्रस्त होने के कारण अकेलापन एक गंभीर समस्या हो सकती है। सामाजिक अलगाव और अकेलापन की वजह से अवसाद, मानसिक स्वास्थ्य से जुड़ी समस्याएँ और शारीरिक बीमारियाँ होना आम बात मानी जाती है। ऐसा आमतौर पर वृद्ध लोगों के साथ देखा जाता है, जो सेवानिवृत्ति की वजह से एकदम सबसे कट जाने, साथी की मृत्यु होने और बच्चों के दूर चले जाने के कारण अवसाद व अनेक मानसिक व शारीरिक बीमारियों के शिकार हो जाते हैं।

ऐसे कई मामले देखे गए हैं, जहाँ लोग अकेलेपन की वजह से अवसाद, उच्च रक्तचाप और अन्य मानसिक-भावनात्मक बीमारियों के शिकार हो गए। ऐसे सेवानिवृत्त लोग, जो विवाहित होते हैं, उनके साथ कम-से-कम उनका साथी होता है, लेकिन वे सेवानिवृत्त लोग, जो अविवाहित हैं या जिनके साथी की मृत्यु हो गई है, उनके लिए अकेलेपन की स्थिति बहुत भयावह हो जाती है।

अकेलापन एक ऐसा अहसास है, जो अकसर रिटायर होने के बाद लोगों को परेशान करता है। शोधकर्ताओं के अनुसार, अकेलापन मोटापे की ही तरह स्वास्थ्य के लिए हानिकारक हो सकता है। उन्होंने खोज करके यह निष्कर्ष

निकाला है कि वृद्धों पर सबसे अलग होकर जीना उनकी भावनाओं पर बहुत बुरा प्रभाव डाल सकता है।

यहाँ तक कि जिंदादिल, मिलनसार और सबसे बात करनेवाले लोग भी खुद को अकेला और अलग महसूस करने लगते हैं। यह स्थिति उनके लिए इतनी नई होती है कि वे अवसाद से घिर जाते हैं। जीवनसाथी की मृत्यु, किसी करीबी दोस्त की मौत या किसी कमजोर और शिथिल कर देनेवाली बीमारी के हो जाने की वजह से अकसर अकेलापन घेर लेता है। इन सब चीजों के बारे में हम सोचना तक नहीं चाहते, लेकिन जैसे-जैसे हमारी उम्र बढ़ती है, ऐसा होने से रोकना संभव भी नहीं होता।

यहाँ तक कि जिंदादिल, मिलनसार और सबसे बात करनेवाले लोग भी खुद को अकेला और अलग महसूस करने लगते हैं। यह स्थिति उनके लिए इतनी नई होती है कि वे अवसाद से घिर जाते हैं। जीवनसाथी की मृत्यु, किसी करीबी दोस्त की मौत या किसी कमजोर और शिथिल कर देनेवाली बीमारी के हो जाने की वजह से अकसर अकेलापन घेर लेता है।

कभी-कभी सेवानिवृत्त लोगों को तिगुनी बाधाओं को झेलना पड़ता है, जिसकी वजह से बहुत जल्दी ही वे अकेलेपन के शिकार हो जाते हैं—

1. बच्चे अकसर साथ वहीं रहते हैं या कई बार घर से बहुत दूर जाकर कहीं रहने लगते हैं।
2. आमतौर पर सभी लोगों का कार्यक्षेत्र में बना सामाजिक दायरा छूट जाता है। अधिकांश लोग जब नौकरी कर रहे होते हैं या किसी पेशे से जुड़े होते हैं तो कार्यक्षेत्र से बाहर एक सामाजिक दायरा बनाने के बारे में सोचते तक नहीं हैं और सेवानिवृत्ति के बाद विद्यमान सामाजिक तंत्र में जबरदस्ती घुसने का प्रयास करना किसी चुनौती से कम नहीं है।
3. साथी की मौत किसी भी व्यक्ति के लिए जीवन में मिलनेवाला सबसे बड़ा आघात व दुःखद अनुभव होता है। वृद्धावस्था की ओर कदम

रखते हुए एक समय पर आकर साथी को खोना असामान्य बात नहीं है।

जो लोग मिलनसार होते हैं और जिनके संपर्क का दायरा काफी बड़ा होता है, उनके नए दोस्त आसानी से बन जाते हैं, लेकिन अगर आप लोगों से घुलना-मिलना पसंद नहीं करते और सामाजिकता का निर्वाह करना नहीं जानते और दोस्त बनाना आपके लिए मुश्किल काम है, तो आपको ऐसी रचनात्मक गतिविधियों में संलग्न होना चाहिए, जो आपको लोगों से संपर्क बनाने में मदद करें।

नए दोस्त बनाने और अकेलेपन के उस अहसास को दूर करने के लिए, जो सेवानिवृत्ति में आपके मानसिक स्वास्थ्य के लिए बहुत हानिकारक हो सकता है, बहुत ज्यादा प्रयास नहीं करना पड़ता। यही नहीं, इस बात की भी पुष्टि हो चुकी है कि सामाजिक अलगाव की वजह से शारीरिक बीमारियों में भी बढ़ोतरी होती है। इसलिए अकेलेपन से निकलने से आपके स्वास्थ्य में भी सुधार हो सकता है। बहुत सारे वृद्ध सेवानिवृत्त लोगों का साथी टी.वी. बन गया है और यह एक गंभीर चुनौती है, जिसे समाज का सदस्य होने के नाते, हमारा कर्तव्य है कि उनकी इस समस्या का कोई समाधान ढूँढ़े। क्या ऐसा कोई रास्ता नहीं है कि हम इन बुजुर्ग नागरिकों से मिलें, उनसे बात करें, ताकि वे कुछ लोगों के संपर्क में रहते हुए अपना बाकी जीवन गुजार सकें?

नए दोस्त बनाने और अकेलेपन के उस अहसास को दूर करने के लिए, जो सेवानिवृत्ति में आपके मानसिक स्वास्थ्य के लिए बहुत हानिकारक हो सकता है, बहुत ज्यादा प्रयास नहीं करना पड़ता। यही नहीं, इस बात की भी पुष्टि हो चुकी है कि सामाजिक अलगाव की वजह से शारीरिक बीमारियों में भी बढ़ोतरी होती है।

"किसी इनसान से संपर्क मेरे लिए ऑक्सीजन का काम करता है। मैं अपने आप को व्यस्त रखने की कोशिश करता हूँ, लेकिन किसी इनसान से मिलने का मौका मिलना, मेरे लिए किसी भी चीज से अधिक महत्त्वपूर्ण है। उससे बढ़कर दूसरे इनसान का स्पर्श ज्यादा मायने रखता है।" एक व्यक्ति ने मुझे बात करने के दौरान कहा था।

"मैं इस बात से दु:खी हो जाता हूँ। मुझे लगता है कि मैं अब समाज के लिए उपयोगी नहीं रहा हूँ; लेकिन निराश नहीं होना है, यह सोचकर मैं अपनी भावनाओं को किसी के सामने प्रकट नहीं होने देता। लोग कहते हैं कि मैं भाग्यशाली हूँ, क्योंकि मेरे पास सुखद यादें हैं, लेकिन इतना ही काफी नहीं है। मैं जीवन का आनंद उठाना चाहता हूँ।"

कई वृद्ध बुजुर्ग सेवानिवृत्त लोगों से बात करने के बाद मैंने पाया कि वे अपने दोस्तों और परिवार के साथ सामाजिक संपर्क बनाए रखने से चूक गए हैं। जैसे-जैसे वे वृद्ध होते गए और दोनों पति-पत्नी या कोई एक धीरे-धीरे अशक्त होता गया और जीवन भर वे जिस तरह सामाजिक व्यवहार करते आए थे, उसे कायम रखने में असमर्थ हो गए तो धीरे-धीरे वे अपने सामाजिक दायरे से कटते गए और भेजे जानेवाले निमंत्रण आना बंद हो गए। स्थिति यह हो गई कि हफ्तों तक वे घर में काम करनेवाले नौकरों के अलावा किसी से नहीं मिलते। ऐसे कई मामलों के बारे में हमने पढ़ा, जिसमें पुलिस ने बुजुर्गों की लाश उनके घरों से निकाली है। पड़ोसियों से यह सूचना मिलने पर कि बगल के घर से बदबू आ रही है, पुलिस को उनके शव मिले। किसी अकेले रहनेवाले बुजुर्ग, जिसकी देखभाल करनेवाला कोई नहीं होता और जिसकी मृत्यु हो जाती है या किसी बुजुर्ग सेवानिवृत्त व्यक्ति के अकेलेपन की त्रासदी कितनी पीड़ादायक हो सकती है, इसका अंदाजा लगाना कठिन है।

> ***जैसे-जैसे वे वृद्ध होते गए और दोनों पति-पत्नी या कोई एक धीरे-धीरे अशक्त होता गया और जीवन भर वे जिस तरह सामाजिक व्यवहार करते आए थे, उसे कायम रखने में असमर्थ हो गए तो धीरे-धीरे वे अपने सामाजिक दायरे से कटते गए और भेजे जानेवाले निमंत्रण आना बंद हो गए।***

ब्रिटेन में हुए एक शोध में चिकित्सकों ने 50 और उससे अधिक आयु वर्ग के 2,000 से अधिक लोगों पर नजर रखी और पाया कि अकेले रहनेवाले व्यक्तियों की मृत्यु दर दोगुनी थी। दूसरी ओर, अकेलापन संक्रामक है। अकेलेपन को भोगते बुजुर्ग ऐसा व्यवहार करते हैं, जिसकी वजह से अन्य लोग चाहते हैं

कि वे उनके आसपास दिखाई भी न दें।

हाल के एक सर्वेक्षण में पता चला है कि संयुक्त परिवारों में रहनेवाले केवल 10 प्रतिशत भारतीय वृद्ध लोगों से अलग-थलग महसूस करते हैं, जबकि एकल परिवारों के साथ रहनेवाले लगभग 68 प्रतिशत लोग अकेलेपन से घिरे पाए गए। सर्वेक्षण में यह बात भी सामने आई कि ग्रामीण क्षेत्रों में रहनेवाले वृद्ध लोगों का सामाजिक दायरा काफी बड़ा होता है और शहरी बुजुर्गों की तुलना में वे अकेलेपन की पीड़ा को कम महसूस करते हैं। यह भी पाया गया कि वृद्ध महिलाओं की अपेक्षा वृद्ध भारतीय पुरुष ज्यादा एकाकीपन महसूस करते हैं।

विकसित अर्थव्यवस्थाओं ने सेवानिवृत्त लोगों और वरिष्ठ नागरिकों की अकेलेपन की समस्याओं को समझ लिया है, लेकिन भारत में अभी तक उनकी समस्याओं व जरूरतों के बारे में न तो समझा गया है और न ही ठोस कदम उठाए गए हैं। हम यह मान लेते हैं कि एक व्यक्ति के सेवानिवृत्त हो जाने के बाद वह टी.वी. पर 'धारावाहिक' देखकर खुश हो जाएगा और उसका साथ देने के लिए कुछ दोस्त भी वहाँ बैठे होंगे! हमें और अधिक देखने और सुनने की जरूरत होती है। वृद्ध लोग अकसर कहते हैं कि वे ठीक हैं और वे किसी पर बोझ नहीं बनना चाहते हैं, लेकिन ज्यादातर लोग चाहते हैं कि कोई उनके साथ हो, जिससे वे बात कर सकें।

> ***विकसित अर्थव्यवस्थाओं ने सेवानिवृत्त लोगों और वरिष्ठ नागरिकों की अकेलेपन की समस्याओं को समझ लिया है, लेकिन भारत में अभी तक उनकी समस्याओं व जरूरतों के बारे में न तो समझा गया है और न ही ठोस कदम उठाए गए हैं।***

वृद्ध लोग एक खजाना होते हैं और उनके साथ वैसे ही व्यवहार किया जाना चाहिए।

अकेलेपन का सामना करना

बुजुर्गों और बीमार लोगों की देखभाल करनेवालों के साथ हुई चर्चा के आधार पर अकेलेपन से निपटने के लिए निम्नलिखित कुछ बिंदु सामने आए—

- **सामाजिक दायरा बनाए रखें :** अकेलेपन से निपटने के लिए लंबे

समय तक संबंधों को बनाए रखें। जिन दोस्तों से संपर्क टूट गया है, उनसे फिर से जुड़ें और अपने आसपास के दोस्तों से नियमित रूप से मिलते रहें। पुराने दोस्तों से जुड़ने के लिए सोशल नेटवर्किंग वेबसाइटों से जुड़ें। नए दोस्तों की तुलना में लंबे समय से चले आ रहे रिश्ते अकेलेपन से लड़ने में ज्यादा मदद करते हैं।

कोंडोमिनियम में रहनेवाले बुजुर्गों के लिए सामाजिक दायरा बनाना कहीं आसान होता है और कई रेजीडेंट वेलफेयर एसोसिएशन ने बुजुर्गों के लिए खास जगह उपलब्ध कराई हैं, जहाँ वरिष्ठ नागरिक सुबह और शाम कॉफी पीने के लिए एक साथ बैठ सकते हैं।

कोंडोमिनियम में रहनेवाले बुजुर्गों के लिए सामाजिक दायरा बनाना कहीं आसान होता है और कई रेजीडेंट वेलफेयर एसोसिएशन ने बुजुर्गों के लिए खास जगह उपलब्ध कराई हैं, जहाँ वरिष्ठ नागरिक सुबह और शाम कॉफी पीने के लिए एक साथ बैठ सकते हैं।

• **नई रुचियाँ विकसित करें :** रिटायर होने के बाद आपकी प्रतिबद्धताएँ और दायित्व कम हो जाते हैं। जो समय आपके पस है, उसका फायदा उठाएँ और वे काम करें, जिनमें आपकी रुचि है। आप किसी स्थानीय स्कूल में बच्चों को पढ़ाने के लिए अपनी सेवाएँ दे सकते हैं, बुक क्लब के सदस्य बन सकते हैं, कोई वाद्य यंत्र बजाना सीख सकते हैं या लेखन कर सकते हैं। आप क्या सीख रहे हैं या किस काम में संलग्न हैं, यह उतना मायने नहीं रखता, जितना कि अपनी ही तरह की रुचि रखनेवाले लोगों से दोस्ती होने पर, उनके साथ होने वाली सार्थक बातचीत।

• **सकारात्मक रहें :** अपने निराशावादी या नकारात्मक विचारों को चुनौती देनी है, यह बात खुद से कहते रहना बहुत प्रभावी सिद्ध होता है। वर्तमान जीवन स्थितियों की गलत या तर्कहीन व्याख्याओं के कारण अकसर अकेलापन घेर लेता है। इन विचारों को पहचानें और विपरीत साक्ष्यों का उपयोग करते हुए उनका विरोध करें, खुद से तर्क करें। यदि ऐसा करना मुश्किल है या आपको सहायता की आवश्यकता है तो आप किसी परामर्शदाता से सलाह ले सकते हैं या किसी ऐसे मित्र की मदद ले सकते हैं, जिस पर आप भरोसा कर सकते हैं।

• **जानवर पालें :** कुत्ते या बिल्ली अकेले रहनेवाले लोगों के बहुत अच्छे साथी होते हैं। यदि आप और आपका साथी पालतू जानवरों को पसंद करते हैं तथा एक और जीवित प्राणी की देखभाल की जिम्मेदारी लेने को तैयार हैं तो अपने घर में एक पालतू जानवर ले आएँ।

जीवनसाथी की मृत्यु

जीवनसाथी की मृत्यु के बाद दुनिया ही बदल जाती है। जितना लंबा समय आपने साथ गुजारा होता है, उतनी ही ज्यादा उसकी कमी रिटायर होने के बाद महसूस होती है, जब आप अपने अकेलेपन से लड़ रहे होते हैं, अगर आपका साथी, जो तनाव से निपटने में आपकी मदद करता था, चला जाता है तो उसकी कमी बहुत अधिक महसूस होती है।

जीवनसाथी की मृत्यु के बाद दुनिया ही बदल जाती है। जितना लंबा समय आपने साथ गुजारा होता है, उतनी ही ज्यादा उसकी कमी रिटायर होने के बाद महसूस होती है, जब आप अपने अकेलेपन से लड़ रहे होते हैं, अगर आपका साथी, जो तनाव से निपटने में आपकी मदद करता था, चला जाता है तो उसकी कमी बहुत अधिक महसूस होती है।

उसके जाने के बाद आप शोकाकुल और दुःखी होंगे। आप स्तब्ध रह जाएँगे, एक आघात लगेगा और डर भी महसूस होगा। आप इस बात को लेकर अपराध-बोध से ग्रस्त हो जाएँगे कि उसके जाने के बाद भी आप जीवित हैं! यदि किसी नर्सिंग होम में आपके जीवनसाथी की मृत्यु हुई थी तो आप सोचेंगे कि काश! आप घर पर उसकी देखभाल कर पाते! कभी-कभी आपको अपने साथी के आपको छोड़कर चले जाने पर गुस्सा भी आ सकता है। ये सभी भावनाएँ सामान्य हैं।

जीवनसाथी की मृत्यु का असर पुरुषों और महिलाओं पर अलग-अलग ढंग से पड़ता है। पत्नी की मृत्यु के 2 साल बाद पुरुषों में मृत्यु दर में वृद्धि होती है, खासकर यदि पत्नी की मृत्यु अप्रत्याशित थी। उन महिलाओं के लिए, जो पति को खो देती हैं, आँकड़े ज्यादा कुछ नहीं कहते, लेकिन आमतौर पर बढ़ी हुई मृत्यु दर का संकेत नहीं देते हैं।

आप कैसा महसूस करेंगे, इसके बारे में कोई नियम नहीं हैं। शोक मनाने का कोई सही या गलत तरीका नहीं है। जब आप शोक मनाते हैं तो आप शारीरिक और भावनात्मक दोनों तरह से पीड़ा महसूस कर सकते हैं। शोकाकुल लोग बहुत जल्दी रो पड़ते हैं और उन्हें—

- नींद आने में दिक्कत हो सकती है।
- खाने में अरुचि हो जाती है।
- एकाग्रता बनाए रखने में दिक्कत आती है।
- निर्णय लेना कठिन लगता है।

कुछ लोग बहुत जल्दी स्वयं को सँभाल लेते हैं, जिसकी उन्हें उम्मीद भी नहीं होती है। कुछ को अधिक समय लगता है। समय बीतने के बावजूद आपको साथी की कमी महसूस होती है, पर अधिकांश लोगों का दुःख कम होने लगता है। कभी आप सहज रहें, कभी दुःखी हो जाएँ, ऐसा होना स्वाभाविक है। अच्छे-बुरे दिन आते-जाते रहेंगे। जब बुरे दिनों की अपेक्षा अच्छे दिन ज्यादा होंगे तो आपको पता चल जाएगा और आप बेहतर महसूस करेंगे।

कुछ लोग बहुत जल्दी स्वयं को सँभाल लेते हैं, जिसकी उन्हें उम्मीद भी नहीं होती है। कुछ को अधिक समय लगता है। समय बीतने के बावजूद आपको साथी की कमी महसूस होती है, पर अधिकांश लोगों का दुःख कम होने लगता है। कभी आप सहज रहें, कभी दुःखी हो जाएँ, ऐसा होना स्वाभाविक है।

जिंदगी को जीना ही है और ऐसा करने का प्रयास आपको करना ही होगा। इसके लिए कड़ी मेहनत करनी पड़ सकती है। शुरुआत में आपको लगेगा कि छोटी-छोटी बातों पर ध्यान देकर और खुद को व्यस्त रखकर आप ऐसा कर सकते हैं। कुछ समय के लिए परिवार और दोस्त आपकी सहायता करने के लिए मौजूद हो सकते हैं, लेकिन एक समय आएगा, जब आपको अपने जीवन में आए बदलाव का सामना करना ही पड़ेगा।

जीवनसाथी की कमी को कैसे सहें, उसके लिए कुछ सुझाव—

- **अपना खयाल रखें :** दुःखी रहने से आपके स्वास्थ्य पर बुरा असर पड़

सकता है। संतुलित आहार लें, व्यायाम को अपनी दिनचर्या का हिस्सा बनाएँ, अपनी दवाएँ लें और पर्याप्त नींद लें। बहुत अधिक शराब पीना या धूम्रपान करने से दुःख कम नहीं होगा, बल्कि इससे आपका स्वास्थ्य खराब हो सकता है।

• **अपने परिवार के लोगों और दोस्तों से बात करें :** जब आप यह बताना चाह रहे हों कि साथी की कमी को कितना महसूस कर रहे हैं, तो यह बात अपने परिवार और दोस्तों को बताएँ, जिन्हें आपकी परवाह है। वे आपको समझते हैं और उन लोगों के बीच होना मददगार साबित होगा, जो आपकी मन की बात सुनते हैं, और वह भी आपके बारे में सही या गलत सोचे बिना। किसी भी कमी या नुकसान को सहने के लिए बात करना सबसे अच्छी चिकित्सा मानी जाती है।

जब आप यह बताना चाह रहे हों कि साथी की कमी को कितना महसूस कर रहे हैं, तो यह बात अपने परिवार और दोस्तों को बताएँ, जिन्हें आपकी परवाह है।

• **अपने चिकित्सक से परामर्श लें :** यदि आपको अपने रोजमर्रा के कामों में ध्यान लगाने या करने में परेशानी हो रही है, जैसे कि कपड़े पहनने या खाना खाने में दिक्कत महसूस हो रही है तो तुरंत डॉक्टर से सलाह लें। यदि आपका दुःख कम नहीं हो रहा है और आप हमेशा निराशा में डूबे रहते हैं तो डॉक्टर को दिखाएँ। थोड़े दिन दवा लेने से आपको फायदा होगा।

• **याद रखें कि आपके बच्चे भी दुःखी हैं :** आपको लगता होगा कि आपके बच्चों के साथ आपका रिश्ता बदल गया है। उन्होंने भी अपने पिता या माँ को खोया है और आपको यह बात अजीब लग सकती है कि वे इस दुःख से बाहर आ चुके हैं और उन्होंने फिर से सामान्य जीवन जीना शुरू कर दिया है। पूरे परिवार को आपके साथी के बिना जीवन से सामंजस्य बिठाने में समय लगेगा।

• **शोक से बाहर आने में समय लगता है :** कुछ समय के लिए भावनाओं में उतार–चढ़ाव आना आम बात है।

वयस्क बच्चे की मृत्यु

मेरे दादाजी ने अपने 6 बेटों में से तीन वयस्क बेटों को खोने के बाद मुझे बताया कि एक आदमी के लिए अपने बच्चे के मृत शरीर को उठाने से बड़ा और भारी बोझ कोई नहीं होता है। मेरी माँ को पहला आघात तब लगा था, जब मेरे मँझले भाई की पत्नी की मृत्यु मात्र 43 वर्ष की आयु में हो गई थी। 48 वर्ष की उम्र में जब मेरे सबसे छोटे भाई की मृत्यु हुई तो उन्हें दूसरा झटका लगा। जब उनका सबसे छोटा बेटा बीमार था तो अकसर वह मुझसे कहती थीं कि अगर उसे कुछ हो गया तो वे जीवित नहीं रहेंगी। भाई के निधन के कुछ महीनों के बाद ही वे डिमेंशिया (मनोभ्रंश) की आखिरी अवस्था में चली गईं और आज भी अपने बेटे को खो देने के दो साल बाद इसी अवस्था में हैं।

वह इसकी वजह नहीं जान सकीं कि ईश्वर, जिसकी वह जीवन भर पूजा करती रहीं, उसने उनके साथ इतना गलत क्यों किया ?

अपनी बहू और बेटे की बीमारी के समय वह कितने ही मंदिरों में गईं और इस उम्मीद में विशेष प्रार्थनाएँ कीं कि ईश्वर अवश्य ही चमत्कार दिखाएगा और उनकी प्रार्थना सुनेगा।

वह इसकी वजह नहीं जान सकीं कि ईश्वर, जिसकी वह जीवन भर पूजा करती रहीं, उसने उनके साथ इतना गलत क्यों किया ? अपनी बहू और बेटे की बीमारी के समय वह कितने ही मंदिरों में गईं और इस उम्मीद में विशेष प्रार्थनाएँ कीं कि ईश्वर अवश्य ही चमत्कार दिखाएगा और उनकी प्रार्थना सुनेगा।

- सबसे पहले उन्हें इस बात की ग्लानि हुई कि उनके जवान बच्चे चले गए और वह अभी तक जीवित हैं!
- फिर उन्होंने ईश्वर को मानना छोड़ दिया। एक ऐसी महिला, जो जीवन भर सुबह और शाम प्रार्थना करती रही हो तथा हर मंगलवार और शुक्रवार को जिसने उपवास किया हो, ने पूरी तरह से प्रार्थना करना बंद कर दिया। वह घर में बने मंदिर तक में नहीं जाती थीं। वह अपने भगवान् से नाराज थीं।
- धीरे-धीरे वह अवसाद के कारण डिमेंशिया की शिकार हो गईं। आज भी

जब हम उन्हें बिस्तर पर लेटे हुए देखते हैं, हमें उनके चेहरा पर फैले गुस्से और हताशा के भाव स्पष्ट रूप से दिखते हैं। हालाँकि, वह अपनी बोलने की क्षमता खो चुकी हैं और संभवतः कुछ समय पहले समझने की भी।

अब इस समय वह इस हालत में भी नहीं हैं कि अपने दुःख को सह सकें, मेरे पिता, जो इस समय 87 वर्ष के हैं, अपनी पत्नी की देखभाल करने में दिन-रात जुटे रहते हैं। वह अपने बेटे की मौत का शोक भी नहीं मना पाए। वे किस तनाव से गुजर रहे हैं, यह मैं महसूस कर सकता हूँ, पर मैं जानता हूँ कि हम कुछ नहीं कर सकते। यह उनके लिए एक दुःखद स्थिति है, जिसे उन्हें सहन करना है और वे ऐसा स्वेच्छा से और बहुत सकारात्मक मानसिकता के साथ करते हैं। जो हुआ है, एक परिवार के रूप में हमें साथ मिलकर उसका सामना करना होगा।

अपने साथ अच्छा व्यवहार करें और धैर्य रखें। एक वयस्क बच्चे के खो देने का दुःख कई उतार-चढ़ावों वाला सफर हो सकता है। इसके लिए आप स्वयं को दोष दे सकते हैं या पूछ सकते हैं कि क्या आपने अपने बच्चे को बचाने की ठीक से कोशिश की थी कि नहीं? बच्चे की मृत्यु को अन्याय या अनुचित मान आप गुस्सा हो सकते हैं। भावनात्मक उतार-चढ़ाव झेलने पड़ सकते हैं। ये सब बातें शोक प्रक्रिया का एक सामान्य हिस्सा हैं।

अपने साथ अच्छा व्यवहार करें और धैर्य रखें। एक वयस्क बच्चे के खो देने का दुःख कई उतार-चढ़ावों वाला सफर हो सकता है। इसके लिए आप स्वयं को दोष दे सकते हैं या पूछ सकते हैं कि क्या आपने अपने बच्चे को बचाने की ठीक से कोशिश की थी कि नहीं?

• **अपने स्वास्थ्य का ध्यान रखें :** इस पीड़ादायक स्थिति का सामना करने के साथ-साथ अपने स्वास्थ्य और ताकत को बनाए रखना भी जरूरी है। उदाहरण के लिए, ठीक से खाएँ, पर्याप्त नींद लें और अगर डॉक्टर ने कोई दवाई दी है, तो उसे नियमित रूप से लें।

• **विशेष दिनों में कैसे खुद को सँभालें :** अपने मृतक बच्चे से जुड़े विशेष दिन, जैसे पुण्यतिथि और जन्मदिन खुद को सँभालना मुश्किल हो सकता

है। अपने परिवार के साथ चर्चा करें कि आप इन विशेष दिनों में अपने वयस्क बच्चे की स्मृति में क्या करना चाहते हैं! कोशिश करें कि ऐसे दिनों में आप अकेले न रहें।

• **अपनी भावनाएँ बाँटें :** परिवार के सदस्यों और दोस्तों के साथ वक्त गुजारें, जो आपकी उदासी को समझते हैं और आपका दर्द बाँट सकते हैं। अपने वयस्क बच्चे की यादों को अन्य बच्चों के साथ या परिवार और दोस्तों के साथ बाँटने से आप भीतर से हलका महसूस करेंगे।

• **सारी पसंदीदा फोटो इकट्ठा करें :** आपके पास एल्बम में बच्चे के फोटो होंगे, लेकिन कुछ चित्र विशेष रूप से मायने रखते हैं। उन चित्रों को बड़ा कराकर फ्रेम करवाएँ या उन्हें एक विशेष एल्बम में लगाएँ। यदि कोई ऐसी तसवीर है, जो आपको बहुत अच्छी लगती है, जिसे किसी मित्र या परिवार के सदस्य ने खींचा हो, उसे अपने पास रखने के लिए उनसे उसकी कॉपी बनवाकर देने के लिए कहें।

आपके पास एल्बम में बच्चे के फोटो होंगे, लेकिन कुछ चित्र विशेष रूप से मायने रखते हैं। उन चित्रों को बड़ा कराकर फ्रेम करवाएँ या उन्हें एक विशेष एल्बम में लगाएँ। यदि कोई ऐसी तसवीर है, जो आपको बहुत अच्छी लगती है, जिसे किसी मित्र या परिवार के सदस्य ने खींचा हो, उसे अपने पास रखने के लिए उनसे उसकी कॉपी बनवाकर देने के लिए कहें।

• **अपने वयस्क बच्चे की याद में कुछ खास करें :** मेरे पिता ने अपनी बहू और बेटे के लिए अलग-अलग वेबसाइट बनाई हैं। इसमें उन्होंने अपने स्वयं के विचारों को लिखा और दुनिया भर के मित्रों और परिवार से संदेश एकत्र कर इसमें डाले हैं। जिन्हें वे प्यार करते हैं, उन छोड़कर जानेवाले अपने प्रियजनों के लिए यह उनकी श्रद्धांजलि है।

• **अध्यात्म या धर्म में सुकून की तलाश करें :** सभी धर्मों में दुःख के समय सुकून पहुँचाने के तरीके हैं। कई अभिभावकों को प्रार्थना और ध्यान करने से राहत महसूस होती है। आपको किसी गुरु के रूप में अपने बच्चे के चले जाने के बारे में अपनी भावनाएँ व्यक्त करने का एक माध्यम मिल जाता है। चाहे आप

जिस भी ईश्वर या धर्म पर विश्वास करते हों, पर इस तरह आप अपना दुःख थोड़ा कम कर पाते हैं।

देखभाल करनेवालों को सलाह

इन तरीकों से आप अपने बुजुर्गों के अकेलेपन को दूर कर सकते हैं—

• **सुनें और गौर करें :** जिन लोगों को हम प्यार करते हैं, अकसर हम उन लोगों की बात ध्यान से नहीं सुनते हैं। खुद को व्यक्त करने में किसी बुजुर्ग को प्रोत्साहित करके आपको यह जानने में मदद मिल सकती है कि ऐसी कौन सी रुचियाँ और शौक उनके अंदर सुप्त पड़े हैं, जो फिर से उन्हें जीने के लिए प्रेरित कर सकते हैं! आपको यह पता लगाने के लिए वास्तव में बहुत गहराई से उनके मन के भीतर झाँकना होगा कि उनके किसी समय में क्या शौक थे और उन्हें उन भूली हुई चीजों को फिर से करने के लिए प्रेरित करने के लिए आपको काफी मेहनत करनी होगी।

जिन लोगों को हम प्यार करते हैं, अकसर हम उन लोगों की बात ध्यान से नहीं सुनते हैं। खुद को व्यक्त करने में किसी बुजुर्ग को प्रोत्साहित करके आपको यह जानने में मदद मिल सकती है कि ऐसी कौन सी रुचियाँ और शौक उनके अंदर सुप्त पड़े हैं, जो फिर से उन्हें जीने के लिए प्रेरित कर सकते हैं!

• **एकांत से बाहर निकलने का कोई तरीका ढूँढ़ें :** यह जानने के बाद कि आपके प्रियजन को क्या पसंद है, आप इस जानकारी का उपयोग करके उनके लिए तय कर सकते हैं कि किस तरह से उनका अकेलापन दूर किया जा सकता है। यदि उन्हें संगीत पसंद है और आप उन्हें संगीत के किसी कार्यक्रम में आमंत्रित करते हैं तो काफी हद तक वे अपनी जड़ता से बाहर आ जाएँगे और आपसे अपने मन की बात कहेंगे। देखभाल करनेवाले व्यक्ति की उम्र के ही किसी एक करीबी रिश्तेदार को भी उसमें शामिल करने से अकसर बातचीत सहज हो जाती है, खासकर यदि अनुभव समान हों।

• **उनसे सीखें :** आपके प्रियजनों ने जो वर्षों में बहुत मेहनत से ज्ञान

अर्जित किया है, उसके विशाल भंडार के एक हिस्से को उनसे सीखकर आप उनके और ज्यादा करीब जा सकते हैं। आप हर दिन कुछ नया सीखेंगे, क्योंकि आपको बहुत ही बेहतरीन ढंग से सिखाया जाएगा। उदाहरण के लिए, यदि जिनकी आप देखभाल कर रहे हैं, उन्हें बुनाई करना पसंद है तो उनसे कहें कि वह आपको बताएँ कि स्वेटर कैसे बुना जाता है ? इससे न केवल आपका रिश्ता और गहरा होगा, वरन् यह बच्चे और अभिभावक के बीच एक संवाद कायम करने में भी मदद करेगा।

बुजुर्ग व्यक्ति और उनके युवा रिश्तेदारों के बीच संबंधों को सुदृढ़ करने में आई महत्त्वपूर्ण भूमिका निभा सकते हैं। अकसर देखा गया है कि नाती-पोतों, जिन्हें अपने-अपने बड़ों को ज्ञान के स्रोतों के रूप में देखना चाहिए, को अपने दादा-दादी से बात करना या उनके पास बैठने से ऊब महसूस होती है।

• **पीढ़ी के अंतर को पाटना :** बुजुर्ग व्यक्ति और उनके युवा रिश्तेदारों के बीच संबंधों को सुदृढ़ करने में आई महत्त्वपूर्ण भूमिका निभा सकते हैं। अकसर देखा गया है कि नाती-पोतों, जिन्हें अपने-अपने बड़ों को ज्ञान के स्रोतों के रूप में देखना चाहिए, को अपने दादा-दादी से बात करना या उनके पास बैठने से ऊब महसूस होती है। कुछ ऐसे तरीके अपनाएँ, जिससे परिवार की सबसे पुरानी और सबसे युवा पीढ़ी को एक-दूसरे से जुड़ने व समय बिताने का अवसर मिले। बुजुर्गों को अपने स्वयं के परिवार की कहानियाँ बच्चों व युवाओं को सुनानी चाहिए। उनके पास जो ज्ञान का खजाना है, वे उसे युवा पीढ़ी को सौंप सकते हैं।

बुजुर्गों को अगर व्यस्त रहने का मौका मिले तो उनमें इतनी क्षमता है कि वे अपने परिवार को बहुत तरह से योगदान दे सकते हैं।

• **आप क्या करते हैं, यह मायने रखता है :** परिवार के अन्य सदस्यों से कहें कि वे अपने बुजुर्ग प्रियजनों से मिलें। जरूरी नहीं कि ऐसा करने के लिए कोई तड़क-भड़क करें या बहुत ज्यादा समय देना पड़े। आप उन्हें कार्ड भेज सकते हैं, उनका पसंदीदा भोजन बनाकर ला सकते हैं या सप्ताह में दो-तीन बार आधे घंटे फोन पर बात कर सकते हैं। इन छोटी-छोटी बातों से बुजुर्गों को खुशी

मिलेगी और उन्हें लगेगा कि आप लोग उन्हें प्यार करते हैं; और इस तरह परिवार के अन्य सदस्यों से भी जुड़ने का उन्हें मौका मिलेगा।

मैंने अपने 87 वर्षीय पिता को परिवार के 'व्हाट्सएप' ग्रुप में जोड़ा और अचानक वह देश-विदेश में रहनेवाले अपने सभी पोते-पोतियों से जुड़ गए। अपने पोतों के साथ संदेशों का आदान-प्रदान होने से उन्हें अब इस बात की पूरी जानकारी है कि उनके परिवार के लोगों के जीवन में क्या चल रहा है!

हमें यह कभी नहीं भूलना चाहिए कि एक वृद्ध सेवानिवृत्त व्यक्ति उसी समाज का हिस्सा था, जिसका अब हम हिस्सा हैं। उसने हमारे आज को सार्थक बनाने में एक समय में, जब हम छोटे थे, बहुत महत्त्वपूर्ण योगदान दिया है। जीवन का चक्र निरंतर चलता रहता है और उसे रोका नहीं जा सकता। एक समय ऐसा भी आएगा, जब हमारी भी उम्र बढ़ेगी और हम रिटायरमेंट की अवस्था में पहुँच जाएँगे।

हमें आज एक सच्चाई से अवगत होना जरूरी है, इसलिए अपने आप से पूछें कि हम अपनी वृद्धावस्था में अपने साथ कैसे व्यवहार की अपेक्षा रखते हैं या चाहते हैं कि हमारे साथ ऐसा व्यवहार किया जाए? और जब जवाब मिल जाए तो सोचें कि क्या हमें भी अपने बुजुर्गों के साथ वैसा ही व्यवहार नहीं करना चाहिए था?

"फिर भी, इस अकेलेपन में ही सबसे गहन सक्रियता का आरंभ होता है। इसी में आप बिना गति के कोई कार्य कर पाते हैं, वह श्रम, जो अत्यंत आरामदायक है, जहाँ अस्पष्टता में दर्शन है और समस्त इच्छाओं से परे एक तृप्ति है, जिसकी सीमा अनंत तक फैली हुई है।"

—थॉमस मर्टन

□

14

कागजात

वास्तव में एक डायरी क्या होती है?

"जो व्यक्ति डायरी बनाता है, उसके लिए एक उपयोगी दस्तावेज होती है। आज जो इसे पढ़ता है, उसके लिए एक नीरस वस्तु और सदियों बाद इसे पढ़नेवाले छात्र के लिए अमूल्य धरोहर, जिसे वह सँभालकर रखता है।"

—सर वाल्टर स्कॉट

जब आप रिटायरमेंट की अवस्था पर पहुँचते हैं तो सबसे पहले आपको अपने सभी व्यक्तिगत दस्तावेजों या कागजातों को पढ़ना चाहिए तथा यह भी सुनिश्चित करें कि आपका साथी और परिवार का कोई अन्य सदस्य भी उनके बारे में अवगत हो।

हमारे पास वस्तुत: सैकड़ों कागज होते हैं, जिन्हें रिटायर होने के समय व्यवस्थित और क्रमबद्ध करने की आवश्यकता होती है। कुछ दस्तावेजों की मूल प्रतियाँ घर पर रखी हुई हैं, कुछ बैंक लॉकर में हैं, कुछ कार्यालय की दराज में हैं और कई 'कहीं' रखे हैं, लेकिन या तो वे मिल नहीं रहे हैं या याद नहीं है कि आपने उन्हें कहाँ रखा है?

ये सभी दस्तावेज महत्त्वपूर्ण हैं। उस स्थिति की कल्पना करें, जब अचानक आपकी मृत्यु हो जाती है। आपने अपने पूरे जीवन जो बचाया है, क्या वह सब आपके उत्तराधिकारियों को मिल सकेगा?

रिटायरमेंट के तुरंत बाद आपको अपनी व्यक्तिगत फाइलों को व्यवस्थित

करने के लिए समय निकालना होगा। पहले आपको खुद समझना होगा कि कौन सा कागज कहाँ रखा है या किस फाइल में लगाया हुआ है और दूसरा, आपको अपने परिवार के सदस्यों के लिए इन्हें सूचीबद्ध करना शुरू करना होगा।

मेरे पिता, जो एक सेवानिवृत्त ब्रिगेडियर थे, हर काम बहुत ही व्यवस्थित ढंग से करते थे। उनका निधन होने के बाद जब हम उनके ऑफिस गए तो हमें 10 बॉक्स फाइलें मिलीं, जिन्हें बड़े करीने से सूचीबद्ध किया गया था। फाइल नंबर 1 में अन्य 9 फाइलों की सूची थी और हमें यह समझने में जरा भी देर नहीं लगी कि प्रत्येक संख्यावाली फाइल में उनके सभी दस्तावेज कहाँ रखे हैं। जब हमने उनके सेवानिवृत्ति के लाभों के लिए फाइल खोली तो हमें यह जानकर आश्चर्य हुआ कि उन्होंने सरकार को और अपने बैंक अधिकारी के नाम अपने निधन की घोषणा देने के पत्र तक लिखे हुए थे! हमें केवल इतना करना था कि उसमें उनकी मृत्यु की तारीख और समय लिखना था, उनका मृत्यु प्रमाण-पत्र संलग्न करना था और प्रत्येक बैंक/सरकारी प्राधिकरण को देना था।

मेरे पिता, जो एक सेवानिवृत्त ब्रिगेडियर थे, हर काम बहुत ही व्यवस्थित ढंग से करते थे। उनका निधन होने के बाद जब हम उनके ऑफिस गए तो हमें 10 बॉक्स फाइलें मिलीं, जिन्हें बड़े करीने से सूचीबद्ध किया गया था। फाइल नंबर 1 में अन्य 9 फाइलों की सूची थी और हमें यह समझने में जरा भी देर नहीं लगी कि प्रत्येक संख्यावाली फाइल में उनके सभी दस्तावेज कहाँ रखे हैं।

जब आप अपने कागजों को देख रहे हों तो उससे संबंधित क्या-क्या जानना या करना चाहिए, उसके बारे में यहाँ कुछ बिंदु दिए गए हैं—

- बैंक लॉकर, चाबियों के नंबरों का विवरण।
- बैंक खातों और अन्य निवेशों का विवरण।
- चेक बुक, शेयर सर्टिफिकेट, डी-मैट खातों का सही रिकॉर्ड।

- लाइफ इंश्योरंस पॉलिसी, हेल्थ पॉलिसी, एक्सीडेंट पॉलिसी और अन्य सभी पॉलिसी, जो आपने अपने लिए, अपने परिवार के लिए ली हों और थर्ड पार्टी आई कार्ड के साथ अपनी संपत्ति का विवरण।
- पेंशन के कागज (यदि पेंशन का प्रावधान हो)।
- मित्रों और रिश्तेदारों से जो धन लेना हो या देना हो।
- संपत्ति का स्वामित्व विलेख (टाइटल डीड), अगर किसी को जनरल पावर ऑफ अटॉर्नी (सामान्य मुख्तारनामा) दी हो आदि।

मूल वसीयतनामा (अगर नहीं बनाई है तो बनवा लें)। आपको अपने वसीयतनामे के लिए दो साक्षियों की आवश्यकता पड़ेगी। अपने से छोटे साक्षी से वसीयतनामे में हस्ताक्षर करवाना बेहतर रहता है। भविष्य में किसी तरह का विवाद न हो, इसके लिए उचित यही होगा कि वसीयत को पंजीकृत करवा लिया जाए।

मूल वसीयतनामा (अगर नहीं बनाई है तो बनवा लें)। आपको अपने वसीयतनामे के लिए दो साक्षियों की आवश्यकता पड़ेगी। अपने से छोटे साक्षी से वसीयतनामे में हस्ताक्षर करवाना बेहतर रहता है। भविष्य में किसी तरह का विवाद न हो, इसके लिए उचित यही होगा कि वसीयत को पंजीकृत करवा लिया जाए।

- इ-मेल आईडी, एटीएम और क्रेडिट कार्ड, बैंक खातों, वाई-फाई, आईट्यूंस और अन्य इलेक्ट्रॉनिक एक्सेस, ऑनलाइन प्रोफाइल, नेट बैंकिंग, लाइफ इंश्योरेंस, वाहन बीमा, डी-मैट ट्रेडिंग खातों, आयकर इ-फाइलिंग के पासवर्ड एक जगह लिखें। अन्य कीमती सामान के बारे में भी लिखें।
- सभी निवेश खातों, लॉकर, इंश्योरेंस पॉलिसी में नामांकन जरूर करें। जहाँ तक संभव हो, सभी निवेश पति/पत्नी के संयुक्त नामों में हों और प्रत्येक खाते में जिसे चाहते हैं, उसे नामांकित करें।

पंजीकृत नामांकन के लिए कागजी साक्ष्य अवश्य तैयार करें। निवेश करने के दौरान नामांकन को रद्द और फिर से पंजीकृत किया जा सकता है।

- नामांकन, नामांकित व्यक्ति और कानूनी उत्तराधिकारियों को यह कानूनी अधिकार नहीं देता है कि नामित व्यक्ति से धन का दावा कर सके। यह सुनिश्चित करने के लिए कि आपकी मृत्यु के बाद आपकी इच्छाएँ पूरी हों, पंजीकृत/अपंजीकृत वसीयत अवश्य बनाएँ।

'क्लाउड' में स्टोरेज स्पेस की आसान उपलब्धता के साथ यह संभव है कि हर संभव दस्तावेज को स्कैन करें और इसे 'क्लाउड' में एक सुरक्षित और सुरक्षित खाते में संगृहीत कर दें, जिसे आपके परिवार के सदस्य आसानी से देख सकें।

'क्लाउड' में स्टोरेज स्पेस की आसान उपलब्धता के साथ यह संभव है कि हर संभव दस्तावेज को स्कैन करें और इसे 'क्लाउड' में एक सुरक्षित और सुरक्षित खाते में संगृहीत कर दें, जिसे आपके परिवार के सदस्य आसानी से देख सकें।

सुनिश्चित करें कि 'क्लाउड' पर आपके खातों के पासवर्ड के बारे में आपके साथी और परिवार को पता हो। गूगल हर खाते के लिए जीबी देता है और आप अपनी आवश्यकताओं के हिसाब से कई खाते खोल सकते हैं। ड्रॉप बॉक्स, ऐप्पल और इस तरह के सैकड़ों प्रदाता आपको मुफ्त 'क्लाउड' स्टोरेज प्रदान करते हैं। यदि आप 'माइक्रोसॉफ्ट' का उपयोग करते हैं और भुगतान करने के बाद उसकी सदस्यता ली है तो आपको स्वत: वन ड्राइव में 1 टीबी ऑनलाइन स्टोरेज मिल जाएगा।

वैकल्पिक रूप से यदि आप मुफ्त में प्रदान की गई स्टोरेज से अधिक स्टोरेज चाहते हैं और उसके लिए भुगतान करने को तैयार हैं तो आप अपने सभी दस्तावेज एक ही सेवाप्रदाता के पास रख सकते हैं।

मैंने अपने सभी महत्त्वपूर्ण दस्तावेज स्कैन करके ठीक से सँभालकर रख दिए हैं, जब तक हमारे पास वाई-फाई की सुविधा है, तब तक इन्हें दुनिया में कहीं भी देखा जा सकता है।

अपने बच्चों के लिए अपने दस्तावेजों को सँभालकर रखने की बात ध्यान में रखते हुए मैंने अपनी सभी पुरानी तसवीरों को स्कैन करके और उन्हें अलग-अलग फोल्डर में 'क्लाउड' में फाइल कर दिया है। ऐसा करना शुरुआत में काफी दर्दनाक था, लेकिन मैं डटा रहा और फिर वास्तव में मुझे उन सभी पुरानी तसवीरों को देखने में आनंद आने लगा, जिन्हें एल्बम या लिफाफे में घर में सँभालकर रखा हुआ था। उन तसवीरों के माध्यम से मैंने अपने बचपन से लेकर अपनी शादी तक, अपने बच्चों के जन्म से लेकर साथ बिताई छुट्टियाँ और अपने बेटों की शादी को फिर से जीया।

अपने बच्चों के लिए अपने दस्तावेजों को सँभालकर रखने की बात ध्यान में रखते हुए मैंने अपनी सभी पुरानी तसवीरों को स्कैन करके और उन्हें अलग-अलग फोल्डर में 'क्लाउड' में फाइल कर दिया है। ऐसा करना शुरुआत में काफी दर्दनाक था, लेकिन मैं डटा रहा और फिर वास्तव में मुझे उन सभी पुरानी तसवीरों को देखने में आनंद आने लगा, जिन्हें एल्बम या लिफाफे में घर में सँभालकर रखा हुआ था।

यह काम पूरा हो जाने के बाद अब बच्चों के लिए हमारी हर तसवीर 'क्लाउड' में संगृहीत है। अब वे न तो धुँधली पड़ेंगी, न फटेंगी और न ही उनके खोने का डर रहेगा!

कागजों को सँभालने का एक अन्य रूप, जो तेजी से पश्चिमी दुनिया में अपनी पैठ बना रहा है, वह है, बुजुर्गों की आवाज की रिकॉर्डिंग करना। रिकॉर्डिंग सुविधाओं की आसान उपलब्धता को देखते हुए हमारे लिए वीडियो में अपने संस्मरण रिकॉर्ड करने का यह सबसे अच्छा समय है। हम अपने जीवन, अपनी यात्रा, जो हमने सीखा है, अपनी सफलताओं और असफलताओं, अपनी खुशियों और असफलताओं के बारे

में, बात कर सकते हैं और उन सबके बारे में जो हम अपने बच्चों को अपने जाने के बाद बताना चाहते हैं। हम अपने बच्चों और अपनी आनेवाली पीढ़ियों के लिए अपने संदेश रिकॉर्ड कर सकते हैं।

यह एकमात्र ऐसा तरीका है, जिससे हमारे जाने के बाद हमारी आवाजें और हमारे वीडियो आनेवाली पीढ़ियों के लिए मौजूद होंगे।

□

15

अपने जीवन में बदलाव करते हुए नए सिरे से शुरुआत करने की मेरी चरण-योजना

कोई सही जवाब नहीं होता

जब मैंने इस बारे में सोचना शुरू किया कि रिटायरमेंट के बाद मुझे अपना जीवन कैसे बिताना है तो मैंने उन सभी मुद्दों के बारे में लिखना तय किया, जिनका पूरी जिंदगी मैंने सामना किया था और उम्र के अगले पड़ाव की ओर बढ़ते हुए मुझे पता था कि मुझे इन चुनौतियों का समाधान स्वयं की संतुष्टि के लिए करना होगा। रिटायरमेंट के बाद के जीवन की योजना बनाने की प्रक्रिया के दौरान उठनेवाले बहुत सारे सवालों और संदेहों का निराकरण तथा इन्हें समझने में इस पुस्तक को लिखने से मुझे मदद मिली।

अमेरिका, यूरोप और जापान ने बुजुर्गों की रिटायर होने के बाद आनेवाली समस्याओं का सामना करने और उनके अकेलेपन से उन्हें बाहर निकालने में मदद करने के लिए बहुत सारी सुविधाएँ उपलब्ध कराई हैं, लेकिन हम रिटायरमेंट और वृद्धावस्था के लक्षणों को समझने की बात तो छोड़ ही दें, भारत में अभी भी हमारा रिटायरमेंट से उत्पन्न चुनौतियों को समझने के शुरुआती चरण में है।

लगभग 35 वर्षों तक एक तरह से चौबीसों घंटे काम करने के बाद, अब मुझे इस बारे में सोचना था कि मैं अपनी बाकी जिंदगी कैसे बिताऊँगा ? मेरे पिता 87 साल की उम्र में भी बहुत फिट हैं और उनके वंशाणुओं तथा इस तथ्य को

देखते हुए कि मैं कभी बीमार नहीं पड़ा हूँ या कभी अस्पताल में भरती नहीं हुआ हूँ, मुझे लगता है कि मेरे आगे एक बहुत लंबा जीवन है।

मेरा रिटायर होने का कोई इरादा नहीं है, जैसा कि मेरे बुजुर्ग मानते हैं, लेकिन मैं इस बात को लेकर बहुत स्पष्ट हूँ कि मैं 'किसी तरह की भाग-दौड़ या बोझ' रखते हुए अब जीना नहीं चाहता हूँ, जैसा कि मैं बिजनेस मैनेजमेंट में स्नातकोत्तर करने के बाद 22 साल की उम्र में नौकरी शुरू करने के बाद से साढ़े तीन दशक से अधिक समय तक इस भाग-दौड़ का हिस्सा बना रहा हूँ।

इस पुस्तक के अंतिम हिस्से पर पहुँचने से पहले, मैंने सोचा कि फिर से नए सिरे से जिंदगी की शुरुआत करने के लिए मैंने अपने लिए क्या सोचा है और क्या योजना बनाई है, उसे यहाँ संक्षेप में प्रस्तुत करने की कोशिश करूँ।

इस पुस्तक के अंतिम हिस्से पर पहुँचने से पहले, मैंने सोचा कि फिर से नए सिरे से जिंदगी की शुरुआत करने के लिए मैंने अपने लिए क्या सोचा है और क्या योजना बनाई है, उसे यहाँ संक्षेप में प्रस्तुत करने की कोशिश करूँ।

अपने जीवन को व्यवस्थित करें

आज आपने जो कामयाबी हासिल की है, उसे पाने के लिए आपने अपने जीवन के पहले दो दशक बहुत मेहनत से पढ़ाई करने में व्यतीत किए होंगे। आपने तीन दशकों से अधिक जीवन काम करते हुए व्यतीत किया है और व्यस्तता के बावजूद इसके हर पल का आनंद लिया। हर साल आपने अपने आप से कहा है कि यह वर्ष आपके लिए सबसे महत्त्वपूर्ण वर्ष है और जिसकी आपको उम्मीद है, अगर वह आपने हासिल कर लिया तो फिर इतनी भाग-दौड़ नहीं करेंगे!

दुनिया के सर्वश्रेष्ठ, एक साथ बहुत सारे काम करनेवाले इनसान होने का गर्व महसूस करते हुए आप खुश होते रहे। आपने दिन में 18 घंटे काम किया। आपने बहुत ज्यादा वेतन और बोनस अर्जित किया। आपको हर तरफ से सराहना मिली। आपने अपने परिवार का पालन-पोषण बहुत अच्छे से किया।

आपने अपने बारे में सोचना कब बंद कर दिया? और कब अपने जीवनसाथी के बारे में? हममें से अधिकांश ने अपना जीवन हवाई अड्डों से

होटलों तक दौड़ने में बिताया है। जिन शहरों में आप गए, क्या उसके दर्शनीय स्थलों को कुछ पल ठहरकर देखने का आपको मौका मिला? या शहर के खास व्यंजनों को चखने या उनके देहातों को देखने का मौका मिला?

अब रुककर अपने जीवन का जायजा लेने का समय है। गुलाब को सूँघने और ताजी हवा में साँस लेने का समय है। आप अपने जीवन को व्यवस्थित और सरल बनाना शुरू कर देंगे तो आपको लगेगा कि आपके ऊपर से कोई बोझ उठ गया है। आप दुनिया को एक नए दृष्टिकोण के साथ देखना शुरू कर देंगे और आप अपने आसपास की दुनिया में नई चीजें खोजना चाहेंगे—ऐसा कुछ, जिस पर आपने पहले कभी गौर नहीं किया था और उसे नजरअंदाज कर दिया था।

हमारा ज्यादातर समय दोस्तों और परिवार की आलोचना करने में बीतता है। हमारे करीबी लोगों और प्रियजनों को जिन समस्याओं का सामना करना पड़ रहा है, उनके बारे में सोचकर हम आनंदित होने लगते हैं, क्योंकि तब हम खुद से कह पाते हैं कि जिन समस्याओं का हम सामना कर रहे हैं, वह अद्वितीय नहीं हैं, और दूसरों को भी समस्याओं का सामना करना पड़ता है।

नकारात्मक विचारों को हटाएँ

हमारा ज्यादातर समय दोस्तों और परिवार की आलोचना करने में बीतता है। हमारे करीबी लोगों और प्रियजनों को जिन समस्याओं का सामना करना पड़ रहा है, उनके बारे में सोचकर हम आनंदित होने लगते हैं, क्योंकि तब हम खुद से कह पाते हैं कि जिन समस्याओं का हम सामना कर रहे हैं, वह अद्वितीय नहीं हैं, और दूसरों को भी समस्याओं का सामना करना पड़ता है।

हम दूसरों के बारे में गप-शप करना पसंद करते हैं और हम इस बात से आहत होते हैं कि किसी ने हमारे बारे में क्या कहा है, भले ही किसी ने हमारे मुँह पर कुछ न कहा हो!

अब यह समय है अपने जीवन से सारे नकारात्मक विचारों को निकाल फेंकने का। हमारे नकारात्मक विचार किसी और को नहीं, बल्कि खुद को आहत

करते हैं। आप शायद दूसरों के बारे में सकारात्मक बातें न कहें और न ही आप किसी और को आपके बारे में कुछ कहने से रोक सकते हैं, लेकिन आप निश्चित रूप से किसी और के बारे में नकारात्मक बातें बोलना बंद कर सकते हैं।

साथ ही ऐसे लोगों से मिलना शुरू करें, जो आपकी तरह सोचते हैं।

जो लोग हर चीज में गलती ढूँढ़ते हैं या हमेशा लड़ते-झगड़ते या बहस करते हैं, अपने आपको जितनी जल्दी हो सके, उनकी नकारात्मक ऊर्जा से दूर कर लें। जब आपको किसी के सामने अपने पक्ष में कोई बात रखनी नहीं पड़ेगी या बार-बार यह साबित नहीं करना पड़ेगा कि आप ठीक कह रहे हैं और जब आपको सहयोग की बजाय आलोचना सहनी पड़ती है, आपका जीवन बहुत आसान हो जाता है। आपको किसी की आलोचना सहने की जरूरत नहीं है, उसे नम्रता से धन्यवाद कहें और उससे वादा करें कि उसने जो भी कहा है, उस पर आप अवश्य गौर करेंगे। आपको कभी भी अपने आप को, अपनी कमजोरियों को या अपनी इच्छाओं को लेकर अपना पक्ष रखने की जरूरत नहीं है।

जो लोग हर चीज में गलती ढूँढ़ते हैं या हमेशा लड़ते-झगड़ते या बहस करते हैं, अपने आपको जितनी जल्दी हो सके, उनकी नकारात्मक ऊर्जा से दूर कर लें। जब आपको किसी के सामने अपने पक्ष में कोई बात रखनी नहीं पड़ेगी या बार-बार यह साबित नहीं करना पड़ेगा कि आप ठीक कह रहे हैं और जब आपको सहयोग की बजाय आलोचना सहनी पड़ती है, आपका जीवन बहुत आसान हो जाता है।

संग्रह करना बंद करें, बाँटना शुरू करें

सुकरात के शब्दों में—“ईश्वर उसे सबसे ज्यादा चाहते हैं, जिसे सबसे कम चीजों की जरूरत है।”

आपने अपने पूरे जीवन में चीजों को एकत्र और जमा किया है। आपने कभी भी कुछ नहीं दिया। आप जहाँ भी घूमने गए, वहाँ से चीजें लाए। आपकी अलमारी कपड़ों से भरी है। आपके पास पुस्तकों से भरी हुई अलमारियाँ हैं।

आपने अपने पुराने विनायल रिकॉर्डों के साथ-साथ अपने पुराने संगीत और वीडियो कैसेट को भी सँभालकर रखा हुआ है, हालाँकि, आप इनमें से किसी को भी नहीं चलाते हैं। आपकी अलमारियों में कई नई वस्तुएँ रखी होंगी, जिन्हें खोला तक नहीं गया होगा और जिनके बारे में आप भूल तक गए होंगे।

जब कहीं आप घूमने गए होंगे तो वहाँ से किस्म-किस्म की शराब लाए होंगे, जिन्हें आपने खास मौकों के लिए सँभालकर रखा हुआ है, उनसे भी आपकी अलमारियाँ भरी होंगी। चाँदी की चीजें जिसमें सजी हैं, वैसी भी कई अलमारियाँ होंगी। आपकी दीवारें वर्षों से एकत्र की गई कलाकृतियों से आच्छादित हैं। पुराने और नए कपड़ों से आपकी अलमारी इतनी भरी हुई है कि खोलने पर कपड़े बाहर आकर गिरते हैं। आपकी पुस्तक की अलमारियों में पुस्तकें रखने की और जगह नहीं है, क्योंकि आपने हर पुस्तक को, चाहे उस खरीदा हो या किसी ने दी हो, उसमें रखा हुआ है।

> ***जब कहीं आप घूमने गए होंगे तो वहाँ से किस्म-किस्म की शराब लाए होंगे, जिन्हें आपने खास मौकों के लिए सँभालकर रखा हुआ है, उनसे भी आपकी अलमारियाँ भरी होंगी। चाँदी की चीजें जिसमें सजी हैं, वैसी भी कई अलमारियाँ होंगी।***

याद रखें कि आपके पास जो कुछ भी है, उसमें से अधिकांश चीजों की आपको जरूरत नहीं है।

ज्यादातर लोगों ने इस सिद्धांत के बारे में अवश्य सुना होगा कि जब भी आप कोई नया कपड़ा खरीदते हैं तो पुराने को किसी को दे देना चाहिए; लेकिन जब भी मैंने किसी से पूछा है कि क्या उन्होंने इसका पालन किया है, तो जवाब हमेशा होता है कि "मैं रिटायर होने के बाद ऐसा करना शुरू करूँगा।"

मैंने अपनी दिवंगत सास से सीखा कि 'देने में जितना आनंद आता है, उतना और किसी चीज में नहीं आता है।' उन्होंने एक दिन मुझे फोन किया और कहा कि वह मुझे अपनी दो बेशकीमती कलाकृतियाँ देना चाहती हैं। मैंने जब लेने से इनकार किया तो उन्होंने कहा कि 'वैसे भी मेरे मरने के बाद यह तुम्हें ही मिलेगा। मैं चाहती हूँ कि अपने जीते जी तुमको इनका आनंद लेते देखूँ।' उनकी

इस बात ने मुझे सोचने पर मजबूर कर दिया। वह एक अद्‍भुत महिला थीं, जो चाहती थीं कि मैं उन कलाकृतियों का आनंद उठाऊँ, जिन्हें उन्होंने एकत्र किया था और जिन पर उन्हें बहुत गर्व था।

उनके पदचिह्नों पर चलते हुए मैंने भी अपने बच्चों से कहा है कि जब मैं 70 साल का हो जाऊँ, अगर तब तक मैं जीवित रहता हूँ, तो वे हमारे घर से हर साल किसी भी एक कलाकृति को ले जा सकते हैं।

उदार बनें! यह समय देना शुरू करने का है। यदि आपने 6 महीने से किसी चीज का उपयोग नहीं किया है तो यह अत्यधिक संभावना है कि आप इसका आगे भी उपयोग नहीं करेंगे।

तो अब देना शुरू करने का समय है।

कोई समय-सारणी बनाने की जरूरत नहीं

आपने एक ऐसा जीवन जिया है, जो एक सारणी, आपके सहायक और आपकी घड़ी द्वारा संचालित होता था। आपके पास खुद किसी को फोन करने का भी समय नहीं होता था। यह समय है जब आप अपनी इन अवांछित और अनावश्यक गतिविधियों और प्रतिबद्धताओं से मुक्त हो जाएँ, जो पहले हर रोज पूरी करनी पड़ती थीं।

उनके पदचिह्नों पर चलते हुए मैंने भी अपने बच्चों से कहा है कि जब मैं 70 साल का हो जाऊँ, अगर तब तक मैं जीवित रहता हूँ, तो वे हमारे घर से हर साल किसी भी एक कलाकृति को ले जा सकते हैं।

क्या यह वास्तव में मायने रखता है कि आप सुबह नाश्ते के समय मीटिंग रखें, क्योंकि आप नहीं चाहते कि कार्यालय के रिसेप्शन में बैठे व्यक्ति को आपकी वजह से इंतजार करना पड़े? आप नहीं चाहते थे कि उसका समय बरबाद हो। क्या आप वास्तव में दोपहर के भोजन पर किसी से मिलना चाहते हैं और फिर देर शाम तक लगातार एक के बाद एक मीटिंग करने के बाद घर पहुँचकर जल्दी-जल्दी कपड़े बदलकर फिर किसी के साथ पीने या रात के खाने के लिए हड़बड़ी में निकल जाना चाहते हैं?

एक ऐसी अवस्था पर पहुँचने की ख्वाहिश, जहाँ आप किसी दूसरे के समय के गुलाम न हों या कोई व्यक्ति आपसे मिलने के लिए समय निकाल पाएगा या नहीं, इस बात पर आप न निर्भर हों, नहीं चाहेंगे? हर समय भागने-दौड़ने से बचना चाहते हैं तो 'ना' कहना सीखें। अपनी दिनचर्या में खाली समय जोड़ने की बात से ग्लानि महसूस न करें।

अपने लिए खाली समय रखें

"काश! मेरे पास उन चीजों को करने के लिए अधिक समय होता, जो मैं करना चाहता हूँ!" आपने ऐसा कितनी बार सोचा है? आपका समय आपका अपना है। आप अपने समय के मालिक हैं और आपको कभी भी किसी और को अपनी प्राथमिकताएँ निर्धारित करने की अनुमति नहीं देनी चाहिए।

> ***"काश! मेरे पास उन चीजों को करने के लिए अधिक समय होता, जो मैं करना चाहता हूँ!" आपने ऐसा कितनी बार सोचा है? आपका समय आपका अपना है। आप अपने समय के मालिक हैं और आपको कभी भी किसी और को अपनी प्राथमिकताएँ निर्धारित करने की अनुमति नहीं देनी चाहिए।***

कार्य प्रतिबद्धताओं, पारिवारिक प्रतिबद्धताओं, सामाजिक प्रतिबद्धताओं और कई अन्य प्रतिबद्धताओं के बीच हममें से अधिकांश तीन दशकों तक काम करने के बाद यह सोचकर हैरान होते हैं कि हमने वास्तव में ढेर सारी संपत्ति और धन के अलावा और क्या हासिल किया है, जब हम मुड़कर पीछे देखते हैं और गुजरे समय के बारे में सोचते हैं! हम सोचते हैं अगर हम खुद के लिए समय निकाल पाते, जैसा कि हम आज सोचते हैं कि हमें अपने लिए समय मिलना चाहिए, तो हम न जाने क्या-क्या हासिल कर पाते!

मेरी पत्नी और मेरा सामाजिक जीवन बहुत ही व्यस्त था। कभी-कभी एक ही दिन में शाम को हमें तीन पार्टियों में जाना पड़ता था और थककर चूर होकर जब हम घर लौटते थे तो अकसर सोचते थे कि क्या हम वास्तव में किसी से ठीक से मिल भी पाए थे? कितनी बार मैं सोचता था कि मुझे ठीक से याद तक

नहीं कि मैं किस-किस से मिला और मैंने क्या बात की आज जब हम पीछे मुड़कर देखते हैं तो हमें महसूस होता है कि उस समय हमने जो किया, वह जरूरी था। हालाँकि आज हम एक से अधिक निमंत्रण स्वीकार नहीं करते हैं और यदि हमें उसी शाम के लिए दूसरा निमंत्रण मिलता है तो हम वहीं जाते हैं, जहाँ से निमंत्रण पहले आया था। हम यही कोशिश करते हैं कि केवल शुक्रवार और शनिवार की शाम को ही कहीं जाएँ।

अपने लिए खाली समय रखना बहुत जरूरी है और मैं अकेले कुछ समय बिताने के लिए हमेशा तत्पर रहता हूँ। अब समय है, अपने आप को खाली रखने का और खुद को पूरा समय देने का, जो आप हमेशा से खुद को देना चाहते थे।

अपने लिए खाली समय रखना बहुत जरूरी है और मैं अकेले कुछ समय बिताने के लिए हमेशा तत्पर रहता हूँ। अब समय है, अपने आप को खाली रखने का और खुद को पूरा समय देने का, जो आप हमेशा से खुद को देना चाहते थे।

ध्यान और योग

मन को शांत रखने के लिए ध्यान एक औषधि की तरह काम करता है। मैंने ध्यान लगाने का सबसे सरल तरीका ढूँढ़ा है। अपनी आँखें बंद कर मैं अपने दिल की बात सुनने की कोशिश करता है। मुझे ध्यान केंद्रित करने में थोड़ा समय लगा, लेकिन जब मैं सीख गया तो मैं अपने दिल की तेज धड़कन सुन सकता था और यह बहुत ही रोमांचक था। मैं अब कहीं भी ध्यान लगा सकता हूँ, यहाँ तक कि किसी मीटिंग के लिए जाते हुए अपनी कार में भी।

ध्यान करने के दौरान मुझे अपने गुजरे दिन, अपने जीवन, अपने पूर्वग्रहों, अपनी पसंद-नापसंद और अपने नकारात्मक विचारों का अवलोकन और चिंतन करने का अवसर मिलता है। कुछ मिनट के आत्मनिरीक्षण से मुझे अपने दिमाग के जालों को साफ करने में मदद मिलती है और मेरे सामने जो आनेवाला कल है, यह उसे एक नए दृष्टिकोण से देखने के लिए सक्षम बनाता है।

मैं आपको सलाह दूँगा कि आप किसी योगा सिखानेवाले प्रशिक्षक से नियमित योगा सीखना शुरू कर दें। योगा से मिलनेवाले फायदे बहुत असरदार

हैं। आप बहुत कम समय में ही स्वस्थ महसूस करना शुरू कर देंगे, तनाव कम हो जाएगा और अपने शरीर के साथ और शरीर के लिए आप जो कर सकते हैं, उससे आप अपने आप में एक सकारात्मक बदलाव महसूस करेंगे।

योग, ध्यान और आत्मनिरीक्षण का संयोजन आपके मन और शरीर के लिए किसी चमत्कार से कम नहीं होगा और आपको हर दिन कुछ नया करने के लिए प्रेरित करेगा।

अपने शौक पूरे करें

हमारे माता-पिता ने हमसे कहा कि हम संगीत या नृत्य सीखें और हमने अपने खुद के शौक को देखते हुए डाक टिकट और सिक्के एकत्र करने शुरू किए। हममें से अधिकांश लोगों ने पुस्तकें पढ़ना शुरू किया, जो धीरे-धीरे एक जुनून बन गया।

हमारे माता-पिता ने हमसे कहा कि हम संगीत या नृत्य सीखें और हमने अपने खुद के शौक को देखते हुए डाक टिकट और सिक्के एकत्र करने शुरू किए। हममें से अधिकांश लोगों ने पुस्तकें पढ़ना शुरू किया, जो धीरे-धीरे एक जुनून बन गया।

फिर हम जुट गए अपने काम में और हममें से अधिकांश लोग अपने शौक या अपने शौक से प्राप्त खुशी को भूल गए, हालाँकि हमारे अंदर एक दबी इच्छा है, जो वापस उन चीजों को करना चाहती है और फिर से शुरुआत करने का यही अच्छा समय है। एक शौक या कई शौकों का होना इसलिए जरूरी है, जो हमारे साथ तब भी हो, जब हम अपनी उम्र के आखिरी पड़ाव पर पहुँच गए हों।

इस समय हम फिर से अपने शौक अपना सकते हैं। अपने संग्रह को व्यवस्थित करने के लिए अपने डाक टिकटों और सिक्कों को बाहर निकालें। अपना कैमरा, अपना पसंदीदा संगीत वाद्ययंत्र उठाएँ और फिर से बजाना शुरू करें। आपको शुरू में अजीब लग सकता है, उसका शोर परेशान कर सकता है, लेकिन ऐसा कुछ समय के लिए ही होगा और एक बार लय बन जाएगी तो शोर संगीत लगने लगेगा।

ताश या शतरंज, गोल्फ या टेनिस खेलें, पड़ोस के रेस्तराँ में जाकर अलग-अलग तरह के व्यंजनों का स्वाद लें और अपने अनुभव एक ब्लॉग पर लिखें, अपने शहर के विभिन्न स्थलों पर जाएँ या उन अन्य शहरों की यात्रा करें, जहाँ आप जाना चाहते थे। अब आप कुछ भी करने के लिए स्वतंत्र हैं।

मुझे यकीन है कि कुछ तो ऐसा होगा, जो आपको व्यस्त रखेगा! यह रिटायरमेंट अपना व्यक्तिगत विकास करने के लिए है। यह सामने लगे जंगलों को हटाने, पुराने घावों को भरने और वास्तव में खुद को जानने का मौका है। चूँकि अब आपके पास बहुत समय है, इसलिए किसी पत्रिका के लिए लिखना शुरू कर दें। अपने भीतर झाँकने, चिंतन करने और अपने जीवन, अपने रिश्तों और जीवन में आप किन चीजों से प्रेरित होते रहे, उनको समझने का आनंद उठाएँ।

मुझे यकीन है कि कुछ तो ऐसा होगा, जो आपको व्यस्त रखेगा! यह रिटायरमेंट अपना व्यक्तिगत विकास करने के लिए है। यह सामने लगे जंगलों को हटाने, पुराने घावों को भरने और वास्तव में खुद को जानने का मौका है। चूँकि अब आपके पास बहुत समय है, इसलिए किसी पत्रिका के लिए लिखना शुरू कर दें।

खेलें

जैसा कि किसी बुद्धिमान व्यक्ति ने कहा है, "आप अपने पूरे जीवन युवा नहीं रह सकते हैं, लेकिन निश्चित रूप से आप जीवन भर युवा बनकर रह सकते हैं।"

आप अपनी उम्र की वजह से रिटायरमेंट के करीब पहुँच सकते हैं, लेकिन मानसिक रूप से आपको रिटायर होने की आवश्यकता नहीं है। याद रखें कि उम्र केवल एक संख्या है और आप केवल उतनी ही आयु के हैं, जितना आप महसूस करते हैं। अपने वास्तविक, चंचल स्वरूप में वापस आ जाएँ और खेलने के किसी अवसर को न छोड़ें। गौर करें कि ऐसा करने से हर चीज कितनी मधुर और सरल बन जाती है!

जब आप अपने इस मस्त और मनमौजी रूप में आ जाते हैं तो आपके आसपास के लोग आपसे जुड़ना, आपके करीब आने में सहजता महसूस करते हैं।

क्या आपने कभी अपने स्मार्टफोन या टैबलेट पर उपलब्ध कोई गेम खेलने

की कोशिश की है? एक बार जब आप कुछ गेमों को खेलने के अभ्यस्त हो जाते हैं तो अचानक आपको दोस्तों का एक नया समूह मिल जाता है, जो वही गेम खेलते हैं, जो आप खेल रहे हैं और अगर आप अपने फेसबुक दोस्तों के साथ खेलते हैं तो आपके पास बात करने के लिए एक नया विषय भी होता है।

पहाड़ी रास्तों पर कार चलाते हुए अकसर आपको वहाँ के प्रशासन द्वारा लिखे शब्द 'जल्दी क्या है' के बोर्ड लगे दिखाई देते हैं। पहाड़ी रास्तों पर कार चलाते हुए आनेवाले जोखिमों से बचने के लिए ये बोर्ड कार को धीमा रखने की सलाह देते हैं।

मैं सप्ताह में एक बार गोल्फ अवश्य खेलता हूँ और मैं कोशिश करता हूँ कि अलग-अलग लोगों के साथ खेलूँ! पूरा जीवन मुझे यही बताया गया, "गोल्फ के मैदान पर ही काम बनते हैं।" हालाँकि ऐसा कभी हुआ नहीं, लेकिन आज मैं नए दोस्त बना रहा हूँ और गोल्फ के मैदान पर अपने दोस्तों को बेहतर ढंग से जानने का मौका मिल रहा है।

ज्यादा भाग-दौड़ क्यों?

महात्मा गांधी ने कहा, "अपनी गति को बढ़ाने के अतिरिक्त और भी बहुत कुछ है जीवन में।"

पहाड़ी रास्तों पर कार चलाते हुए अकसर आपको वहाँ के प्रशासन द्वारा लिखे शब्द 'जल्दी क्या है' के बोर्ड लगे दिखाई देते हैं। पहाड़ी रास्तों पर कार चलाते हुए आनेवाले जोखिमों से बचने के लिए ये बोर्ड कार को धीमा रखने की सलाह देते हैं। यही बात हमारे जीवन पर भी लागू होती है। स्वयं से पूछें कि आखिर अब, जब आपके पास समय ही समय है, हर काम जल्दबाजी में करने की आपको आवश्यकता क्या है? आपको किसी को जवाब नहीं देना है, न ही किसी काम को खत्म करने की समय-सीमा है।

धीरे-धीरे साँस लें, ताकि आप प्रत्येक साँस को लेते और छोड़ते हुए महसूस कर सकें। गति को धीमा रखना भी आपके मन की एक अवस्था है। यदि आप हर रोज इस बात की ग्लानि रखते हुए अपने आप से लड़ते रहते हैं कि आप बहुत कम काम कर रहे हैं, तो आपसे ज्यादा दुःखी इनसान कोई नहीं होगा।

दूसरी ओर, यदि आप इस सच को समझ लेते हैं कि आप जीवन के एक नए चरण की ओर बढ़ रहे हैं और आपकी गति या सक्रियता में कमी आना आपके नए बदलाव स्वरूप का एक हिस्सा है, तो यह बदलाव स्वीकार करना दर्दनाक और कठिन नहीं होगा।

अपने शब्दों और अपने भीतर के निरंतर चलते विचारों को थोड़ा विराम दें और इतने वर्षों से जो लगातार तेज गति से दौड़ते आए हैं, उसे धीमा करें। दूसरों की बातें ज्यादा सुनें, स्वयं कम बोलें। गौर करें कि क्या जब दूसरा व्यक्ति बोल रहा होता है तो आप बीच में उसकी बात काटते हुए अपनी बात कहने लगते हैं! पूरी बात सुनने के बाद ही अपनी बात कहें। आपको कई बातें सुनने को मिलेंगी, जो आप बीच में टोकने की आदत के कारण पहले सुनने से वंचित रह गए थे। इससे आप अपने परिवार और अपने दोस्तों के साथ अपने संबंधों को एक नई दृष्टि से देख सकेंगे। आकाश जब तारों से भरा हो, उसे निहारें और जब बारिश आनेवाली हो, बादलों के बनने का आनंद लें। किसी मॉल में बैठकर बस यही देखें कि लोग बेवजह ही कितनी जल्दी में रहते हैं! कैसे सब बस भाग रहे हैं!

अपने शब्दों और अपने भीतर के निरंतर चलते विचारों को थोड़ा विराम दें और इतने वर्षों से जो लगातार तेज गति से दौड़ते आए हैं, उसे धीमा करें। दूसरों की बातें ज्यादा सुनें, स्वयं कम बोलें। गौर करें कि क्या जब दूसरा व्यक्ति बोल रहा होता है तो आप बीच में उसकी बात काटते हुए अपनी बात कहने लगते हैं!

जीवन की गतिशीलता को थोड़ा विराम देने से, आप सहजता से उस उचित गति से फिर से जुड़ सकेंगे, जिस पर यह सृष्टि चलती है। कल्पना करें कि आप एक पौधे को देख रहे हैं और बेसब्री से उसमें फूल आने की प्रतीक्षा कर रहे हैं, किसी पेड़ को देखते हुए कल्पना कर रहे हैं कि उसमें तुरंत फल आ जाएँ! प्रकृति अपने ढंग से काम करती है और उसी के अनुसार उन पर फूल या फल आएँगे। अपने मन को शांत करने के लिए इसी सोच का पालन करें।

स्वास्थ्य के प्रति सचेत रहें

जब आप अपने जीवन के बचे एक-तिहाई हिस्से की यात्रा पर अपना कदम रखते हैं तो एक स्वस्थ शरीर ही आपके सबसे ज्यादा काम आता है। इस समय स्वस्थ शरीर सबसे बड़ी आवश्यकता होती है। मैं यह नहीं कह रहा हूँ कि आप सिक्स पैक बनाएँ या आपका शरीर उतना ही फिट हो, जितना कि तब था, जब आप बीस साल की उम्र में थे। हालाँकि आपकी उम्र जो भी हो, आपको अपने आयु वर्ग के लोगों से पीछे नहीं छूटना चाहिए। उम्र बढ़ने के साथ फिट रहना जरूरी है। आखिरकार, जैसे-जैसे आपकी उम्र बढ़ती जाती है, आप दूसरों पर निर्भर नहीं होना चाहेंगे।

> ***जब आप अपने जीवन के बचे एक-तिहाई हिस्से की यात्रा पर अपना कदम रखते हैं तो एक स्वस्थ शरीर ही आपके सबसे ज्यादा काम आता है। इस समय स्वस्थ शरीर सबसे बड़ी आवश्यकता होती है।***

हममें से अधिकांश ऐसे हैं, जो नौकरी या किसी पेश से जुड़े रहते हुए लगातार अपने शरीर को नजरअंदाज करते रहे हैं और हमारा शरीर हमारे द्वारा मिलनेवाले सारे तनाव सहता रहा है। हमें शायद उच्च कोलेस्टरॉल, रक्तचाप और संभवत: मधुमेह की बीमारी हो सकती है, जो भारतीयों के एक बड़े वर्ग के बीच 'जीवनशैली' से जुड़ी आम बीमारियाँ हैं। इसके अलावा हो सकता है, कुछ का वजन अधिक हो, इसके लिए हम लगातार यात्रा करते रहने और असमय खाना खाने को दोष देते रहे हैं।

खैर, अब समय है अपने शरीर में बदलाव लाने का, जो आपका मंदिर है। यदि आप शारीरिक रूप से फिट नहीं हैं तो उस परेशानी की कल्पना करें, जिसे जीवन-रूपी अपनी यात्रा के अगले चरण में आप झेलनेवाले हैं!

कितनी कैलोरी ले रहे हैं, इसकी गिनती करना शुरू करें। आपको यह जानकर आश्चर्य होगा कि एक साधारण बादाम में कितनी कैलोरी होती हैं! और तब आप मुट्ठी भर बादाम खाने से पहले सोचेंगे। ऐसी कई वेबसाइट और ऐप उपलब्ध हैं, जिनके माध्यम से आप इस बात का हिसाब रख सकते हैं कि आपने एक दिन में कितनी कैलोरी ली हैं। किसी पोषण विशेषज्ञ से परामर्श करने के

बाद यह तय करें कि पूरे दिन में आपने कितना और क्या खाना है? एक्सरसाइज करने के लिए भी एक दिनचर्या बनाएँ।

आप एक दिन में 45 मिनट सैर कर सकते हैं या जिम जा सकते हैं, यहाँ तक कि अपने अपार्टमेंट या छत की सीढ़ियाँ चढ़-उतरकर भी एक्सरसाइज कर सकते हैं। मैंने महसूस किया कि दोस्तों के साथ सैर करना उत्साहित करता है और तब वह खुद को फिट एवं स्वस्थ रखने के लिए किया जानेवाला एक थकाने वाला काम प्रतीत नहीं होता।

आप एक दिन में 45 मिनट सैर कर सकते हैं या जिम जा सकते हैं, यहाँ तक कि अपने अपार्टमेंट या छत की सीढ़ियाँ चढ़-उतरकर भी एक्सरसाइज कर सकते हैं। मैंने महसूस किया कि दोस्तों के साथ सैर करना उत्साहित करता है और तब वह खुद को फिट एवं स्वस्थ रखने के लिए किया जानेवाला एक थकाने वाला काम प्रतीत नहीं होता।

जब मैं हर शाम जिम जाता हूँ तो मैं टी.वी. सीरियल देखने के लिए अपने आईपैड को भी ले जाता हूँ और वर्कआउट करने के लिए मेरे मन में उत्साह बना रहता है, क्योंकि 'अगला एपिसोड देखना है' यह बात मेरे मन को खुशी देती है। कई बार ऐसा भी होता है कि मैं पाँच-दस मिनट अधिक एक्सरसाइज करता हूँ, क्योंकि मैं धारावाहिक देखने में इतना तल्लीन होता हूँ कि उसे पूरा देखे बिना हटना नहीं चाहता हूँ।

कर्ज न रखें

याद रखें कि आप यहाँ अपने जीवन को सरल बनाने का प्रयास कर रहे हैं, इसलिए आपको अपने जीवन को जटिल और अव्यवस्थित करने के लिए बहुत अधिक खरीदने की आवश्यकता नहीं है। अधिक-से-अधिक चीजें होने की इच्छा अब घट जानी चाहिए, ऐसा इसलिए नहीं, क्योंकि आपके पास पैसा नहीं है, बल्कि तब तक यह समझ आ जाता है कि जरूरत से ज्यादा सामान खरीदना निरर्थक है। आपके पास करने को बहुत कुछ है, खासकर तब, जब आप अपने जीवन में किसी तरह की जटिलता न चाहते हों!

अगर कोई चीज आपके बजट में नहीं है तो उसे न खरीदें। क्रेडिट कार्ड से कुछ खरीदने की आवश्यकता नहीं, वरना क्रेडिट कार्ड के बिल का भुगतान करना भी आपको तनावग्रस्त कर सकता है। उधार सिर पर होने का अर्थ है—सदैव चिंता से घिरे रहना। इस तरह आपकी मानसिक शांति खत्म हो जाएगी, जिसका होना जीवन के इस चरण में होना जरूरी है।

अपने रिटायर होने से पहले घर के लिए कोई ऋण लिया हो तो उसका भुगतान कर दें। देखा जाए तो आपकी मासिक आय पर कोई अतिरिक्त बोझ नहीं होना चाहिए। यदि फिर भी ऐसा होना संभव नहीं है तो अपनी बचत के एक हिस्से का प्रयोग अपने ऋणों को चुकाने के लिए करें।

अपने रिटायर होने से पहले घर के लिए कोई ऋण लिया हो तो उसका भुगतान कर दें। देखा जाए तो आपकी मासिक आय पर कोई अतिरिक्त बोझ नहीं होना चाहिए। यदि फिर भी ऐसा होना संभव नहीं है तो अपनी बचत के एक हिस्से का प्रयोग अपने ऋणों को चुकाने के लिए करें। हर महीने आपकी बचत का कुछ हिस्सा किस्तें चुकाने में देना असहनीय होता है! यह भी याद रखें कि आप अपने ऋण पर जो ब्याज दे रहे हैं, वह उस ब्याज से अधिक है, जो आपको अपनी सावधि जमा पर मिलता है, इसलिए हर महीने आप अपनी बचत को खर्च कर रहे होते हैं।

ऋण लेने और तनाव और चिंता को आमंत्रित करने से बेहतर है, कम चीजें होना और अपने जीवन के दिनों का आनंद लेना। इस तरह आप शांति और सुकून से जीवन गुजार पाएँगे।

कल के बारे में न सोचें

हर दिन एक नई शुरुआत है और हमारे पास जो कुछ भी है, उसके लिए हमें आभारी होना चाहिए।

प्रकृति से अधिक विस्मयकारी कुछ भी नहीं है। 'ऐसा जीवन, जिसमें उथल-पुथल न हो' में लौटने की कल्पना करते ही अकसर हमारा पहाड़ों, जंगलों या किसी द्वीप, समुद्र के पास या झील के किनारे वक्त गुजारने का करता

है। ये स्वाभाविक इच्छाएँ हैं, क्योंकि प्रकृति को भी उसी ने बनाया है, जिसने हमें बनाया है।

ट्रेकिंग करने या कहीं किसी जंगल में कैंप लगाने, झील या समुद्र में तैरने, आग जलाकर उसके सामने बैठने, किसी रास्ते पर साइकिल चलाने या पहाड़ी ढलान पर स्की करने से स्वयं को न रोकें। इसका मतलब यह नहीं है कि लंबी छुट्टियों पर निकल जाएँ और महीनों घूमते रहें! इससे कोई फर्क नहीं पड़ता कि आप कहाँ रहते हैं, आप कुछ दूर बने किसी पार्क, ट्रैक या पगडंडी का चक्कर लगा सकते हैं और यकीन मानिए, यही कुछ पल आपको पूरे ब्रह्मांड से जुड़े होने का अहसास करा देंगे।

आपके ऐसे कई दोस्त होंगे, जो आपकी तरह आज तक नौकरी के कारण या व्यक्तिगत तौर पर घूम नहीं पाए होंगे या स्वास्थ्य ठीक न होने के कारण कहीं जाने में असमर्थ होंगे। आपके पास जो है, उसके प्रति कृतज्ञ रहें। बढ़ती उम्र के साथ आपको अपने प्रति नम्र हो जाना चाहिए और स्वयं को दोष देना छोड़ना चाहिए। आपको खुद अपना दोस्त बनना होगा।

आपके ऐसे कई दोस्त होंगे, जो आपकी तरह आज तक नौकरी के कारण या व्यक्तिगत तौर पर घूम नहीं पाए होंगे या स्वास्थ्य ठीक न होने के कारण कहीं जाने में असमर्थ होंगे। आपके पास जो है, उसके प्रति कृतज्ञ रहें। बढ़ती उम्र के साथ आपको अपने प्रति नम्र हो जाना चाहिए और स्वयं को दोष देना छोड़ना चाहिए। आपको खुद अपना दोस्त बनना होगा।

मेरे बहुत सारे प्यारे दोस्त समय से पहले इस दुनिया को छोड़कर जा चुके हैं। वे उस आजादी को भोग ही नहीं पाए, जो उम्र बढ़ने के बाद मिलती है। आप सुबह उठने के बाद कुछ घंटों तक पढ़ना या कंप्यूटर पर गेम खेलना चाहते हैं, इससे दूसरों को कोई मतलब नहीं। आप जो चाहें पहन सकते हैं और आप स्विमिंग सूट पहनकर पूल में कूदें, जिसे पहनने के बाद आपके शरीर के उभार दिखने लगते हैं, तो यह भी आपकी मरजी है। युवा आपको ऐसे देख रहे हों, मानो उन्हें आप पर तरस आ रहा हो, तो भी क्या परवाह करनी! वे भी कभी उसी जगह

पर होंगे, जहाँ आप आज हैं। वे भी बूढ़े होंगे।

ऐसा भी होगा, जब आप कुछ भूल जाएँगे, लेकिन असल में जीवन के कुछ हिस्सों को भूल जाना ही बेहतर होता है। इससे क्या फर्क पड़ता है, अगर आपको अपने करीबी दोस्तों के बच्चों और नाती-पोतों के नाम याद नहीं हैं? और हाँ, निस्संदेह, आपको सभी महत्त्वपूर्ण चीजें याद रहेंगी। सभी चीजें, जो वास्तव में मायने रखती हैं।

अवश्य ही, इतने लंबे समय में आपका दिल टूटा होगा, हो सकता है कई बार! जब आप किसी प्रियजन को खोते हैं तो आपका दिल न टूटे, ऐसा होना कैसे संभव है? जब आपका बच्चा परेशान हो या बीमार हो या जब किसी का प्रिय पालतू जानवर किसी कार की चपेट में आ जाए तो आप दुःखी न हों, ऐसा होना कैसे संभव है? लेकिन हमें हमेशा याद रखना चाहिए कि दिल के टूटने से ही हमें ताकत मिलती है, दूसरों को समझने की भावना और करुणा उपजती है।

> ***अवश्य ही, इतने लंबे समय में आपका दिल टूटा होगा, हो सकता है कई बार! जब आप किसी प्रियजन को खोते हैं तो आपका दिल न टूटे, ऐसा होना कैसे संभव है? जब आपका बच्चा परेशान हो या बीमार हो या जब किसी का प्रिय पालतू जानवर किसी कार की चपेट में आ जाए तो आप दुःखी न हों, ऐसा होना कैसे संभव है?***

ऐसा दिल, जो कभी टूटा नहीं, वह बहुत निर्मल, यथार्थ से अनजान होता है, बिल्कुल भी दूषित नहीं होता है और कभी जान नहीं पाता कि अपूर्ण होने की खुशी क्या होती है!

जैसे-जैसे आपकी उम्र बढ़ती है, सकारात्मक सोच अपनाना सहज हो जाता है। क्षमा करने और अप्रिय बातों को भूलने की आपकी क्षमता कई गुना बढ़ जाती है, क्योंकि अब आपके पास इतने वर्षों का अनुभव और चीजों को सही परिप्रेक्ष्य देखने की दृष्टि होती है। दूसरे लोग क्या सोचते हैं, इस बात की आप परवाह करना छोड़ देते हैं। आप उन दिनों के बारे में कब तक सोचेंगे, जब अपने भाई-बहनों या अपने दोस्तों से आपकी बहस होती थी और आपके माता-पिता कहते थे—"क्षमा कर दो और

भूल जाओ ?" वैसे आप अब उसी अवस्था में पहुँच चुके हैं, जिस पर कभी छोटे होने पर आपके माता-पिता थे।

अपनी बात कहूँ तो मैं अपने आपको इस बात के लिए भाग्यशाली मानता हूँ। मैं इस अवस्था तक पहुँच सका हूँ, जब मेरे बाल सफेद हो गए हैं, मेरे हँसने की रेखाएँ चेहरे पर उभर आई हैं, चिंता की रेखाएँ मेरे माथे पर खुद गई हैं। बहुत से लोग ऐसे हैं, जो कभी हँसते ही नहीं हैं और बहुत से लोग, इससे पहले कि उनके बालों से सफेदी झाँके, इस दुनिया को छोड़कर जा चुके हैं।

मैं अब खुद से सवाल नहीं करता। मैं भी गलत हो सकता हूँ और यह मेरा अधिकार है। मुझे 'उम्रदराज' कहलाना पसंद है। इसकी वजह से मैं स्वतंत्र महसूस करता हूँ। मैं जो हूँ, उसी रूप में स्वयं को पसंद करता हूँ। एक दिन दुनिया छोड़कर मुझे भी जाना होगा, लेकिन जब तक मैं इस दुनिया में हूँ, तो मैं यह सोचकर अपना समय बरबाद नहीं करना चाहता कि क्या हो सकता है या क्या होगा—इसकी बेकार चिंता करते हुए।

मैंने सारे कर्ज चुका दिए हैं—अपने जीवनसाथी के, अपने माता-पिता के, अपने बच्चों के, समाज के और दुनिया के। मेरे पास जो समय बचा है, वह मेरा और सिर्फ मेरा है, ताकि मैं जो करना चाहता हूँ, वह कर सकूँ।

आपका समय अंतत: केवल आपका होना चाहिए।

□

16

घर से काम करना

कहीं से भी काम करने में सक्षम होने की स्वतंत्रता का आनंद लेना सीखें

और साथ ही लचीलेपन को, अपने काम को अपने जीवन में ढालने का आनंद लें, न कि इसे बोझ समझें।

—रिचर्ड ब्रानसन

रिटायर होने के बाद सबसे बड़ी चुनौती, जो हमारे सामने आती है, वह है, यह स्वीकार करना कि अब हमें ऑफिस नहीं जाना है या कहीं काम पर नहीं जाना है। 'घर से काम करना' या 'वर्क फ्रॉम होम' एक ऐसा वाक्यांश है, जिसका प्रयोग अकसर रिटायर हो चुके लोग करते हैं।

इस समय यह स्थिति नहीं है।

दुनिया में हर जगह कोविड-19 और उसके परिणामस्वरूप हुए लॉकडाउन और लॉकडाउन के कई चरणों में खुलने के बाद की हाल की सभी चुनौतियों को देखते हुए घर से काम करना ज्यादातर लोगों के लिए एक आकर्षक विकल्प बनता जा रहा है। इस पर हुए अध्ययनों से यह प्रमाणित हो चुका है कि लोग अपने हिसाब से समय का उपयोग कर पाने के कारण अधिक कुशलता और प्रभावी ढंग से काम कर रहे हैं।

बेशक, कुछ क्षेत्र अब सावधानियों का पालन करते हुए खुलते जा रहे हैं। कोई नहीं जानता कि यह संक्रमण कब खत्म होगा या क्या जीवन कभी भी

सामान्य स्थिति में लौट पाएगा, जैसा कि इस महामारी से पहले था!

पिछले कुछ वर्षों में दुनिया भर की कंपनियाँ घर से सप्ताह में कम-से-कम एक दिन काम करने के लिए कर्मचारियों को प्रोत्साहित कर रही हैं। इससे कंपनी के खर्चों में भी कटौती हो जाती है। इस महामारी के बाद व्यावसायिक संगठनों को अहसास हो रहा है कि घर से काम करना उसके यहाँ काम करनेवाले लोगों की कार्यकुशलता को बढ़ा सकता है।

स्टार्टअप से जुड़े उद्यमी आमतौर पर अपने घरों से काम करते हैं, जब तक वे नए व्यवसायों पर होनेवाले खर्च को नियंत्रित कर सकें। यही नहीं, वकीलों, आर्किटेक्ट, चार्टर्ड अकाउंटेंट, यहाँ तक कि डॉक्टरों जैसे पेशेवरों का एक बड़ा समुदाय है, जिन्होंने अपने घरों में ही अपना ऑफिस बनाया हुआ है।

स्टार्टअप से जुड़े उद्यमी आमतौर पर अपने घरों से काम करते हैं, जब तक वे नए व्यवसायों पर होनेवाले खर्च को नियंत्रित कर सकें। यही नहीं, वकीलों, आर्किटेक्ट, चार्टर्ड अकाउंटेंट, यहाँ तक कि डॉक्टरों जैसे पेशेवरों का एक बड़ा समुदाय है, जिन्होंने अपने घरों में ही अपना ऑफिस बनाया हुआ है।

घर से काम करना, यानी 'वर्क फ्रॉम होम' अब नया सिद्धांत बन रहा है। यह हममें से उन लोगों के लिए उत्कृष्ट अवसर खोलेगा, जो काम पर एक नई पारी की शुरुआत करना चाहते हैं। अधिक-से-अधिक भूमिकाएँ कार्यालय से निकल हमारे घरों में आ जाएँगी।

आप अपने घर में तमाम सुविधाओं के बीच अपने वरिष्ठों की निगाह से दूर अपनी गति से काम कर सकते हैं। ऑफिस जाने के लिए लंबी-लंबी दूरियाँ तय करना या रास्ते में मिलनेवाले ट्रैफिक से आप बच जाते हैं। आप अपनी पसंद के अनुसार कपड़े पहन सकते हैं, खा-पी सकते हैं, अपने काम का समय निर्धारित कर सकते हैं और दोपहर के भोजन तक अपने पाजामे या अपनी स्पोर्ट्स शर्ट और शॉर्ट्स में रह सकते हैं। किसी को कुछ पता नहीं चलेगा कि आपने क्या पहना है, हालाँकि कंपनियाँ अब जोर देने लगी हैं कि वीडियो कॉन्फ्रेंस कॉल के दौरान वीडियो बंद न किया जाए!

यदि आप घर से काम करने की सोच रहे हैं या पहले से ही घर से काम कर रहे हैं तो बहुत ध्यानपूर्वक इसकी योजना बनाएँ। घर से काम करने का विचार और वास्तव में हर सुबह घर से न निकलने की वास्तविकता बहुत अलग हो सकती है। आप अपनी पसंद के अनुसार अपने कार्यक्षेत्र को सज्जित कर सकते हैं और इसके लिए कोई इंटीरियर डेकोरेटर या आपके संगठन के प्रशासनिक अधिकारी आपको बाध्य नहीं कर सकते हैं।

घर से काम करने के बारे में काम करने से पहले, कुछ बातों पर गौर करें—

कोई व्यवधान नहीं

घर से काम करने का मतलब है कि आप अपनी पसंद के माहौल में काम कर सकते हैं और जिस तरह से आमतौर पर ऑफिस में सबके बीच बैठे हुए अपने कैबिन में साथी कर्मचारियों और मिलने-जुलने आने वाले लोगों की वजह से व्यवधान होने की संभावना बनी रहती है, वह भी नहीं रहती है। आप अपने हिसाब से अपने पसंद के वातावरण में काम कर सकते हैं। आप काम करते हुए संगीत चला सकते हैं और आप जितनी बार चाहें, बीच में कॉफी पी सकते हैं। आप इस तरह बेहतर ढंग से काम कर पाते हैं!

> ***घर से काम करने का मतलब है कि आप अपनी पसंद के माहौल में काम कर सकते हैं और जिस तरह से आमतौर पर ऑफिस में सबके बीच बैठे हुए अपने कैबिन में साथी कर्मचारियों और मिलने-जुलने आने वाले लोगों की वजह से व्यवधान होने की संभावना बनी रहती है, वह भी नहीं रहती है।***

लेकिन घर से काम करते हुए अकेलापन महसूस कर सकते हैं।

कार्यालय के वातावरण में सहकर्मियों का साथ मिलता है और अलग-अलग विचारों का आदान-प्रदान होने तथा अपनी बात कहने का अवसर मिलने से जो अति आवश्यक होता है, एक उत्साह बना रहता है। सहकर्मियों के साथ काम कर्‍ते हुए कार्यस्थल में होनेवाले तनाव से

राहत मिलती है, क्योंकि आप अपनी परेशानी उनसे बाँट सकते हैं। निश्चित रूप से ऑफिस में अन्य सहयोगियों के बारे में होनेवाली बातों की कमी भी महसूस होगी। कंपनी में घटनेवाली घटनाएँ और गतिविधियों की कमी भी खलेगी। जब आप अपने बॉस के निरंतर संपर्क में नहीं रहते हैं तो उसका ध्यान आपसे हट भी सकता है। 'जो सामने हो, वही याद रहता है', वाली बात यहाँ चरितार्थ होती है। जिन लोगों से मैंने बात की, उन्हें 'अपने यहाँ काम करनेवाले लोगों या सहयोगियों से जाकर बात करने की कमी' महसूस हो रही थी। उन्होंने कहा कि अगर वे ऑफिस या वर्कशॉप में व्यक्तिगत रूप से कर्मचारियों से मिलते हैं तो बहुत सारे काम पूरे हो गए देखने को मिलते हैं। बेशक आपके लिए जरूरी है कि समय पर अपनी प्रतिबद्धताएँ पूरी करें, चाहे आप जिस भी जगह से काम कर रहे हों।

वस्तुतः किसी भी चीज पर चर्चा करने के लिए बुलाई गई मीटिंग में बहुत समय निकल जाता है। कुछ वरिष्ठ अधिकारी मानते हैं कि किसी भी चुनौती का सामना व उसका हल निकालने के लिए मीटिंग बुलाना जरूरी है।

ऑफिस में होनेवाली मीटिंग बनाम वीडियो कॉन्फ्रेंस

वस्तुतः किसी भी चीज पर चर्चा करने के लिए बुलाई गई मीटिंग में बहुत समय निकल जाता है। कुछ वरिष्ठ अधिकारी मानते हैं कि किसी भी चुनौती का सामना व उसका हल निकालने के लिए मीटिंग बुलाना जरूरी है। इससे कोई फर्क नहीं पड़ता कि दूसरों के पास करने को और भी काम हो सकते हैं। मीटिंग घंटों चलती है, जिससे समय तो बरबाद होता ही है, साथ ही थकावट भी हो जाती है, खासकर अगर बॉस अनावश्यक रूप से खिंचाई करने का आदी हो! यदि आप ऑफिस में नहीं हैं तो आप इन अनावश्यक मीटिंग से बच जाएँगे।

उपलब्ध सभी आसान संचार विकल्पों को देखते हुए सहकर्मियों के साथ संपर्क में रहना अब बहुत सरल हो गया है और पैसा भी ज्यादा खर्च नहीं होता। कोविड महामारी का सबसे बड़ा उपहार दर्जनों वीडियो कॉन्फ्रेंसिंग प्लेटफॉर्मों की उपलब्धता है, जो या तो मुफ्त या लगभग मुफ्त जैसे ही हैं, जैसे-जैसे हमें

घर से काम करने की आदत होती जाएगी, तकनीक भी विकसित होती जाएगी।

लेकिन वीडियो कॉन्फ्रेंस कॉल के एक तरह से फिर हम गुलाम बन जाते हैं, जिसके दौरान लंबे समय तक अपने कंप्यूटर कैमरे के सामने बैठे रहना होता है।

इतने सारे लोग, जो आपको बैंड वेव पर देख रहे हैं, वहाँ से हटना इतना आसान नहीं, जैसा कि आप ऑफिस में होनेवाली मीटिंग के बीच से उठकर जा सकते हैं! इस बात की भी प्रबल संभावना है कि आपको अहसास हो, उससे पहले ही आपका खाली समय भी आपके काम के घंटों में जुड़ जाए और आप घर पर अधिक लंबे समय तक काम कर रहे हों! बोर्ड के कमरों के अंदर आमने-सामने बैठकर होनेवाली मीटिंग में बिना बोले भी बैठे रहना जिस तरह संभव है, वह घर में काम के दौरान संभव नहीं। यह भी देखा गया है कि वीडियो कॉन्फ्रेंस में निर्णय लेना सहज नहीं होता और समय लग जाता है। जो प्रबंधक निर्णय लेने के लिए सर्वसम्मति पर भरोसा करते हैं, उन्हें अब स्वयं निर्णय लेना होता है।

आने-जाने के समय की बचत

हर सुबह काम पर जाने के लिए कार चलाना या ट्रेन पकड़ना दिन-प्रति-दिन भयावह और तनावपूर्ण होता जा रहा है। घंटों बैठे रहना, ट्रैफिक जाम में फँसना, किसी को भी इस तरह अपने दिन की शुरुआत या समाप्ति करना अच्छा नहीं लगेगा।

हर सुबह काम पर जाने के लिए कार चलाना या ट्रेन पकड़ना दिन-प्रति-दिन भयावह और तनावपूर्ण होता जा रहा है। घंटों बैठे रहना, ट्रैफिक जाम में फँसना, किसी को भी इस तरह अपने दिन की शुरुआत या समाप्ति करना अच्छा नहीं लगेगा।

यदि आपको किसी मीटिंग के लिए देर हो रही है या आप घर देर से पहुँच रहे हैं तो यह और भी बुरा है। कल्पना करें, बिना कुछ किए अपनी कार में बैठे-बैठे आपने कितना समय बरबाद किया है! उस समय का प्रयोग आप कितना कुछ

रचनात्मक करते हुए कर सकते थे। आने-जाने के लिए इस्तेमाल होनेवाले वाहन के रख-रखाव और पेट्रोल पर आनेवाले खर्च पर आप कितना धन बचा सकते हैं! यहाँ तक कि आप प्रकृति के करीब और बेहतर वायु गुणवत्तावाले उपनगरों में रहने के बारे में भी सोच सकते हैं।

जिन लोगों से मैंने बात की, उनमें से अधिकांश लोग अपने परिवार के साथ बिताने के लिए मिले अधिक समय और काम पर आने-जाने की परेशानी व समय की होनेवाली बचत से खुश थे।

लेकिन यदि आप उन लोगों में से एक हैं, जो इस आवागमन के दौरान मिलनेवाले अपने निजी समय का आनंद उठाते हैं, यानी कि तब या तो पढ़ते हैं, संगीत सुनते हैं या मोबाइल पर कोई फिल्म देखते हैं तो आपको घर में काम करते हुए भी यह सब करने का मौका मिलना चाहिए, जबकि सच तो यह है कि घर से काम करने का मतलब है कि आप सारे दिन कॉल पर हैं।

जो लोग घर से काम कर रहे हैं, उनके लिए अच्छी बात है कि अब 'हर सुबह काम पर जाने के लिए उन्हें तैयार' नहीं होना पड़ता। आप ऑफिस जाने के लिए जिस तरह तैयार होते थे, उसकी बजाय, जो चाहे पहन सकते हैं। केवल टी-शर्ट में काम कर सकते हैं।

रोज तैयार होने की जरूरत नहीं

जो लोग घर से काम कर रहे हैं, उनके लिए अच्छी बात है कि अब 'हर सुबह काम पर जाने के लिए उन्हें तैयार' नहीं होना पड़ता। आप ऑफिस जाने के लिए जिस तरह तैयार होते थे, उसकी बजाय, जो चाहे पहन सकते हैं। केवल टी-शर्ट में काम कर सकते हैं। वीडियो कॉन्फ्रेंस कॉल में भी किसी को कभी पता नहीं चलेगा कि आपने जींस या शॉर्ट्स पहने हैं या नहीं!

एक कंपनी में घटी एक दिलचस्प घटना के बारे में मुझे पता लगा कि उसके कई कर्मचारियों ने अपने वीडियो कैमरा खोलने से इसलिए इनकार कर दिया था, क्योंकि उन्हें अपने अव्यवस्थित व गंदे कमरे को साफ करने का समय नहीं मिला था या वे स्वयं ठीक से तैयार नहीं हो पाए थे। उनकी इस आदत

पर रोक लगाते हुए कर्मचारियों को विनम्रता से सलाह दी गई कि वे इस समय कंपनी का काम कर रहे हैं और उनसे उम्मीद की जाती है कि वे इस समय तैयार होकर बैठें!

लेकिन अनुशासित रहने के लिए जरूरी है कि हर सुबह तैयार हों। पहले दिन से, जब से मैंने नए सिरे से जिंदगी की शुरुआत करते हुए घर से काम करना शुरू करने का फैसला किया है, मैं इस नियम का पालन कर रहा हूँ।

आखिरकार आप घर से काम कर रहे हैं और काम का वेतन आपको कंपनी दे रही है। जब ऑफिस जाने के लिए हम तैयार होते हैं तो एक खास भावना मन में होती है, जो एक तरह की जिम्मेदारी का अहसास दिलाती है, जबकि घर में सप्ताहांत में हम कुछ भी पहने घूम सकते हैं।

आखिरकार आप घर से काम कर रहे हैं और काम का वेतन आपको कंपनी दे रही है। जब ऑफिस जाने के लिए हम तैयार होते हैं तो एक खास भावना मन में होती है, जो एक तरह की जिम्मेदारी का अहसास दिलाती है, जबकि घर में सप्ताहांत में हम कुछ भी पहने घूम सकते हैं। उस समय आराम और थोड़ी लापरवाही हमारे अंदर घुल जाती है। वीडियो कॉल पर अपने सहकर्मियों से बात करते हुए कुछ भी पहनकर बैठ जाना थोड़ा अजीब ही लगेगा। आपको अपनी छवि को कायम रखना जरूरी है।

कार्य संतुलन

आपके पास अपने काम और अपने घर की जिम्मेदारियों के बीच एक संतुलन बनाए रखने की क्षमता है। ज्यादातर लोग, जो दिन में 10 घंटे काम करते हैं और ऑफिस आने-जाने में जिनके 3 घंटे बरबाद हो जाते हैं, इस समय को वे अपने परिवार के साथ बिता सकते थे। जब आपके बच्चे स्कूल से लौटेंगे तो आप घर पर होंगे और आप घर के उन सभी छोटे-छोटे कामों को कर पाएँगे, जिन्हें पूरा करने के लिए आप समय निकालने की जद्दोजहद में लगे रहते थे।

लेकिन आपको याद रखना चाहिए कि बेशक जगह बदल गई है, लेकिन

तब भी आप काम कर रहे हैं। आपको अपने काम और अन्य सभी गतिविधियों के बीच सही संतुलन बनाने की जरूरत है, खासकर उस समय, जब आपके सहयोगी कार्यालय में काम कर रहे हों।

घर से काम करना एक अनोखा अनुभव हो सकता है, लेकिन इसमें आत्म-अनुशासन की आवश्यकता बढ़ जाती है। हर कोई काम करते समय कुछ स्वतंत्रता और शांति चाहता है। रोज आने-जाने की परेशानी खत्म हो जाने से आपका जीवन स्तर बेहतर हो सकता है। लेकिन अगर आप घर पर रहकर ही काम करना चाहते हैं तो आपको दिनचर्या का पालन करना जरूरी है, वैसे ही तैयार हों, जैसे आप ऑफिस जाने की लिए हुआ करते थे। यह तय करें कि कब कौन सा काम करना है, जैसे ऑफिस में किया करते थे, यहाँ तक कि कॉफी और दोपहर के भोजन का समय भी निर्धारित करें। हर दिन घर से अवश्य बाहर निकलें। कई लोग रेस्तराँ के नियमित ग्राहक होते हैं, जो अपने लैपटॉप पर वहीं बैठकर काम करते हैं और साथ में कॉफी की चुस्कियाँ भी लेते जाते हैं, ताकि सारे दिन घर में बैठे रहने की नीरसता कम हो जाए।

यदि आप अपने घर में काम करने की एक दिनचर्या बना पाते हैं और समय पर घर लौट आते हैं तो आपको इसका पछतावा नहीं होगा।

एक व्यक्ति, जो रिटायर हो चुका है या होनेवाला है, उसे घर से काम करने से बेहतरीन अवसर मिल सकते हैं। जिस दिन रिटायर होना है, उस तारीख, जिसने आपकी कालानुक्रमिक उम्र के कारण आपको पद छोड़ने पर विवश किया है, जल्दी ही बीती बात बन जाएगी। यदि आप शारीरिक और मानसिक रूप से फिट हैं और अपने को व्यस्त रखना चाहते हैं, तो ऐसे कई अवसर हैं, जो आपके लिए खुल सकते हैं।

□

निष्कर्ष

इस पुस्तक में वर्णित प्रमुख बिंदुओं को संक्षेप में निष्कर्ष के रूप में प्रस्तुत कर रहा हूँ—

1. स्वतंत्रता और अपनी निजता का आनंद उठाने के लिए अपने घर में रहें।
2. बैंक में जमा अपने निवेश और संपत्ति को अपने या अपने जीवनसाथी के पास ही रहने दें।
3. आर्थिक रूप से आत्मनिर्भर रहें। बच्चे आपकी देखभाल करेंगे, इस तरह उनके द्वारा किए वायदों पर निर्भर न रहें, जैसे-जैसे उनकी जिम्मेदारियाँ बढ़ेंगी, उनकी प्राथमिकताएँ भी बदलती जाएँगी।
4. अपने मित्रों का दायरा बढ़ाएँ, उन्हें भी इसमें शामिल करें, जो आपसे उम्र में बड़े हैं।
5. तुलना न करें। दूसरों से कोई अपेक्षा न रखें।
6. अपने बच्चों के जीवन में हस्तक्षेप न करें। उन्हें अपना जीवन जीने दें।
7. देखभाल, सम्मान और ध्यान पाने के लिए बुढ़ापे का ढाल के रूप में उपयोग न करें।
8. दूसरे जो कहते हैं, उसे सुनें, लेकिन उस पर विचार करें और अपने हिसाब से जो करना है, करें।
9. प्रार्थना करें, लेकिन सर्वशक्तिमान के भी आगे हाथ न फैलाएँ।
10. जीवन से रिटायर न हों। आपका समय आपका है और आप अकेले हैं।

□

अपने पास एक 'कृतज्ञता डायरी' रखें और उन चीजों के बारे में उसमें लिखें, जिनके लिए आप आभारी हैं। चाहे बड़ी हों या छोटी, और इससे पहले कि आप कुछ समझ पाएँ, आप पाएँगे कि और न जाने कितनी चीजें आपको मिल गई हैं! वह सब जो आप आनेवाले वर्षों में करना चाहेंगे।

अपने काम या अपने जीवन से या समाज और दोस्तों से रिटायर न हों। रिटायर होने के लिए कुछ रखें।

रिटायर न हों।

अपने जीवन के शेष एक-तिहाई हिस्से के लिए खुद को फिर से संगठित करें। एक नई शुरुआत करें और जीवन को अलग तरह से जीएँ।

□

अब से बीस साल बाद आपने जो काम किए हैं, उनकी अपेक्षा उन कामों से ज्यादा निराश होंगे, जो आपने नहीं किए। इसलिए अपने जीवन रूपी जहाज को सँभालनेवाली सारी रस्सियाँ फेंक दें। अपने सुरक्षित स्थान से बाहर निकलें, जहाँ हवा ले जाना चाहे, वहीं चल दें। बिना जोखिम उठाए सफलता नहीं मिलती। जगह-जगह घूमें। सपने लें। खोज करें।

—मार्क ट्वेन

□

रिटायर हुए एक व्यक्ति की कहानी

मैं अपने बगीचे में पानी डालने जाता हूँ। जैसे ही मैं वाहन मार्ग पर पानी के पाइप को खोलता हूँ, मैं अपनी कार को देखता हूँ और मुझे लगता है कि कार को धोना जरूरी है।

जैसे ही मैं गैरेज की ओर बढ़ता हूँ, मैं देखता हूँ कि बरामदे में रखी मेज पर डाक रखी हुई है, जिसे मैं मेल बॉक्स से निकालकर लाया था।

कार धोने से पहले मैं सोचता हूँ कि डाक देख लूँ!

मैंने अपनी कार की चाबियाँ मेज पर रखीं, जरूरी डाक व बिल आदि छाँटकर बेकार की डाक मेज के नीचे रखे कूड़े के डिब्बे में डाली तो देखा वह तो पूरा भरा हुआ है।

मैं बिल वापस मेज पर रख देता हूँ और पहले कूड़ा बाहर फेंकने जाने लगता हूँ।

लेकिन फिर मुझे लगता है, क्यों न पहले बिलों का भुगतान कर दूँ!

मैं अपनी चेक बुक को मेज से उठाता हूँ और पाता हूँ कि उसमें केवल एक ही चेक बचा है। मेरे अध्ययन कक्ष के डेस्क में और चेक रखे हैं, इसलिए मैं घर के अंदर अपने डेस्क पर जाता हूँ, जहाँ मुझे कोक का खाली डिब्बा मिलता है, जिसे मैं पी रहा था।

मैं अपनी चेकबुक की तलाश करता हूँ, लेकिन पहले मुझे कोक के डिब्बे को एक तरफ हटाना होगा, ताकि कोक गलती से चेक पर न गिर जाए! मैंने देखा कि कोक गरम हो गई है और मुझे लगता है कि मुझे इसे ठंडा करने के लिए फ्रिज में रखना चाहिए।

मैं कोक लेकर रसोई में आता हूँ तो मेरी नजर स्लैब पर रखे एक फूलदान पर जाती है। फूलों में पानी डालना होगा, वरना वे मुरझा जाएँगे।

मैं कोक को स्लैब पर रख देता हूँ और वहाँ मुझे अपना चश्मा रखा मिल जाता है, जिसे मैं सुबह से खोज रहा था!

मैं उन्हें अपने डेस्क पर रखने के लिए उठाता हूँ, पर फिर मुझे लगता है कि पहले फूलों को पानी दे दूँ।

मैं चश्मे को वापस स्लैब पर रख देता हूँ, एक बरतन में पानी भरता हूँ और तभी अचानक मुझे टी.वी. का रिमोट दिखाई पड़ता है। किसी ने इसे रसोई की मेज पर ही छोड़ दिया था।

मुझे लगता है कि आज रात जब हम टी.वी. देखेंगे तो मैं रिमोट की तलाश करूँगा, लेकिन मुझे यह याद नहीं रहेगा कि वह रसोई की मेज पर रखा है, इसलिए मैं उसे उसकी जगह पर, यानी कि बैठक में वापस रखने को उठाता हूँ, लेकिन फिर लगता है कि पहले फूलों में पानी डाल दूँ।

मैं फूलों में थोड़ा पानी डालता हूँ, लेकिन थोड़ा सा पानी फर्श पर गिर जाता है, इसलिए मैं रिमोट को वापस मेज पर रख देता हूँ और तौलिए से पानी को पोंछ देता हूँ।

फिर मैं हॉल की ओर यह याद करने की कोशिश में बढ़ता हूँ कि मैं क्या करनेवाला था!

आखिरकार, पूरा दिन खत्म हो जाने के बावजूद

कार नहीं धुली।

बिलों का भुगतान नहीं हुआ।

डेस्क पर कोक रखी-रखी गरम हो गई।

फूलों को पर्याप्त पानी नहीं मिला।

मेरी चेक बुक में अभी भी एक ही चेक है।

मुझे टी.वी. का रिमोट नहीं मिल रहा है।

मुझे अपना चश्मा नहीं मिल रहा है और मुझे याद नहीं है कि मैंने कार की चाबियों को कहाँ रखा था?

फिर जब मैंने यह सोचने की कोशिश की कि आज कुछ भी क्यों नहीं हुआ

तो मुझे बहुत हैरानी हुई, क्योंकि मुझे पता है कि मैं दिन भर व्यस्त था और अब वास्तव में मुझे थकावट महसूस हो रही है। मुझे अहसास हुआ कि यह एक गंभीर समस्या है और मैं इसके लिए कुछ मदद लेने की कोशिश करूँगा, लेकिन सबसे पहले मैं अपने इ-मेल देखूँगा।

पुनश्च: मुझे अभी याद आया, मैंने पानी चलता छोड़ दिया है!

तो क्या हुआ? यह मेरी जिंदगी है, जो चाहे करूँगा।

□

स्वस्थ और दीर्घायु पाने के लिए प्रमाणित सुझाव

—खुशवंत सिंह

98 साल की उम्र में अपने युवा दिनों से कहीं ज्यादा कमा रहे हैं। बहुत से लोग मुझसे पूछते हैं कि मैं ऐसा कैसे कर पाता हूँ? वे मुझे दीर्घायु में विशेषज्ञता हासिल करनेवाला इनसान कहते हैं। मैंने पहले भी इस विषय पर बात की है; मैं पिछले दो वर्षों के अपने अनुभवों के आधार पर, उपयुक्त संशोधनों के साथ इसे फिर दोहराऊँगा।

इससे पहले मैंने लिखा था कि दीर्घायु का संबंध किसी के वंशाणु (जीन) से होता है—जिनके माता-पिता लंबे समय तक जीवित रहते हैं, उनके बच्चे भी लंबी उम्र तक जीवित रहते हैं, जबकि जिनके माता-पिता की मृत्यु कम उम्र में हो जाती है, उनके बच्चों की भी कम समय तक ही जीवित रहने की संभावना होती है। मेरे अपने परिवार में ऐसा नहीं हुआ। मेरे माता-पिता, जिनकी मृत्यु 90 और 94 वर्ष की उम्र में हुई थी, उनके पाँच बच्चे थे—चार बेटे और एक बेटी।

सबसे पहले मेरे दोनों छोटे भाइयों की मृत्यु हुई, फिर मेरी बहन की, जो चौथे नंबर पर थी। मेरा बड़ा भाई, जो मुझसे तीन साल बड़ा था, की मृत्यु कुछ साल पहले हो गई थी। अब हम दो भाई ही बचे हैं; मैं जल्दी ही 98 साल का हो जाऊँगा और मेरा छोटा भाई, एक सेवानिवृत्त ब्रिगेडियर, जो मुझसे तीन साल छोटा है, बहुत स्वस्थ है। वह हमारी पैतृक संपत्ति की देखभाल करता है।

फिर भी मेरा मानना है कि किसी के जीवनकाल को निर्धारित करने में

वंशाणु (जीन) सबसे महत्त्वपूर्ण कारक है। दीर्घायु का विश्लेषण करने से ज्यादा महत्त्वपूर्ण है, बुढ़ापे का सामना करना और उसके साथ तालमेल बिठाना।

जैसे-जैसे हम वृद्ध होते हैं, हम अपने अंगों को बहुत ज्यादा नहीं चला पाते हैं। उनकी सक्रियता में कमी आने लगती है। हमें उन्हें सक्रिय रखने के तरीके विकसित करने होंगे। अस्सी के दशक के मध्य तक मैं हर सुबह टेनिस खेलता था, सर्दियों में लोदी गार्डन के चक्कर लगाता था और गरमियों में एक घंटे तैरता था। मैं अब ऐसा करने में असमर्थ हूँ। इस कमी को दूर करने का सबसे अच्छा तरीका है—नियमित रूप से मालिश करना। मैंने विभिन्न तरीके आजमाए, पर शरीर पर तेल टपकने और शरीर पर तेल छूट जाने की बात मुझे परेशान करती रही। अच्छी तरह से मालिश होने का अर्थ है—मजबूत हाथों द्वारा सिर से लेकर पंजों तक पूरे शरीर पर तेल लगाना। मैंने दिन में कम-से-कम एक बार या दो बार तो ऐसे मालिश करवाई है।

मुझे यकीन है कि इसी वजह से मैं अब तक जीवित हूँ। इसी तरह भोजन और शराब के सेवन में कमी करना बहुत जरूरी है। मैं अमरूद के जूस से अपनी सुबह की शुरुआत करता हूँ। यह संतरे या किसी अन्य फल के जूस की तुलना में अधिक स्वादिष्ट और स्वास्थ्यवर्धक है।

मुझे यकीन है कि इसी वजह से मैं अब तक जीवित हूँ। इसी तरह भोजन और शराब के सेवन में कमी करना बहुत जरूरी है। मैं अमरूद के जूस से अपनी सुबह की शुरुआत करता हूँ। यह संतरे या किसी अन्य फल के जूस की तुलना में अधिक स्वादिष्ट और स्वास्थ्यवर्धक है। नाश्ते में मैं ब्रेड और अंडा खाता है। दोपहर के भोजन में आमतौर पर दही या सब्जी के साथ पतली खिचड़ी खाता हूँ। मैं दोपहर में चाय नहीं पीता हूँ। शाम को मैं सिंगल माल्ट व्हिस्की का एक पैग लेता हूँ।

रात का खाना खाने से पहले मैं खुद से कहता हूँ 'ज्यादा मत खाना।' मेरा यह भी मानना है कि भोजन में सिर्फ एक प्रकार की सब्जी या मांस होना चाहिए और उसके बाद एक चुटकी चूरन होना चाहिए। अकेले और चुप रहकर भोजन करना सबसे अच्छा है। भोजन करते समय बात करना भोजन के साथ न्याय

नहीं करता है और आप बहुत सारा खाना तो केवल निगल लेते हैं। मैं पंजाबी या मुगलई खाना नहीं खाता। मुझे दक्षिण भारत की इडली, साँभर और कसा हुआ नारियल आसानी से पचनेवाला और स्वास्थ्यवर्धक लगता है।

कब्ज न हो, यही कोशिश करें। पेट सभी प्रकार की बीमारियों की जड़ है। हमारी असक्रिय जीवन-शैली ही इसकी सबसे बड़ी वजह है। अपनी आँतों को जिस तरह भी संभव हो, साफ रखें—जुलाब, एनीमा, ग्लिसरीन सपोजिटरी, जैसे भी हो। गांधीजी आँतों को साफ रखने की आवश्यकता को पूरी तरह से समझते थे। यही नहीं, हर दिन स्वयं एनीमा लेते हुए वह अपनी महिला प्रशंसकों को भी एनीमा दिलवाते थे। भाग्यशाली थे वह!

अपनी दिनचर्या का पालन कठोरता से करें। यदि आवश्यक हो तो स्टॉप-वॉच का उपयोग करें। मैं सुबह ठीक साढ़े छह बजे नाश्ता करता हूँ, दोपहर में भोजन, शाम 7 बजे शराब पीता हूँ, रात का भोजन ठीक आठ बजे करता हूँ। मन की शांति बनाए रखने की कोशिश करें। इसके लिए आपके पास बैंक में काफी धन होना चाहिए। पैसों की तंगी परेशान व निराशा की ओर ले जानेवाली हो सकती है। जरूरी नहीं कि आपके पास करोड़ों रुपए ही हों, लेकिन इतना धन तो अवश्य होना चाहिए, जिससे भविष्य में आपकी जरूरतें पूरी हो सकें और बीमार पड़ें तो इलाज के लिए धन हो। कभी भी अपना आपा न खोएँ, यह आपके स्वास्थ्य पर सबसे ज्यादा बुरा असर डालता है। कभी झूठ न बोलें। हमेशा अपने राष्ट्रीय आदर्श वाक्य को ध्यान में रखें—'सत्यमेव जयते'—'केवल सत्य की जीत होती है'।

अपनी दिनचर्या का पालन कठोरता से करें। यदि आवश्यक हो तो स्टॉप-वॉच का उपयोग करें। मैं सुबह ठीक साढ़े छह बजे नाश्ता करता हूँ, दोपहर में भोजन, शाम 7 बजे शराब पीता हूँ, रात का भोजन ठीक आठ बजे करता हूँ। मन की शांति बनाए रखने की कोशिश करें। इसके लिए आपके पास बैंक में काफी धन होना चाहिए।

उदारता से दें। याद रखें कि आप अपने साथ कुछ नहीं ले जा सकते। आप अपने बच्चों व नौकरों को दे सकते हैं या दान दे सकते हैं। इससे आपको अच्छा

महसूस होगा और सुखद अनुभूति होगी। देने में आनंद आता है। उन लोगों से ईर्ष्या न करें, जिन्होंने जीवन में आपसे बेहतर काम किया है। एक पंजाबी गीत गाया जाता है—रूखी सुखी खाइ के थंडा पानी पी, ना वेख पराई चूपड़ी ना तरसें जी, (सूखी रोटी खाएँ और ठंडा पानी पिएँ। घी लगी चपाती खानेवालों से ईर्ष्या न करें) बूढ़े लोगों की परंपरा पर चलते हुए प्रार्थना या धर्मस्थलों पर अधिक समय न बिताएँ। इससे हार को स्वीकार करना और मुश्किल हो जाता है। इसके बजाय बागवानी करें, बोन्साई उगाना, अपने पड़ोस के बच्चों को पढ़ाने जैसे शौक अपनाएँ।

एक काम, जो मुझे बहुत प्रभावी लगा, वह है मोमबत्ती की लौ पर टकटकी लगाना और अपने दिमाग को हर चीज से खाली कर देना; लेकिन मैं मन-ही-मन में 'ओ३म् शांति, ओ३म् शांति, ओ३म् शांति' को दोहराता रहता हूँ। यह वास्तव में कारगर है। मेरे भीतर बहुत शांति है। हम सभी फौजा सिंह नहीं हो सकते हैं, जिसने सौ साल की उम्र में मैराथन दौड़ में हिस्सा लिया था, लेकिन हम दीर्घायु और रचनात्मकता में उनकी बराबरी कर सकते हैं। मैं अपने सभी पाठकों के दीर्घायु और स्वस्थ जीवन की कामना करता हूँ।

□□□